사회복지조사론(2판)

박영준, 김문근, 김석주 지음

신정

머리말

사회복지조사론은 사회복지실천현장에서 사용되는 다양한 양적, 질적 조사방법론을 학습하는 교과목이다. 현재 사회복지조사론은 사회과학영역에서 다양하게 접근하고 있으며, 많은 책에서 사회복지조사론의 유사한 내용과 혹은 사회복지실천현장과 관련하여 조사방법의 기초지식으로 조사방법의 기본개념, 형태와 절차 등을 다루고, 양적 조사방법으로 척도구성 및 질문지 작성, 신뢰도 및 타당도 검증, 표본추출 등 사회조사의 설계와 설문지 조사, 면접조사, 관찰, 실험, 내용분석, 욕구조사 등 자료수집방법을 다루며, 질적 조사방법으로 조사설계, 자료수집 및 분석방법을 다룬다. 그리고 궁극적으로 사회복지조사현장에 도움이 될 수 있도록 직접 조사 설계를 하여 자료를 수집하고 분석하는 방법을 다루게 하는데 본 내용에 의의를 두고 있다.

이 책의 구성은 목표와 한국사회복지대학교육협의회에서 제안하는 내용을 토대로 1부에서는 과학적 조사방법, 조사의 형태와 절차, 조사문제와 가설의 순으로 구성되어 그 개념에 대한 내용과 절차, 문제접근방법에 대한 내용을 다루었다. 2부에서는 측정과 척도를 통해 설계디자인을 통한 종류를 이해하고 조사도구의 신뢰성과 타당성을 검토하였다. 3부에서는 표집, 자료수집방법에 대한 이해를 구성하고 욕구와 평가에 대한 접근하였고, 4부에서는 최근에 사회복지영역에서 관심을 가지는 질적 연구방법론의 유형과 연구논문계획서를 작성하는 기초적인 지식을 담고 있으며, 마지막으로 SPSS기초 활용지식을 위해 내용을 추가하였다.

이 책의 내용은 사회복지조사의 이해를 돕기 위한 기본적인 내용을 다루고 있으며, 추가로 개념에 근거한 통계적 분석방법과 사회복지사 국가시험을 위한 문제를 추가하였다. 또한 조사의 신뢰성과 타당성에 근거한 부분과 최근 분석방법이 늘어져가는 질적 조사 등의 증가로 질적연구방법론의 내용을 추가로 보충하였다.

기존의 사회복지조사론에 근거하여 간명성을 높이기 위해 내용을 매우 축약하였으며, 연구에 중요한 부분은 보충하였고, 기출문제를 통해 본문의 내용을 점검 및 평가하는 방법을 제안하였다.

마지막으로 많은 도움을 주신 여러분들께 인사를 전하며, 도서출판 신정 최용구 대표님께 진심으로 감사의 인사를 드린다.

2024년 6월

공동 저자 씀

차례

Chapter 02
조사의 유형과 절차

Chapter 03
조사문제와 가설

Chapter 04

측정과 척도

Chapter 05
표집

Chapter 06
조사설계

Chapter 07
자료수집방법

Chapter 08
욕구조사와 평가조사

Chapter 09
질적 연구방법론

Chapter 10
단일사례설계

Chapter 11
연구계획서 작성

Chapter 12
SPSS 활용하기

Chapter 01

과학적 조사방법

CHAPTER

01 과학적 조사방법

과학철학자 칼포퍼(Karl Popper)는 과학의 정수는 비판적 사고로 이론을 최대한 엄격하게 시험하고 실패한 이론은 버린다고 주장하였다. 종교는 그렇지 않지만 휴먼서비스 분야인 사회복지학에서는 과학적인 방법이 왜 필요한가?

사회복지학 분야는 사회과학에서 실천응용 학문 분야로 분류되지만, 실제 사회복지학은 타 학문 분야에 비해 단기간에 양적 성장과 함께 질적 성장도 함께 해 왔다. 초창기 구호사업에서 사회복지실천 현장의 성장과 함께 발전된 사회복지의 조사방법은 양적 조사와 질적 조사와 같은 혼합된 조사 영역의 발전을 이루었으며, 한국연구재단에 등재된 사회복지 관련 학술지가 타학문분야에 비해 급속도로 늘어난 현상처럼 사회과학분야에서 사회복지학이 과학적이고 체계적인 접근의 정책과 실천학문으로 자리 잡고 있다.

또한 과학적 조사방법을 적용하기 위해서는 사회복지조사의 선행지식인 통계학적 기초지식과 과학적인 조사방법이 무엇인지 이해할 필요가 있다. 이에 따라 추후 자료분석 능력을 배양해야 하는 주요 학문분야로 과학적인 접근방법을 통해서 사회복지 학문의 책임성과 전문성으로 연결될 수 있을 것이다. 사회복지조사론의 후수과목인 자료분석론을 통해 조사능력을 배양할 필요가 있다.

1. 과학적 조사와 통계의 이해

통계학은 사회 현상을 통계에 의하여 관찰·연구하는 학문으로 넓게는 과학과 수학의 한 분야이다. 수리 통계학과 추측 통계학으로 나뉘며, 수량적 비교를 기초로 하여 많은 사실을 통계적으로 관찰하고 처리하는 방법을 연구하는 학문이다. 또한 응용 수학의 한 분야로서 관찰 및 조사로 얻을 수 있는 불균형적인 데이터로부터, 응용 수학의 기법을 이용해 수치상의 성질, 규칙성 또는 불규칙성을 찾아낸다. 통계적 기법은, 실험 계획, 데이터의 요약이나 해석의 근거를 제공하는 학문이며, 폭넓은 분야에서 다양하게 응용·적용되고 있다.

영어의 statistics(통계학, 통계)는 확률을 뜻하는 라틴어의 statisticus(확률) 또는 statisticum(상태), 이탈리아어의 statista(나라, 정치가) 등에서 유래했다고 한다. 특히 국가라는 의미가 담긴 이탈리아어 statista의 영향을 받아, 국가의 인력, 재력 등 국가적 자료를 비교·검토하는 행위를 포함하고 있다.

1) 역할

사회복지학문을 비롯하여 다양한 연구 분야에서 주어진 문제에 대하여 적절한 정보를 수집하고 분석하여 해답을 구하는 과정은 매우 중요하다. 이런 방법을 연구하는 과학의 한 분야가 통계학이다. 통계학이 활용되는 연구 분야는 농업, 생명과학, 환경과학, 산업연구, 품질보증, 시장조사 등 매우 다양하고 많다. 이러한 연구방법은 기업체와 정부의 의사결정 과정에 매우 유용한 근거를 제공한다. 주어진 문제에 대하여 필요한 자료의 형태, 자료를 수집하는 방법, 문제에 대한 최선의 답을 구하기 위한 분석방법을 결정하는 것이 통계학자의 역할이다.

2) 통계분석 소프트웨어

IBM에서 인수합병한 SPSS(Statistical Package for the Social Sciences)는 SPSS/PC+도스용으로 쓰이다가 1995년 윈도우(Window) 버전 6.0이 출시되었다. 사회과학과 의학 등 전 분야에서 다양하게 사용되는 이 프로그램은 사회복지 학문 분야에서 가장 많이 사용되고 있는 통계 소프트웨어로서 발전과 개선을 거듭하여 버전 28이 출시된 상태이며, 메타분석, 구조방정식(Amos) 프로그램이 연동되며, 계속해서 업그레이드될 것으로 전망된다.

SAS(Statistical Analysis System)는 기업체에서 주로 사용하는 대표적인 프로그램이다. 심리학이나 사회학 등에서도 많이 사용되고 있으며, 큰 규모의 자료를 편리하게 다룰 수 있다는 장점을 가지고 있다.

Stata는 Statistics와 Data를 합친 말에서 유래하였으며, Stata Corp가 개발한 통계 소프트웨어 패키지이다. 경제학을 비롯하여 사회학, 정치학 등 사회과학 전반은 물론, 의학 분야 등 자연과학에서도 활발히 이용되고 있는데, 자료처리 속도가 빠를 뿐만 아니라 정확한 데이터 값을 얻을 수 있고 호환성이 뛰어나 대다수 시스템에서 사용이 가능하다는 장점을 가지고 있다.

R(프로그래밍 언어)은 무료 공개 통계 프로그래밍 환경이다. S 언어에 바탕을 두고 개발되었으며, 학술적 목적으로 널리 사용된다. 새로 개발된 분석 방법들이 확장 패키지를 통해 공개되고 있다. Python은 다용도로 사용되는 일반적인 프로그래밍 언어이며, MINITAB은 학교와 기업에서 품질관리와 통계학 교육용으로 많이 사용되는 프로그램으로 보급되고 있다.

이 외에도 많은 소프트웨어가 개발되고 있으며, 최근에는 인공지능챗봇의 개발로 만들어진 오픈AI인 ChatGPT의 활동으로 새로운 환경의 변화가 이어지고 있다.

2. 과학적 지식, 기술, 가치

사회복지실천현장에서 "이론은 없고 실천만 존재한다?"라고 언급되기도 한다. 하지만 이러한 실천의 강조에 있어서 이론이 어디에서 출발하였는지 고민할 필요가 있다. 즉, 이론적 지식의 배경은 사회복지실천현장에서 발생하고 축적되었다는 것을 이해할 필요가 있다. 서구의 사회복지발달 과정을 보면 사회복지의 지식은 사회복지실천현장에서 나타났고, 이러한 지식의 형성 자체가 사회복지실천현장에 기반에 둔 것임을 알 수 있다. 하지만 급변하는 사회적 환경과 시대적 요구에 따라 사회복지의 학문적 발달은 지속되어야 하며, 사회복지실천현장에서는 다양한 전문적인 접근이 이루어지고, 이러한 환경 속에서 현장 지식이 개발, 공유, 축적, 그리고 발전되어야 한다.

최근 대학에서 사회복지교육의 발전과 사회복지 전문성의 강화로 많은 사회복지사를 배출함으로써 사회복지실천현장은 점진적으로 확대되었으며, 사회복지 관련 연구자와 학회들도 2000년 전후로 양적으로 급성장한 현상은 사회복지현장에서 과학적 지식의 재발견으로 이해할 수 있다. 이와 관련하여 사회복지에서 전문직의 필요성은 여러 가지 측면에서 중요한 역할과 과제를 가지고 있다. 우리나라의 사회복지실천 형성과정에서도 볼 수 있듯이 전문성을 제대로 갖추기 위한 부단한 노력들이 이루어지고 있으나, 그 실질적인 형태를 갖추어 나가는 데 한계와 어려움이 여전히 존재한다. 미국의 경우, 전미사회복지사협회(National Association of Social Workers: NASW)는 사회복지사의 회원자격, 윤리강령, 전문직 지위 향상, 보수체계 조정, 사회적 권위 획득 등을 위한 다양한 활동을 수행하고 있으며, 사회복지에 대한 전문직 위상을 향상시키고자 노력하고 있다.

더욱이 전문직 단체들의 활동도 활발히 이루어져, 각종 세미나와 연구회 등을 통해 현장에서의 경험이나 실천사례들을 공유하여 전문적 역량강화를 도모하고 있다. 개인적인 사고나 시각만으로는 객관적인 지식이나 기술로 인정받기 어려우나 집단의 토론과 의견 수렴과정을 통해, 전문직 자체를 발전시킬 수 있는 길로 나아갈 수 있을 것이다.

결국 사회복지의 전문성을 향상시키는 중요한 통로는 사회복지사들의 전문직의 위상을 확고히 하는 것이며, 이를 위해서는 협의회의 구성 등을 통해 활발히 이끌어 나가야 할 필요가 있는데, 그 기초적인 단계가 사회복지의 과학적 접근이다. 즉, 사회복지의 전문성은 사회과학적 지식이 그 토대이다.

1) 비과학적 지식탐구의 방법

우리는 개인적 지식과 경험을 통해, 서로 간의 관계와 그 내용을 확률적으로 결정한다. 원인과 결과를 완벽하게 결정할 수 있는 것은 아니지만, 과학적인 탐구방법은 비과학적인 탐구로부터 개인의 경험을 통해 인과관계 혹은 확률적 관계의 논리를 명확하게 해주는 하나의 과정이다. 개인적, 직접적 경험과 지식을 습득하는 방법 외에 대표적으로 비과학적인 지식탐구의 방법이 있는데, 관습(전통)에 의한 방법, 권위에 의한 방법, 직관에 의한 방법이 바로 그것이다. 이와 같은 비과학적 지식탐구의 방법들은 명제의 정확성이나 응용성이 부족하며 때로는 맹목적인 확신에 빠질 위험이 있다.

① 관습(전통)에 의한 방법(method of tenacity)이다.

사회적인 선례나 관습에 의해, 비판 없이 그대로 수용하여 지식을 형성하는 것이다. 그러나 관습은 시대에 따라 변하고 사회적 동의가 일정하지 않다는 점에서 그 시대에 적절한 연구방법이라고 하더라도 시대에 따라 달라질 수 있다는 한계가 있다.

② 권위에 의한 방법(method of authority)이다.

주장의 타당성과 설득력을 높이기 위해 전문기술을 가졌거나 사회적으로 지위가 높은 사람의 말(의견)을 인용하는 경우인데, 지식의 원천이 타인 또는 타 조직의 권위에 있다. 이 방법은 전문가 사이에도 의견의 일치가 이루어지지 않는 경우가 많고, 권위의 원천이 다를 경우 견해의 일치를 볼 수 없기에 정치·사회적 과정이 개입되는 경우이다.

③ 직관에 의한 방법(method of intuition)이다.

논리적 추론 등을 사용하지 않고, 대상을 개인적으로 인식하여 스스로 분명한 명제에 호소하는 방법이다. 예를 들면, "원인 없는 결과는 없다"와 같은 명제는 많은 사람들에게 의심 없이 받아들여지는 것으로써, 당시의 유행이나 어릴 때부터 교육에 의해 당연하게 조성되는 경우가 많다. 직관은 시험되고 탐구되어야 하는데, 과거에는 많은 사람들이 의심하지 않아서 "지구는 평평하다"는 명제는 거짓임이 밝혀진 것처럼, 직관에 의해 인정되었다 하더라도 언제나 자명성을 가지고 있는 것은 아니다.

반면에, 과학적 지식탐구의 방법은 '가설-조작화-관찰 및 경험-검증'과 같은 연역적 과정 혹은 '주제선정-관찰-유형발견-이론'과 같은 귀납적 과정과 같은 순환적이고 반복적 사고과정을 통해 도출되는 지식이다. 이처럼 논리적으로 도출된 지식과 경험은 사회적 사실과 일치하게 되면 지식으로 간주할 수 있다.

따라서 자연현상이나 사회현상의 지식을 탐구할 때 보다 과학적인 방법에 근거하는 것이 합리적이다. 과학적 방법이란 현상에 대해 제기한 문제를 연역법이나 귀납법 등의 논리에 기초하여 과학적으로, 즉 논리적이면서도 경험적으로 해결해나가는 것을 말한다. 논리적으로 유추된 현상에 대한 지식이 경험적으로 관찰된 사실과 일치할 때 이것을 과학적 지식으로 간주한다.

2) 일상적인 지식탐구 과정에서 범할 수 있는 오류

과학적인 지식탐구 과정은 사회복지실천현장에서 전통, 권위, 상식 그리고 대중매체를 지식의 출처로 하지 않을 수 있도록 하고, 개인적인 실천 경험과 비체계적인 관찰을 통해 실천적 지식이나 지혜를 구축할 때 범할 수 있는 오류들도 줄여준다. 또한 비판적인 사고와 관련하여 다른 사람들의 실천지혜와 개입방법의 오류를 지적한다. 루빈과 바비(Rubin & Babbie, 1998: 34-42)는 일상적 경험을 통해 개인이 지식을 얻게 되는 과정에서 흔히 범할 수 있는 오류를 다음과 같이 제시하고 있다.

① **부정확한 관찰**(inaccurate observation): 일상생활에서의 관찰은 개인의 관점에서 무의식적으로 이루어지기 때문에 부정확한 관찰이 되기 쉽다. 그러나 일상적인 관찰과 달리 과학적인 관찰은 의식적인 활동이며, 의도적으로 관찰하기에 이로 인한 오류를 줄일 수 있다.

② **과도한 일반화**(overgeneralization): 소수의 사례를 가지고 일반적인 사실로 받아들일 때의 오류를 말한다. 과학적인 연구에서는 충분한 표본을 사용함으로써 과도한 일반화를 최소화할 수 있다.

③ **선별적인 관찰**(selective observation): 현상의 사례들을 관찰할 때 자신의 선입관에 부합하는 사례가 다른 사례보다 더 두드러지게 관찰하는 것이다. 이는 과도한 일반화를 선택적으로 사용하는 경우가 많다. 과학적 연구에서는 관찰 전, 조사설계 과정을 통해, 관찰 대상과 수를 면밀하게 설정하여 선별적인 관찰의 오류를 예방해야 한다. 또한, 연구자 간의 자문(피드백)과 조언을 통해 오류를 바로잡아 줄 수 있다.

④ **사후발생적 가설**(사후소급가설, ex post facto hypothesizing): 과학적 방법은 특정 사실의 관계를 설명하기 위해, 사전 가설 설정방법을 사용한다.

즉, 연구문제에 대한 임시 가설을 수립하고, 관찰을 통해 관계를 증명한다. 반면, 비과학적 방법은 관찰을 먼저 수행한 후, 관찰 결과에 따라 가설을 수정하는 경우이다.

⑤ **꾸며낸 정보**(fictional information): 연구결과를 조작하는 경우로 편견을 가진 대상이 자신의 기대와는 다르게 행동하거나 다른 결과가 나타날 때 이를 부정하기 위해서 정보를 스스로 조작하거나 왜곡하는 경우이다.

⑥ **비논리적 추론**(illogical reasoning): 일반적으로 추론은 논리적 근거가 있어야 하는데 논리적 근거가 명확하지 않은 추론이다. 예를 들면, 게임중독자가 게임을 통해서 승리할 확률이 이제껏 실패하였기에, 다음번에는 이길 확률이 높다고 추론하는 경우, 이는 이전에 진 경우(A)와 새로운 게임(B) 사이에는 논리적으로 아무런 관련이 없는데, 'A이므로 B이다'는 식으로 마치 인과관계가 있는 것으로 추론하는 경우이다(도박사의 오류, gambler's fallacy). 또한, 공격하기 쉬운 방식으로 추론하는 허수아비 논증 어류(straw man fallacy), 논증하는 사람을 비판하는 대인 논증 오류(Ad hominem), 새로운 것을 무조건 옹호하는 신상효과 오류(appeal to modernity or novelty), 전통에 호소 오류(appeal to tradition), 시류 편승 오류(bandwagon fallacy) 등이 있다.

⑦ **신비화**(mystification): 이해할 수 없는 현상을 초자연적 현상이라고 간주하거나 신비한 원인으로 돌리는 것이다. 현상을 실제로 알 수 있는 것인지 아닌지를 떠나, 해당 현상을 논리적으로 이해하는 것은 불가능한 것이라 간주하고 탐구를 중단하게 만든다.

⑧ **자아가 개입된 이해**(ego involvement in understanding): 특정 현상을 이해하는 과정에서 자신의 명예, 체면, 권위 등이 손상된다고 생각할 때 자신의 감정이나 가치가 개입되기 쉽다. 예를 들면, 사회복지사가 프로그램을 진행하면서 효과성을 분석하기 위해 클라이언트 변화를 관찰하는 경우, 의

도한 결과대로 나오기를 기대하며, 클라이언트를 객관적으로 관찰하기보다 주관이 개입되어 변화한 것처럼 관찰할 수 있다. 따라서 과학적 방법에서는 가치중립적인 객관적 연구를 지향해야 한다.

⑨ **탐구의 성급한 종료(the premature closure of inquiry)**: 탐구의 결과가 주는 의미가 연구자 자신, 지배 권력, 연구지원 조직에 부정적인 영향을 줄 수 있다고 예측되면 연구를 신중히 검토하지 않고 성급하게 결론을 내리는 경우를 말한다. 예를 들면, "우리나라 다문화가정에 있어 이들이 어떤 사람들인지 알고 있으니 그 점에 대해서는 더 조사할 필요도 없다"고 말하면서 해당 주제에 대해 더 이상의 조사를 하지 않고 종료해 버리는 경우이다. 과학적 연구에서는 어떤 현상에 대해 "이미 이해했다!"라고 성급히 조사를 종결하지 않고, 언제나 결론의 수정가능성을 개방해 둔다. 즉 조사는 급하게 종결되는 것이 아니며, '지금 내 연구의 결론'은 언제라도 달라질 수 있음을 인정해야 한다.

3. 과학적 방법적 조사와 통계의 이해

과학이란 어떠한 진리 혹은 법칙을 찾기 위해 논리적 · 체계적인 방법을 사용하는 지식탐구의 방법 또는 지성적인 활동과정이다.

1) 과학적 조사방법의 특징

사회복지실천현장에서 사회복지사들은 과학적인 접근을 어떻게 하는가? 실제로 사회복지조사론은 사회복지사 1급 국가자격시험에서도 필수과목으로 되어 있다. 3년마다 돌아오는 사회복지시설평가가 다가오면 대부분의 사회복지사들이 꼭 챙겨 봐야 할 영역이 프로그램 개발과 평가와 사회복지조사에 대한 내용이다.

특히, 사회복지실천현장의 지식과 기술을 배우면서, 조사방법 관련 지식과 이해가 부족한 상황은 바람직하지 못하다. 따라서 조사방법이라는 과학적인 특징을 이해하고, 휴먼서비스 분야에서 이에 따라 인간의 욕구를 파악하고 접근해야 할 것이다. 최근 사회복지예산의 증가와 더불어 사회복지영역의 책무성이 더욱 더 강조되고 있으며, 사회복지의 과학적 측면을 고려하고 접근해야 할 것이다.

아래는 일반적으로 제시하는 과학적 조사방법의 특징으로 볼 수 있다.

첫째, 논리적(logical)이다. 과학은 논리적인 사고활동으로 과학적 설명은 이치에 맞아야 한다.

둘째, 결정론적(deterministic)이다. 모든 현상은 반드시 어떤 원인에 의해서 발생하며 논리적으로 원인과 결과 관계를 이해할 수 있어야 함을 가정한다. 그러나 과학이 결정론적이라는 것은 단정 짓기보다 개연성을 가지고 얼마나 더 결과에 가까운지 확실성을 판단하는 확률적 결정론의 의미가 더 강하다.

셋째, 일반적(general)이다. 개별적인 현상을 설명하기보다는 많은 대상의 일반적 성향을 밝혀내어 보편적인 이해를 추구한다.

넷째, 간명한(parsimonious) 것을 추구한다. 과학의 간명성은 어떤 현상을 이해하는 데 필요한 최소의 원인변수를 이용하여, 결과변수에 대한 최대의 설명력을 도출하는 것이다. 이는 간결성과는 다른 의미다.

다섯째, 구체적(specific)이다. 연구의 개념들을 구체적으로 조작화하여, 정확히 측정하고 그 관계를 구체적으로 설명해야 한다.

여섯째, 경험적으로 검증 가능(empiricially testable)해야 한다. 과학적 지식탐구의 대상은 경험적인 측정과 관찰이 가능한 현상에 국한되며, 과학은 이론적 논리나 가정 그 자체로 성립되는 것이 아니라, 그러한 논리나 가정이 현실에서의 타당성이 경험적으로 입증할 수 있을 때 성립되는 것이다.

일곱째, 간주관성(inter-subjectivity)이 있다. 간주관성이란 연구자들이 서로 다른 주관적 동기를 가지고 연구에 임했더라도, 동일한 연구에 대해, 동일한 연구과정을 거쳤다면, 동일한 결과가 나와야 한다.

여덟째, 수정가능(open to modification)하다. 변하지 않는 진리는 없다. 과학이란 당시의 상황에 맞게 수정될 수 있다. 따라서 과학은 진리를 추구하기는 시대와 상황에 따라, 효용 또는 유용성(utility)을 가져야 한다.

아홉째, 설명적(explainable)이다. 과학이란 사실을 수집하고 그것을 토대로 설명하는 것, 즉 이론을 수립하는 것이다. 과학은 경험적 사상이나 사건을 모두 망라하여 설명할 수 있는 일반 법칙을 개발하고, 단편적인 지식을 통합하여 사건에 대해 보다 신뢰성 있는 예측을 제시하거나, 현재까지 할 수 없었던 예측을 하는 것이다.

열 번째, 재생가능성(reproducibility)이 있다. 모든 이론은 여러 차례 반복적으로 검증하거나 관찰한 후에 정립됨으로써 신뢰성을 확보한다.

열한 번째, 객관성(objectivity)이 있다. 객관성이란 사건이나 현상이 누구에게나 동일하게 인식되어야 함을 의미하여, 객관적인 연구를 위해 연구자의 가치가 연구에 개입되지 않도록 가치중립적인 연구를 수행해야 한다.

2) 과학적 조사의 논리

과학은 수많은 현상을 관찰해서 이론을 형성하거나(귀납법), 기존의 이론을 바탕으로 형성한 가설을 경험적으로 검증함으로써(연역법) 기존의 이론을 발전시키면서 발달하였다. 귀납법과 연역법은 명확하게 구별되기보다는 서로 연결된 수레바퀴와 같아 관찰과 검증을 반복하면서 과학을 발전시켜 왔다. 이러한 논리를 구분하여 살펴보면 다음과 같다.

(1) 연역법(deduction)

가설		조작화		관찰, 경험		검증
모든 사람은 죽는다.	➡	소크라테스는 사람이다.	➡	그러므로 소크라테스는 죽는다.	➡	'모든 사람은 죽는다'는 논리를 검증

연역적 접근은 전통적인 과학적 조사의 접근방법으로서 일반적인(general) 사실이나 법칙으로부터 특수한(specific) 사실이나 법칙을 추론하는 접근방법이다. 예를 들어, 위의 삼단논법의 경우 "모든 사람은 죽는다"라는 일반적 원리(혹은 기존의 지식체계)에서 "소크라테스는 죽는다"라는 특수한 원리(혹은 새로운 지식체계)를 추론하고 있다. 실증주의자가 주로 사용하는 방법으로 연구주제를 '가설'의 형태로 만들어, 실증적으로 증명할 수 있다는 가정에서 출발한다. 논리적 전개로 이론 → 가설 → 조작화(가설의 구체화) → 관찰, 경험 → 검증(가설의 채택 혹은 기각)한다.

연역법에서 범할 수 있는 구성의 오류(fallacy of composition)는 어떤 원리가 부분적으로는 성립한다고 할지라도 전체적으로 성립하지 않을 수 있다. 그럼에도 불구하고 전체적으로 성립한다고 추론함에 따라 발생하는 오류를 가리킨다. 예를 들면, 사회복지기관에서 진행하는 주민조직화 사업과 지역특성화 프로그램이 함께 진행되어 전체적으로 이용자가 증가하였다고 하지만, 전국의 모든 사회복지기관이 이 프로그램을 진행한다고 해서 모든 사회복지기관의 프로그램이 우수하거나 이용자가 증가한다고 볼 수 없음에도 불구하고 모두가 우수할 것이라고 추론하는 오류가 있다. 부분적인 관찰을 토대로 가설 명제를 검증했다고 하더라도, 결론을 도출하는 과정에서 전체도 그럴 것이라 예측하는 것이 구성의 오류이다

(2) 귀납법(induction)

주제선정		관찰		유형발견		임시결론(이론)
인간의 죽음	➡	소크라테스의 죽음을 관찰	➡	다른 많은 사람들의 죽음을 관찰	➡	그러므로 모든 사람은 죽는다.

귀납적 접근은 개별적인 사실들로부터 일반적인 원리나 이론으로 확장해 나가는 논리적 과정이다. 경험의 세계에서 관찰된 사실들이 공통적인 유형으로 전개되는 것을 객관적인 수준에서 증명하는 것이다. 귀납법의 논리 전개과정은 주제선정 → 관찰 → 유형발견(경험적 일반화) → 임시결론(이론)이다.

귀납적 방법에서 연구주제를 선정할 때의 과정은 먼저 가설을 가정하지 않고 관심 분야나 문제를 인식하는 차원에서 출발한다(주제선정). 연구대상이 된 경험세계를 객관적으로 관찰하고 그 결과를 기록한다(관찰). 기록한 결과가 어떤 규칙에 따라 일정한 유형으로 전개되는 것을 발견한다(유형발견). 일정한 유형이나 규칙성을 객관적 수준에서 설명하고 임시적인 결론을 내리는 순으로 나타난다(임시결론).

그리고 귀납적 접근에서 범할 수 있는 오류는 인과의 오류로서, 이는 상관관계를 인과관계로 해석하거나 원인과 결과를 거꾸로 해석하는 등의 오류를 말한다. 현상을 관찰하는 과정에서 A와 B가 관련이 있는 것으로 관찰됐을 때 이것을 근거로 A가 B의 원인이라고 결론짓는 것은 경험세계에 대한 관찰을 근거로 임시결론을 내리는 귀납법의 과정에서 범하기 쉬운 인과의 오류에 해당한다.

(3) 연역법과 귀납법의 상호관계

분석적인 연역법과 경험적인 귀납법은 상호보완적인 관계다. 연역법과 귀납법은 서로 순환적인 과정이다. 사회과학에서 지식을 탐구하기 위한 논리로서 양자의 중요성이 인정되는데 일반적으로 기존의 이론이 존재할 때 연역법을 사용하며 기존의 이론이 존재하지 않을 때 귀납법을 사용한다.

최근 Richard Nisbett(2004)의 "생각의 지도"에서 동양의 도와 서양의 삼단논법을 비교하여, 동양의 더불어 사는 삶, 서양의 홀로 사는 삶으로 구분하고, 전체를 보는 동양과 부분을 보는 서양, 동양의 상황론과 서양의 본성론, 동사를 통해 세상을 보는 동양과 명사를 통해 세상을 보는 서양, 논리를 중시하는 서양과 경험을 중시하는 동양, 사고방식의 차이, 기원, 누가 옳은가로 그 내용을 논의하였다.

이러한 부분은 극히 연역적 접근과 귀납적 접근의 단면을 보여주고 있다. Nisbett(2004)은 문화상대주의로 서로 다른 문화를 정당화하고 인정하는 것에서 더 나아가, 어떻게 상호보완적으로 다른 문화가 융화될 수 있는가를 제시한다. 그렇다면 어떻게 다른가? 동양은 전체적인 맥락에서 그 속 구성요소들의 조화로운 관계를 중요시하여 논쟁보다는 타협하여 중용의 도를 추구하는 종합적인 사고 성향을 보이고, 서양은 자율성을 중요시하여 개별적인 대상을 분석하고 범주화하여 형식논리에 따라 명백한 결론에 도달하려는 다소 단순하고 직선적인 성향을 보인다. 서양은 자신의 자질을 자유롭게 발휘하는 것을, 반면 동양은 전체 속에 자신의 역할을 조화롭게 수행하는 것을 더 중요하게 여긴다. 이는 사고과정에도 반영되는데, 동양은 조화로운 관계 맺음에 이유를 두고 두 가지 상반된 모순을 모두 수용함으로써 경험과 상황에 따라 판단하고, 서양은 범주화로써 속성을 파악하고 형식적 논리로 판단한다.

실제 사회에서 이런 사고의 차이는 Nisbett의 예에서 살펴볼 수 있다. 〈소, 닭, 풀〉 이렇게 세 가지 중 어떤 근거에 의해 두 가지를 골라 묶어본다면 어떻게 하겠느냐는 질문에 서양은(소와 닭을 선택) 물체를 구분할 때 공통의 규칙을 보고, 동양은(소와 풀을 선택) 둘의 관계를 본다. 미국 한 대학의 학생이 불만을 품고 교내에서 총을 난사하고 자살에 이른 사건에 대한 동서양 언론보도에서 이러한 관점의 차이가 드러났다. 중국 언론은 상황적 변수를 중요시하여 사고원인을 사회의 잠재된 문제로 보도했으며, 미국 언론은 학생의 개인적 속성에 초점을 맞춰 성격 이상을 원인으로 주목하였다. 스포츠 경기의 결과분석에서도 서양의 언론은 선수 개인의 능력에 초점을 두지만, 동양의 언론은 상대팀 전력이나 당시 경기의 상황으로 설명하는 경향이 있다. 서양에서의 갈등은 법적 해결을 선호하고, 동양은 적대감 해소를 위한 타협을 선호한다고 한다. 이는 연역적 접근과 귀납적 접근의 상대적 개념과도 유사하게 생각해 볼 수 있다.

3) 사회과학의 철학적 배경

사회과학에서 방법에 대해 근본적인 원리를 논하는 철학적 입장은 시대에 따라 변화해 왔다. 16~17세기 귀납주의와 연역주의의 논쟁으로부터 논리적 실증주의, 논리적 경험주의 등을 거쳐 포퍼의 반증주의, 쿤의 과학적 혁명 등 주요한 철학적 질문들이 끊임없이 제기되어 왔다.

먼저, 16세기 경험론의 기초를 확립된 귀납주의는 베이컨(F. Bacon)이 '아는 것이 힘(Knowledge is power)'이라는 명언을 남긴 것처럼 많은 수의 특정한 사례를 실험하고 관찰함으로써 특수한 것들로부터 공통적인 것을 찾아내어 일반적인 것을 추론하고 이에 관한 법칙과 이론을 형성할 수 있는 논리체계를 중시한다. 현상을 객관적으로 관찰하고 실험하는 것만이 정확한 지식을 얻고 진리에 도달할 수 있는 방법이이라고 주장한다.

둘째, 17세기의 발달한 연역주의는 데카르트(R. Descartes)의 '나는 생각한다. 고로 존재한다(Cogito, ergo sum)'라는 명언처럼 논리적 추론을 통해 일반적인 전제로부터 결론을 유도하는 연역법을 중시한다. 보편적이거나 일반적인 원리나 법칙으로부터 가설을 형성하여 경험적 관찰을 통해 가설을 검증함으로써 과학이 발전한다고 주장한다.

셋째, 논리실증주의(logical positivism)는 스펜서(H. Spencer)의 고전적 실증주의와 베이컨(F. Bacon)의 경험주의를 결합한 과학철학이다. 논리적 실증주의에서는 일반적인 진술과 명제는 경험적으로 검증될 때 의미가 있다고 주장한다. 따라서 형이상학적 명제나 진술을 배제하고 검증가능성의 원리에 적용될 수 있는 명제만을 추구한다. 이 철학의 한계는 한정된 수의 경험적인 증명만으로 일반적인 진리라고 주장하는 귀납적 추론으로 진리를 주장하는 데 무리가 있으며, 관찰자의 주관이나 편견의 개입가능성으로 인해 측정의 오차가 발생할 수 있다는 것이다.

4. 사회과학에서의 사회복지

사회과학이란 인간의 모든 행동과 행위, 즉 개인의 독자적인 행동과 타인과 상호 관련되어 나타나는 사회적 행동을 연구대상으로 하여 사회현상이나 인간의 행위를 분석하고, 종합하여, 일반적 법칙을 찾아내려는 인간의 지적 활동에 기반을 둔 지식체계다. 과학은 성격상 경험과학, 역사과학, 실천과학이며 사회현실에 대한 전체적 인식과학이다.

1) 연구방법론

연구방법론(research methodology)이란 인간의 존재와 사회현상을 과학적으로 탐구하기 위해 다양한 연구방법을 기술, 수집, 분석하는 기준이나 연구과정 전체를 지배하고 있는 이념, 철학 및 지식체계다. 연구방법론에 따라 연구자가 택하는 연구방법(research method)에는 차이가 있을 수 있다. 연구방법은 조사문제나 가설에 관련된 자료를 수집하고 분석하는 데 사용되는 기술과 절차를 말한다. 방법론이 방법보다 상위의 개념이지만 구분 없이 상호교환적으로 사용되는 경우가 많다.

(1) 사회과학방법론의 형태

첫째, 보고(announcement)형태로 추론이나 결론을 내리지 않고 간단한 자료나 통계수치를 요약 및 정리하여 연구결과를 발표하는 것이다. 대다수의 기본적인 보고서가 이러한 형태를 취하고 있고, 그 보고 자체만으로 조사의 결과를 나타낼 수 있다.

둘째, 기술(description)형태로 결과의 내용을 서술하는 것으로 인간행동이나 사회현상을 누가, 언제, 어디서, 무엇을, 어떻게 했는가에 따라 묘사하는 것을 말하며, 그것들에 대해 정의하기도 한다. 하지만 '왜(why)'에 대한 질문에 대해서는 답하지 않는다. 즉 인과관계를 설명하거나 예측하지 않는다.

셋째, 설명(explanation)방법으로 기술된 현상의 발생원인 '왜?'을 밝힘으로써 사회현상의 인과관계를 규명하고자 한다. 기초적인 현상에 관한 설명을 하고 원인과 결과에 대한 관계를 밝힌다.

넷째, 예측(forecasting)방법으로 이론의 기초적인 명제로부터 보다 복잡한 명제를 추론하는 것이다. 즉, 수집된 자료를 분석하여 미지(미래)의 상황을 추정하는 것이다.

(2) 사회복지연구방법의 역할

연구목적을 위해 필요한 자료수집이나 분석을 위한 기준이나 방향을 제시하고, 인간행동과 사회현상을 지배하고 있는 법칙과 연구결과의 객관화와 이론화에 기여한다.

양적 방법을 통해 경험적으로 인식할 수 있는 사회현상을 설명할 뿐만 아니라 질적 방법을 통해 인간 내면의 가치를 설명하는 역할도 하고, 종합과학적인 접근방법을 취함으로써 다양한 학문과 이론들을 체계적으로 융화시키는 역할을 한다. 연구결과를 체계적으로 보고, 기술, 설명, 예측할 수 있는 역할도 한다.

2) 사회과학 연구방법과 사회복지

(1) 사회현상을 자연현상처럼 연구할 수 있을까?

사회과학의 연구방법은 다양하게 접근할 수 있다. 즉 사회현상도 자연현상과 동일한 방법을 사용할 수 있고, 동일한 법칙성을 찾을 수 있는가에 대해 극단적인 두 가지 견해가 발견된다. 하나는, 사회과학을 엄격한 의미의 과학으로 간주하는 경우(뒤르켐)이고, 다른 반대의 극단은 주관적인 접근법을 가지고 인문학의 일종으로 사회를 단지 설명하고자 하는 경우(딜씨)이다. 베버는 이러한 관점의 중간적인 입장에 서 있다. 사회복지실천현장에서의 접근도 이러한 연구방법론과 같이 그 접근들이 실천현장의 전문성인지? 이론중심의 학문주의인지? 2014년 한국사회복지학회 추계학술대회에서 논의된 것처럼 사회복지학의 성격에 대한 학문주의(academism) 대 전문가주의(professionalism)의 논쟁은 오랜 역사를 가지고 있으며, 하나의 학문으로서 사회복지학에는 사회현상에 대한 이해와 탐구를 통하여 이론의 개발 그 자체를 목적으로 하는 순수과학적 성격도 있어 이에 대한 교육도 포함해야 한다고 하고 있다. 따라서 통상 학문주의 대 전문가주의의 논의는 사회복지교육에서 그 상대적 비중을 어디에 더 둘 것인가의 문제로 귀결되고는 했으나, 학문주의를 강조한다고 할지라도 전문직 교육의 중요성을 전혀 무시할 수 없는 사회복지학의 특성이 강조되고 있다. 이는 사회과학 내의 다른 순수과학, 즉 사회학, 경제학, 심리학, 인류학, 등의 학문분야와 사회복지학을 구분하는 중요한 근거로서 사회복지학이 실제 사회문제에 대한 개입에 관한 응용학문적인 성격을 가지고 있기 때문이다. 즉, 사회복지학의 순수과학적 측면의 성립을 위해서도 응용과학적인 전문직 교육의 토대가 필수적이기에 이러한 연구방법론의 논의는 필요하다.

(2) 사회과학의 패러다임

사회과학영역에서 패러다임으로 첫째, 실증주의(positivim)는 사회학의 창시자라 할 수 있는 콩트(A. Comte)가 제창하였으며, 조사방법의 반복적 절차에 따른 엄격한 측정과 양적 자료수집 및 통계적 분석을 중요시하고 있다. 또한 사회과학도 자연과학과 같은 방법으로 연구할 수 있다고 생각했다.

둘째, 해석주의(interpretivism)는 막스 베버(M. Weber)와 철학자 빌헬름 딜타이에서 그 연원을 찾을 수 있다. 해석주의에서는 외형적으로 유형화된 어떤 행동을 관찰하는 것이 아니라, 행동 깊숙이 자리잡고 있는 행위자 입장에서 의미를 찾는 데 초점을 두고 있다.

셋째, 비판적 사회과학(critical social theory)은 마르크스(K. Marx)와 아도르노, 하버마스(J. Habermas) 등에서 그 연원을 찾을 수 있다. 비판적 사회과학은 실증주의에 대해서는 현상유지의 자세를 취한다고 비판하며, 해석주의에 대해서는 너무 주관적이며 상대적이라고 비판한다.

넷째, 포퍼의 반증주의로 과학의 발전은 기존 이론과 상충되는 현상을 관찰하는 데서 출발하며, 기존 이론의 모순에 대한 지속적인 반증과정을 통해 이뤄진다고 본다. 여기서 중요한 점은 이론이란 명확히 검증될 수는 없고 다만 기존 이론이 반증되면, 새로운 이론이 필요한 것이며, 이론은 반증될 때까지 채택되는 과정을 반복하는 것이 과학이라는 것이다.

다섯째, 쿤의 과학혁명론(패러다임론)이다. 서로 다른 패러다임을 가진 연구자들은 같은 문제를 바라보더라도 해당 문제를 다른 방식으로 인식할 수 있으며, 따라서 해당 문제에 대한 서로 다른 결론을 도출할 수 있다. 쿤은 이러한 결론에 우열을 비교할 수 있는 객관적 기준은 존재하지 않는다고 보았다. 과학의 발전은 정상 과학 안에서 실제 세계와 관련된 여러 형태를 설명하고 조절하려는 방법으로 패러다임을 발전시킨다. 이러한 과정에서 명백한 반증에 직면하게 되며 위기 상태에 직면한다. 결국 문제를 안고 있던 패러다임을 버리면 위기는 해결되며 새로운 정상과학이 나타난다. 쿤은 다음과 같은 패턴과 구조에 따라 진행된다고 보았다.

▌그림 1-1▐ 쿤의 과학혁명론 이동과정

3) 사회과학과 사회복지실천의 한계

사회과학의 대상인 인간행위의 속성 때문에 사회과학과 사회복지실천은 다음과 같은 한계점이 있다.

첫째, 연구대상의 복잡성과 가변성이다. 사회과학의 연구대상인 인간의 복잡하고 가변적인 형태에 대해 정확한 예측이 어렵다. 인간행동은 연구자의 의도를 뛰어 넘을 수도 있다.

둘째, 불완전한 방법 절차이다. 인간 형태의 본질을 파악할 수 있는 방법으로 실험과 같은 방법들이 완전하다고 할 수 없다. 특히 인간은 자기가 실험대상이 되고 있다는 것을 알게 되면 평소와는 다른 행동을 보일 수 있기 때문에 자연과학과 같이 엄밀한 조작 연구가 어렵다.

셋째, 불확실한 객관적 예측이다. 연구대상인 인간행동은 항상 연구자의 의도를 뛰어넘을 수 있기 때문에, 연구자의 객관적 예측이 항상 맞는 것은 아니다.

넷째, 연구대상의 규범적인 특성이다. 인간을 대상으로 한 연구이기 때문에 연구대상은 도덕적이고 규범적이며, 따라서 과학적으로 분석하고 기술하는 데 어려움이 있다.

다섯째, 윤리성으로 비인간화를 초래할 가능성이 있다. 연구대상이 인간이기 때문에 연구과정에서 인간을 목적으로만 사용해야 하고 수단으로는 사용할 수 없는데, 부주의할 경우 비인간화, 윤리성의 문제가 발생할 수 있다.

여섯째, 가치개입의 불가분성이다. 연구를 위한 문제를 선정할 때, 가치가 개입되고 수집된 자료와 이들의 관계를 형성하는 명제나 이론의 전개와 관련 있는 개념 및 그 구성과정에서 가치가 개입된다. 그리고 연구자 자신의 가치관과 그 연구가 준거하고 있는 학문세계의 지배적인 가치가 은연중에 작용할 수 있다.

4) 사회복지조사의 특성과 유용성

사회복지조사란, 사회복지의 목적을 수행하기 위한 하나의 도구로서 개인의 욕구를 충족시키고 사회문제를 해결하기 위한 방안을 강구하기 위해 자료를 수집하는 지식탐구 과정이다. 과학적 방법으로 수행해야 하며 과학적 조사가 되기 위해서는 논리성, 검증가능성, 반복가능성, 일반성 등의 일반적인 과학의 특징을 가져야 한다.

사회복지조사의 특성으로는 첫째, 사회복지사는 지적 이해와 지식 자체만을 획득하려는 순수조사의 목적도 있지만, 조사 이유가 주로 인간의 욕구 충족과 현실 문제 해결을 위한 프로그램 수행 등에 필요한 지식 산출이라는 측면에서 응용조사의 성격이 강하다.

둘째, 사회복지조사는 주로 사회적 소수자(장애인, 노동자, 노인 등)의 문제를 다루기 때문에 사회개량적 성격이 있다. 즉 소수자의 문제를 접근하기에 그 특수성을 가지고 있으며, 일반적인 조사와는 다소 차이가 나타날 수 있다.

셋째, 사회복지조사의 하나인 욕구조사는 대상자 선정과 욕구의 종류 및 수준을 파악함으로써 사회복지서비스를 계획적으로 제공할 수 있도록 도와주며, 사회복지기관에서 가장 많이 활용되는 영역으로 사회복지시설평가와 지역사회복지계획 등에서도 필수적으로 활용되는 도구이다.

넷째, 사회문제의 개념과 요인들이 사회복지 욕구에 적합한 것인지를 연구해야 하는데, 조사를 통해 변수의 수준과 변수 간 관계를 분석함으로써 직·간접적으로 조사할 수 있다.

다섯째, 사회복지조사는 문제를 계량화하고 객관적·통계적으로 검증할 수 있는 과학적 연구를 지향한다. 하지만 최근에는 양적인 접근뿐만 아니라, 질적 접근 방법들이 요구되고 있기에 다양한 접근방법의 연구방법론이 제기되고 있다.

또한 사회복지조사의 유용성으로는 먼저, 사회복지학은 실천을 강조하는 경험과학이며 실제 생활에 적용하기 위한 지식 도출이라는 측면에서 응용과학이다. 그러나 인간의 복잡한 내면이 대상이므로 다양한 학문적 접근이 필요한 학제적인 성격으로 과학적인 기초를 마련하는 데 한계가 있다. 따라서 적절한 지식과 이론, 효과적인 실천방법을 발전시키기 위해 사회복지의 과학화를 지향해야 하며 이를 위한 수단으로써 체계적이고 과학적인 조사방법을 활용해야 한다.

둘째, 과학적 실천을 가능하게 한다. 사회복지전문가는 사회복지의 과학적 실천활동에 대한 체계적 지식을 수집하기 위한 수단으로 조사방법을 활용한다. 인간의 문제에 대한 객관적인 자료를 수집하고, 개입 계획을 수립하고, 개입 후 효과성을 평가하여 가설의 연관성과 문제의 인과관계를 검증할 수 있다.

셋째, 사회복지조사는 사회현상을 설명하고 예측할 목적으로 변수 간의 관계를 구체화하고, 현상에 대한 체계적인 지식을 제시하는 사회복지이론 형성과 이를 바탕으로 실천기술을 구축하는 데 유용하다.

끝으로, 사회복지조직이 국가나 사회로부터 서비스 전달에 대해 위임받은 바를 충실히 수행했는지가 중요한 것처럼 사회복지조사(연구) 또한 책무성을 가지고 있다.

5) 사회복지의 전문성과 현장지식 개발성

(1) 사회과학 기반의 전문성과 증거기반실천의 도입

사회복지에서 전문성의 필요성은 여러 가지 측면에서 중요한 역할과 과제를 제시하고 있다. 우리나라 사회복지실천의 형성과정에서도 볼 수 있듯이 전문성을 제대로 갖추기 위한 부단한 노력이 이루어지고 있으나 그 형태를 갖추어 나가는 것이 대단히 힘들다.

즉 자선 내지는 박애정신 등의 뒷받침 아래 기독교적 사명감으로 사회복지사업이 시작되었으며, 그러한 과정에서 개인의 부단한 노력이 전문직으로 발전하는 계기가 되었으며, 전문직업의 수행은 조직화된 집단에 의해서 뒷받침되는 특성을 가지고 있다. 전문직업에 종사하는 사람들이 고립해서 존재할 수 없으며, 그들이 결속하게 하는 현실적 유대가 형성될 때 비로소 전문직업이 존립할 수 있는 것이다.

미국의 경우, 전미사회복지사협회(NASW)를 통해 사회복지사 회원자격, 윤리강령, 전문직 지위 향상, 보수체계 조정, 사회적 권위 획득 등을 위한 각종 노력이 기울이면서, 오늘날의 사회복지에 대한 전문직 위상을 확고히 하고 있다.

초기 서구에서도 전통적인 사회복지실천은 확인되지 않은 직관, 일화적인 경험, 다른 사람의 견해, 대중적인 인기 등과 같은 기준에 의존하는 권위에 기반한 실천이었다. 1970년대 이후 사회복지 개입의 효과성에 대한 측정 및 평가의 필요성이 대두되면서 사회복지서비스의 효과성을 확보할 뿐만 아니라 이를 입증 가능해야 한다는 전문성에 대한 논의가 제기되었다. 이러한 상황에서 2000년 이후 등장한 것이 증거기반실천의 접근방법(Evidence-Based Practice: EBP)이다. 증거기반 사회복지실천은 실천의 의사결정과 관련되어 문제를 측정 가능한 형태로, 그 문제에 대한 해당되는 최선의 증거를 최대한 효율적으로 찾고, 수집된 증거의 타당성, 효과의 정도, 적용가능성에 대해서 비판적으로 평가한 다음, 비판적 평가의 결과를 실천에 적용하고 결과를 평가하는 것이다.

이러한 사회복지실천현장의 변화는 사회복지의 전문성을 향상시키고 사회복지사의 전문적 위상을 확고히 하는 것이다. 따라서 사회과학영역에서 전문성과 학문주의에 기반을 두고 책임성 있게 과학적이고 객관적인 접근이 이루어져야 한다. 즉, 과학적 접근이 토대가 되고, 사회과학적 지식이 적용되어야, 사회복지의 전문성을 확장할 수 있다.

(2) 현장지식 개발의 필요성

우리나라에서 대학교육을 통해 사회복지전문가를 양성하기 시작한지 반세기가 지난 시점에서 과연 현재의 교육 내용이 그동안의 사회환경의 변화를 적절히 반영하고 있는가에 대한 검토가 필요하다. 대학교육을 통하여 사회복지전문가를 양성하기 시작한 사회복지교육은 크게 양적 팽창하여 전국 대다수 대학에서 사회복지 관련 학과가 설치되어 있고, 관련 학회의 많은 학술지가 한국연구재단에 등재되었다. 이러한 양적 팽창에도 불구하고 사회복지교육에 대한 질적인 평가가 그리 긍정적이지만은 않은 것이 현실이다. 한국에서 사회복지교육이 시작될 때, 미국 사회복지석사(Master of Social Work)의 교육과정을 국내 학부과정에 도입하여, 현재까지 이어지고 있다. 과연 국내 사회복지교육 교과과정이 한국의 복지 상황과 변화를 적절히 반영하고 있는가에 대한 비판적 성찰이 필요하다. 따라서 사회복지현장 지식의 개발 및 조사는 강조되고 있다.

이러한 시점에서 사회복지의 교육과 전문성 강화를 위한 대안이 무엇인지 그리고 그 방법론은 무엇인지 고민해야 할 필요가 있으며, 사회과학접근의 방법론을 통해서 객관적이고 과학적인 접근방법을 통해 우리나라의 사회복지모델을 창조해 낼 수 있는 기초자료가 연구되어야 한다. 그 중심에 있는 것이 이러한 조사방법에 대한 이해이며, 과학적이고 체계적인 접근의 기반이 마련되어야 할 것이며, 양적인 접근뿐만 아니라 질적인 접근의 성장도 함께 균형발전이 이루어져야 할 것이다.

6) 사회과학에서의 윤리

(1) 연구주제와 내용 선정

연구주제와 내용 선정은 사회적 윤리를 고려하여 선정되어야 한다. 예를 들면, '지역에 따른 지능 차이', '도박효과 실험연구', '안락사의 가족에 대한 영향' 등은 조사결과를 수용하는 데 논란의 여지가 있을 수 있다.

(2) 연구대상의 선택

보편적인 사람들을 대상으로 하는 연구에 특정한 사람들만 집중적으로 표본에 포함시킨다면, 연구결과의 일반화도 저해하고 윤리적으로 문제가 된다.

(3) 연구대상자에게 미치는 피해

연구대상자에게 미치는 피해를 고려해야 한다. 사회과학은 인간을 대상으로 하기 때문에, 연구과정이나 결과가 대상자에게 위험과 피해에 대한 심각한 고려가 필요하다. 연구과정에서 연구대상자는 신체적·정신적 불편이나 위험, 위해로부터 보호되어야 한다.

(4) 자발적 참여와 고지된 동의

'고지된 동의'란 연구의 목적과 내용, 소요 시간, 참여자에게 주어지는 혜택, 위험과 피해, 연구참여가 가지고 올 수 있는 결과를 미리 연구대상자에게 알려준 후, 대상자에게 조사 참여여부를 자유롭게 결정할 수 있도록 하는 절차이다.

(5) 익명성 및 비밀보장

'익명성'이란 조사대상자들이 자신의 신원을 밝히지 않고 응답할 수 있도록 하는 것을 의미하고, '비밀보장'이란 조사연구자가 응답자의 신원을 알고 있어도 이를 공개하지 않는다는 것을 의미한다.

(6) 연구대상자에 대한 기만

이는 연구 목적, 문제, 과정 등을 은폐하는 경우이다. 자료수집의 용이함을 위해 혹은 인간의 반응성 때문에 대상자의 반응성 문제가 심각하게 나타날 수 있는 연구주제에서 대상자를 일시적으로 어느 정도 속이는 것이 불가피할 때는 다른 대안은 없는지를 충분히 고려하여 연구의 수행여부와 방법을 선택하여야 한다.

(7) 연구결과의 분석과 보고

연구결과는 객관적으로 해석되어야 한다. 긍정적인 결과뿐이 아니라 부정적인 결과도 보고해야 한다. 다른 연구를 표절해서는 안 되며, 인용한 부분에 대해서는 내용과 출처를 명시해야 한다. 또한, 연구결과가 연구대상자와 사회에 미치는 영향도 함께 고려해야 한다.

알아두기

01. 사회복지학에서 과학적 조사방법이 강조되는 이유는 무엇인가?

02. 사회복지에 관한 과학적 지식이 사회복지실천현장의 사회복지사에게 중요한 이유는 무엇인가?

03. 비과학적 지식탐구 혹은 일상적인 지식탐구 과정에서 범할 수 있는 오류는 무엇인가?

기출문제

01. 과학적 방법에 관한 설명으로 옳지 않은 것은? 15회 기출

① 잠정적이지 않은 지식을 추구한다.
② 철학이나 신념보다는 이론에 기반한다.
③ 경험적인 증거에 기반하여 지식을 탐구한다.
④ 현상의 규칙성에 대한 관심이 높다.
⑤ 허위화(falsification)의 가능성에 대해 개방적이어야 한다.

정답 ①

해설 과학적 방법은 반증(허위화, falsification) 가능성(수정가능성)에 열려 있다. 따라서 과학적 이론은 반증되기 전까지만 유효한 잠정적 지식이다.

02. 귀납법과 연역법에 관한 설명으로 옳은 것은? 11회 기출

① 귀납법과 연역법은 상호배타적이다.
② 귀납법은 이론에서 조작화와 관찰로 이어진다.
③ '모든 사람은 죽는다'와 같은 명제에서 시작하는 것은 귀납법이다.
④ 연역법은 개별 사례의 관찰에서 출발한다.
⑤ 경험적 관찰에서 보편적 유형을 찾는 것은 귀납법이다.

정답 ⑤

해설 경험적 관찰에서 보편적 유형을 발견하여 임시가설을 도출하는 것은 귀납법이다. ① 귀납법과 연역법은 상호보완적으로 사용된다. 즉, 귀납법으로 시작해 도출한 임시 결론을 연역법을 사용하여 검증할 수도 있고, 그 반대의 경우도 가능하다. ② 이론에서 시작해 가설을 설정하고 가설을 구성하는 변수들을 조작화한 후 관찰하는 방식은 연역법에서 취하는 절차이다. ③보편적인 명제로부터 시작하는 것은 연역법이다. ④ 개별 사례에 대한 관찰에서 출발하는 것은 귀납법이다.

03. 실증주의에 관한 설명으로 옳지 않은 것은? 17회 기출

① 인간행위를 예측할 수 있는 확률적 법칙을 강조한다.
② 과학과 비과학을 철저히 구분하려 한다.
③ 관찰 결과의 일반화 가능성을 강조한다.
④ 연구 결과를 잠정적인 지식으로 간주한다.
⑤ 사회적 행동을 행위자의 입장에서 이해하려 한다.

정답 ⑤

해설 사회적 행동을 행위자의 입장에서 이해하려 하는 것은 해석주의이다.

04. 쿤(T.Kuhn)의 과학적 패러다임에 관한 설명으로 옳지 않은 것은? 16회 기출

① 현상에 대한 우리의 관점을 조직하는 근본적인 도식을 패러다임이라 한다.
② 과학은 지식의 누적에 의해 점진적으로 진보한다고 본다.
③ 학문 공동체의 사회적 성격이 과학이론 선택에 중요한 역할을 한다.
④ 상이한 과학적 패러다임은 실재의 본질에 대한 다른 입장을 반영한다.
⑤ 기존 패러다임의 위기가 명백해지면 새로운 패러다임으로 전환된다.

정답 ②

해설 과학이 점진적으로 진보한다고 본 학자는 쿤이 아니라 포퍼이다. 포퍼와 달리 쿤은 과학이 패러다임의 교체(전환)을 통해 혁명적(혁신적)으로 발달한다고 보았다.

Chapter 02

조사의 유형과 절차

Social Welfare Research Theory

CHAPTER

02 조사의 유형과 절차

사회복지조사에서는 자료의 다양성과 인간에 대한 접근인 경우에는 특히 형태와 절차가 다양하게 나타난다. 따라서 연구자가 관련 분야에 대한 이해를 제대로 하지 않을 경우에는 기초적인 접근조차 할 수 없는 상황이다. 따라서 이 장에서는 사회복지조사에 대한 형태와 그 절차에 대한 내용을 숙지해서 사회복지조사의 기초단계를 소개하고자 한다.

사회과학의 기초를 파악하고 사회복지조사의 형태를 이해하는 부분은 사회복지조사의 과정을 이해하는 것과 연관성을 가진다. 사회복지조사에서는 다양한 영역의 조사가 진행되고 그 조사형태를 제대로 파악하기는 힘들 것이다. 하지만 이장에서는 이러한 유형을 이해하는 것이 필요하고 조사의 과정에 대한 이해는 사회복지조사 과정에서 필수전제 조건으로 각 단계별로 나머지의 장이 구성되어 있다.

1. 조사의 유형

사회조사의 역사를 살펴보면, 리버풀의 선박회사 소유자인 찰스 부스(Charles Booth)가 런던시 빈민의 생활실태를 자비로 실증적으로 조사하여 그 결과를 1889년 『런던 시민의 생활과 노동(Life and labour of the people in London)』이란 책(보고서)을 발간하였다. 그 뒤 1901년에는 영국의 사회학자 벤자민 S. 라운트리(Benjamin S. Rowntree)가 실태조사를 통하여 『빈곤: 도시생활의 한 연구(Poverty: a Study of Town Life)』(1901)에서 빈곤선을 제시하였다. 빈곤선 이하를 제1차 빈곤, 빈곤선을 약간 상회하는 빈곤을 제2차 빈곤이라 하여 구별하였으며, 그는 실제로 빈곤선을 결정하기 위해 비용의 명목을 식품비 · 집세 · 가계잡비로 구분하고, 음식물에서는 연령 · 성별 · 노동의 종류 등에 따라 가족의 각 구성원이 필요한 양을 결정하여 전체의 경비를 구하였다. 또 집세와 가계잡비는 현실적으로 지불되고 있는 금액을 구하고, 식품비와 합계하여 최소한도의 생활비를 산출하였다. 그후 이 개념은 각국의 연구자들에게 이용 · 연구되어 사회복지대상을 규정하는 데 큰 역할을 하게 되었다.

이 두 조사는 사회복지조사의 역사에서 상당한 함의를 가진다. 그 주된 이유는 이들의 조사가 당시 빈곤에 대한 일반 시민들의 편견을 수정하는 데 상당히 큰 영향을 미쳤기 때문이다. 이들에 의해 빈곤의 주된 원인이 노령, 질병, 실업, 낮은 교육 등에 있는 것으로 나타났고, 이는 가난은 가난한 이의 성격적 · 도덕적 결함의 결과라고 믿고 있던 시민의 생각이 편견임을 확인시켜 준 계기가 되었다.

물론 국내에서도 2014년경에 복지기준선이란 용어의 개념으로 소득, 주거, 돌봄, 건강, 교육 등의 영역으로 최근 조사가 이루어지고 있다. 따라서 빈곤에 대한 접근이 사회복지조사를 통해 이루어졌다는 점에서 사회복지조사의 유형을 다양하게 이해할 필요가 있다.

1) 조사목적에 따른 유형

(1) 탐색적 조사(exploratory study)

탐색적 조사에는 첫째, 예비조사(pilot study)의 성격으로 조사설계를 확정하기 전에 예비적으로 실시되는 경우가 많다. 예비조사이므로 융통성 있게 운영될 수 있고 수정가능하다. 연구문제에 대한 사전 지식이 부족할 경우 실시한다. 탐색조사를 바탕으로 연구문제를 확인하고 변수를 파악한 후 변수 간 상관관계를 파악하여 가설을 수립할 수 있다.

둘째, 문헌조사로 조사대상이나 조사분야에 대한 지식이 부족한 경우에 행하는 최초의 조사로서 관련 분야의 문헌을 조사한다. 먼저 문제를 규명하고 가설을 정립하기 위한 가장 효율적이고 신속한 방법이다. 이 조사를 통해 얻어지는 자료는 학술지와 기존 통계결과와 같은 2차 자료분석이다.

셋째, 경험자 조사(전문가 의견조사)는 조사분야에 대한 경험이나 전문지식을 가지고 있는 사람으로부터 정보를 획득하는 방법이다. 문헌조사의 보완적인 방법으로서 연구방향을 수립하는 데 유용하다.

(2) 기술적 조사(descriptive study)

실태보고서와 같이 기술적 조사는 조사대상의 현황을 전체적으로 나타내고, 영향요인 간에 어떠한 관계가 있을지를 파악하기 위해 실시하는 조사이다. 사회현상의 모양이나 분포, 크기, 비율 등 단순 통계적인 것으로 발생빈도와 비율을 파악할 때 사용하며, 관련 변수 간의 상관관계(correlation: +/- 관계)를 기술하지만 인과관계를 기술하는 것은 아니다.

(3) 설명적 조사(explanatory study)

설명적 조사는 사실의 인과관계를 규명하거나 미래의 사실에 대해 예측(prediction)하는 조사로서 전자를 진단적 조사(diagnostic study), 후자를 예측적 조사(predictive study)라 한다. 특정 변수에 영향을 미치는 변수의 조사 등이 해당된다. '왜(why)'에 대한 해답을 제공하는 것으로 사회복지실천에 있어서 문제의 원인을 파악하고 개입활동이 효과가 있는지 파악하기 위해 설명적 조사를 실시한다. 사회과학조사에서 설명이란 반드시 '왜?'라는 질문에 대해 설명하는 것이므로 기술적 조사와는 다르며, 인과관계를 증명하는 방법은 외생적 요인을 통제하고 원인과 결과의 관계를 조사하는 방법이다.

2) 시간적 차원에 따른 유형

시간적 차원의 의미는 조사에서 매우 중요한 의미로 받아들여지고 있다. 이는 사회복지실천에서 인간을 대상으로 접근하기에 시간의 의미가 상황과 환경 모든 것을 통제하고 있기 때문이다.

(1) 횡단조사(橫斷調査, cross sectional study)

횡단(cross section)이란, 서로 다른 연령, 인종, 종교, 성별, 소득수준, 교육수준 등 광범위한 사람들의 표집으로 인구의 시간적 횡단이다. 즉 일정 시점에서 특정 표본이 가지고 있는 특성을 파악하거나 이 특성에 따라 집단을 분류하는 것으로 휴먼서비스영역에 널리 사용된다.

이는 일정 시점에서 측정하므로 정태적인 성격으로 주로 표본조사를 수행하며, 측정이 반복해서 이루어지지 않는다. 조사대상의 특성에 따라 여러 집단으로 분류하므로 표본의 크기(수)가 신뢰성이 있어야 하며, 대표적인 예로 여론조사, 인구센서스, 지역주민 대상의 욕구조사, 간단한 설문조사 등이 있다.

(2) 종단조사(縱斷調査, longitudinal study)

종단의 의미는 과거와 현재를 오고 가는 의미이다. 종단조사는 시간의 흐름에 따라 조사대상이나 상황의 변화를 측정하는 것으로, 일정한 시간 간격을 두고 반복적으로 측정하여 자료를 수집하는 방법이다. 이 조사는 일정한 시간적 간격을 두고 측정하므로 동태적이며, 며칠, 몇 주, 몇 개월 또는 수십 년에 걸쳐 장기간 동안 측정이 반복해서 이루어진다. 따라서 장기간·반복적으로 측정이 이루어지므로 비용이 많이 들며, 유형에 따라 서로 다른 시점에서 동일 대상자를 추적해 조사해야 하므로, 표본의 크기가 작아지게 되고, 연구대상자와 상황의 변화를 조사하며 패널조사, 경향조사, 동년배 조사 등으로 나뉜다.

① 패널조사(panel study)

동일한 주제에 대해 동일 대상(panel)을 특정 조사시점마다 반복적으로 조사하는 것이다. 장점으로는 동일 대상을 반복적으로 조사하기 때문에 일정 기간에 걸쳐 나타나는 연구대상의 변화에 대해 가장 포괄적이고 정확한 자료를 수집할 수 있다. 따라서 세 가지 종단조사 중 가장 정확하고 신뢰할 만한 조사라고 할 수 있다. 단점으로는 개별 연구자가 조사하기에는 현실적 어려움이 있고, 비용과 시간이 많이 든다. 상당 기간에 걸쳐 연구대상과 지속적으로 접촉해야 하기 때문에 수행과정의 어려움이 있다. 연구대상의 중도 탈락, 초기 조사에 대한 후기 조사에서의 반응 등의 한계도 있다. 예를 들어 한국복지패널, 장애인고용패널, 청소년패널조사 등이 매년 조사를 통해서 이루어지고 있다.

〈국내패널〉

한국보건사회연구원·서울대학교 사회복지연구소 한국복지패널
한국육아정책연구소 아동패널/ 청년패널조사 / 한국청소년패널조사
한국교육개발원 한국교육종단연구
한국청소년정책연구원 한국아동청소년패널조사

한국여성정책연구원 여성가족패널
한국직업능력개발원 한국교육고용패널
한국노동연구원 고령화연구패널조사
한국노동패널조사 / 한국고용정보원 대졸자 직업이동 경로조사
국민연금연구원 국민노후보장 패널조사
한국장애인고용촉진공단 고용개발원 장애인고용패널조사

〈국외주요패널〉

남아프리카 KwaZulu-Natal Income Dynamics Study (KIDS)
네덜란드 Dutch Socio-Economic Panel (ISEP)
대 만 Panel Study of Family Dynamics (PSFD)
독 일 German Socio-Economic Panel Study (GSOEP)
러시아 Russia Longitudinal Monitoring Survey (RLMS)
룩셈부르크 Panel Socio-Economique "Liewen zu Letzebuerg" (PSELL)
멕시코 Mexican Family Life Survey (MxFLS)
미 국 Panel Study of Income Dynamics (PSID)
National Longitudinal Survey (NLS)
National Survey of Families & Households (NSFH)
벨기에 Panel Study on Belgian Households (PSBH)
Belgian Socio-economic Panel (SOEP)
스웨덴 Swedish Panel Study Market and Nonmarket Activities (HUS)
스위스 Swiss Household Panel (SHP)
영 국 British Household Panel Survey (BHPS)
이탈리아 Indagine Longitudinale sulle Famiglie Italiane (ILFI)
인도네시아 Indonesia Family Life Survey (IFLS)
일 본 Japan Panel Study on Consumers (JPSC)
중 국 Chinese Longitudinal Healthy Longevity Survey (CLHLS)
캐나다 Survey of Labour and Income Dynamics (SLID)
폴란드 Polish Household Panel (PHP)
프랑스 French Household Panel
헝가리 Hungarian Household Panel
호주 Household, Income and Labour Dynamics in Australia (HILDA)
기타 European Community Household Panel Study (ECHP)

② 경향조사/추세연구(trend study)

경향(추세)조사는 시간에 따라 반복적으로 조사한다. 다만, 패널조사와 달리

반복조사에 연구대상이 동일하지는 않다. 예를 들면, 대학생 신입생실태조사와 같은 형태이다. 패널조사보다 비용을 조금 절감하고, 완벽하게 동일하지 않지만 연구대상을 지속적으로 유지하기에는 상대적으로 좋은 방법이다.

③ 코호트조사/동년배조사/동시집단연구(cohort study)

시간의 변화에 따른 특정 동류집단(동년배집단)의 변화를 조사하는 것이다. 동류집단(cohort)이란 동시대에 태어난 동년배일 경우와 같이 유사한 경험을 공유한 집단을 말한다. 예를 들면 '베이비부머세대의 퇴직태도'를 조사한다면 베이비부머세대(1955~1963년 사이 출생한 세대)가 동류집단이 된다. 패널조사는 매번 동일한 사람을 조사하지만, 동년배조사는 매번 동일한 집단에 속하는 사람들을 조사하되, 연구대상이 동일하지 않다는 것이 차이점이다.

3) 기타 조사유형 구분

(1) 용도에 따른 분류

첫째, 순수 · 기초조사(pure research, basic research)는 순수하게 사회적 현상에 대한 지적 이해와 지식 습득 그 자체에만 목적을 둔 조사를 의미한다.

둘째, 응용조사(applied research)는 조사결과를 직 · 간접적으로 사회적 현상에 응용함으로써 문제해결이나 개선을 위해서 수행하는 조사를 의미한다. 대표적인 예로 욕구조사와 평가조사를 들 수 있다.

(2) 연구대상자의 범위에 따른 조사연구 분류

첫째, 전수조사(complete enumeration)는 연구대상이라고 생각되는 모든 부분, 즉 모집단 전체를 대상으로 조사하는 조사연구다. 대표적인 것이 인구총조사(census)이다.

둘째, 표본조사(sampling study)는 전수조사가 어려운 경우 모집단의 일부만을 표본추출하여 분석한 후, 그 결과를 모집단 전체로 다시 추정하는 조사다. 표본조사의 경우에서도 알고자 하는 것은 표본의 특성이 아니라 모집단 전체의 특성이다. 다만 모집단을 모두 조사하기가 어렵기 때문에 표본을 통해 추정하려 하는 것이다.

셋째, 단일사례조사(single subject study)는 개인, 집단, 가족, 또는 소집단을 대상(subject)으로 하는 조사로서 임상사회복지나 심리치료와 같은 소규모 대상자 대상으로 한 연구에서 활용된다.

(3) 자료수집의 성격에 따른 조사연구 분류

첫째, 양적 조사(quantitative study)는 대상의 속성을 계량적으로 표현하고 그들의 관계를 통계분석을 통해 밝혀내는 조사다.

둘째, 질적 조사(qualitative study)는 행위자의 언어, 몸짓, 행동 등 상황과 환경적 요인들을 현지조사, 심층면접, 참여관찰 등을 통해 조사하는 것이다.

양적 조사	질적 조사
계량적 · 축소주의적 · 결과지향적	확장주의적 · 과정지향적
정형화된 측정과 척도를 사용	조사자의 준거 틀을 사용
조사를 객관적으로 수행	통제되지 않은 자연상태에서 주관적으로 수행
가설검증, 사실 확인, 추론 지향	탐색, 발견, 서술 지향
연역법 사용	귀납법 사용
조사결과의 일반화 가능	조사결과의 일반화 어려움
수치를 분석	글자, 그림, 동영상 등을 분석

(4) 기타 조사연구의 유형

① 사례조사(case study)와 서베이조사(survey research)

사례조사는 특정 사례를 조사하여 현상이나 문제를 전체적으로 파악하고 실증적으로 분석하는 조사다. 연구대상의 독특한 성질을 자세하게 설명하며 행동이나 특성의 변화와 영향, 요인들과의 인과관계를 파악하는 데 유용하다.

서베이조사(설문조사, survey)는 모집단을 대상으로 추출된 표본에 대하여 설문지 같은 표준화된 조사도구를 사용하여 직접 질문함으로써 필요한 자료를 수집하는 방법이다. 서베이조사는 표본조사며 설문지와 같은 도구를 사용하지만 실험을 행하지 않는다. 지역사회 욕구조사나 갤럽 여론조사가 대표적이다.

② 현지조사(field study)와 실험조사(experimental study)

초기 사회복지실천현장은 현지조사와 밀접했다. 이 조사는 연구문제를 설정하거나 가설을 형성하기 위해 현장에 나가서 직접 면접을 통해 자료를 수집하는 조사로, 현지의 영향요인에 대해 실험조작을 하지 않고 있는 그대로 조사한다. 질적 연구방법에서 문화기술지연구나 생애사연구 등은 직접 관찰하는 것이 필수적이다.

그리고 실험조사는 외생적 요인들을 의도적으로 통제하고 인위적으로 관찰조건을 조성함으로써 독립변수의 효과를 측정하거나 독립변수(원인변수)가 종속변수(결과변수)에 영향을 미치는 인과관계에 대한 가설을 검증하는 조사방법이다. 통제와 조작 없이 있는 그대로 진행되는 현지조사와 달리 독립변수의 영향을 검증하기 위해 독립변수 이외의 외생변수들을 의도적으로 통제하고 독립변수에 대한 조작이 이뤄진다.

2. 조사의 과정

1) 사회복지조사의 과학적 수행과정

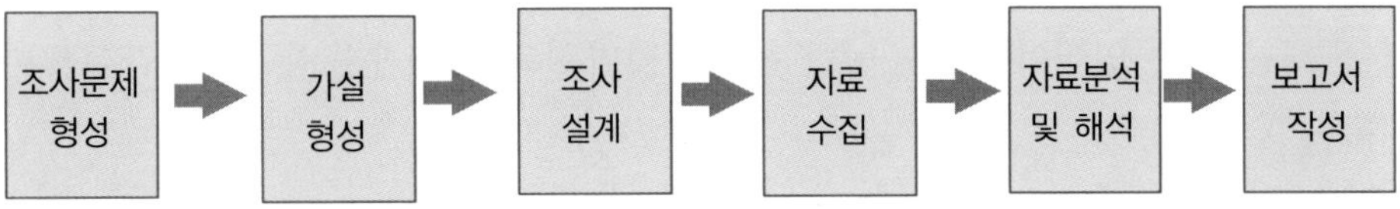

(1) 문제형성(formulation of problem)

문제형성의 단계는 조사의 초기작업으로 사회문제와 관련된 내용을 다루며, 사회복지조사과정에서 타 학문분야와 차별성이 요구되는 초기단계이다. 조사의 주제, 목적, 이론적 배경, 중요성 등을 파악하고 이를 체계적으로 정립하는 과정이다. 기존의 관련 자료나 문헌조사, 전문가의 의견, 예비조사 등을 참고로 할 수 있다.

조사문제의 형성은 주제선정과 연구문제 형성으로 구분되는데, 주제선정은 문제를 인식하고 특정 현상이 존재하는지를 확인하는 과정으로 관련 변수를 이해하고, 주요 주제어(키워드)를 선정해야만 가능하다. 문제형성은 선정된 주제와 관련하여 연구대상의 문제를 보다 구체적이고 체계적으로 표현하여 가설로 발전할 수 있도록 체계화하는 과정이다. 서론에서 문제제기를 하는 경우에는 적절하게 기승전결의 논점에 따라 기술해야하며, 문제의 초점에 정확하고 논리적으로 접근해야 한다. 특히, 문제제기에는 관련 분야의 주요 논문과 최근의 연구동향을 중심으로 논의가 이루어지는 것이 적절하며, 수치화된 통계자료는 통계청 자료 혹은 국가(공공)기관의 보고서를 통해서 기반이 이루어져야 한다.

(2) 가설형성(hypothesis formation)

선정된 조사문제를 실증적으로 검증 가능하도록 구체화하는 과정이다. 가설은 조사대상과 자료수집, 검증방법 선정에 있어 구체적인 방향을 제시한다. 가설은 연구목적과 조사문제와 일관성을 유지하면서 세부적이고 경험적이며, 현실적으로 연구가 가능해야 하며, 측정 가능해야 하고, 문제에 대한 구체적인 해답을 제공할 수 있어야 한다. 일반적으로 영가설과 대립가설 두 가지 가설을 설정하게 된다.

물론 연구목적과 설계에 따라 가설을 설정하지 않고 연구문제를 중심으로 기술하기도 하며, 사회복지프로그램에서는 목적에 따른 목표와 세부목표로 그 내용을 기술하지만 가설을 기반으로 정리하게 되면 내용의 방향이 명확하고 구체화되며, 결론에서 기각과 채택을 하기 때문에 그 내용이 명료화된다.

(3) 조사설계(research design)

조사설계는 조사연구를 효과적·효율적·객관적으로 수행하기 위한 논리적인 전략이다. 또한, 가설을 검증하기 위해 자료를 수집하고 분석하는 전반적인 과정을 계획하고 통제하기 위한 전략이다. 이는 이론에 기반을 둔 구체적인 관찰에 의해 가설을 검증하려는 연역적 논리와 관찰된 자료를 가지고 단계적으로 추상하여 이론을 형성하는 귀납적 논리가 있으며, 연역적이고 양적인 조사설계가 대표적으로 설명될 수 있다. 귀납적이고 질적인 접근방법에서는 그 순서가 다르게 구성된다.

연구에서 조사설계는 연구주제선정에서 매우 밀접하게 연결될 수 있으며, 설계단계에서 명확해질 때 주제는 더욱더 구체화된다. 조사설계에서는 연구의 모형, 대상자선정, 변수의 측정내용, 조사기간, 자료분석 등의 내용이 포함되어 질 수 있다. 이러한 조사의 전체적인 계획이 이 설계단계에서 충분히 구축되어야 하며, 설문조사 전 단계에서 이루어지는 아젠다의 주요구성이라고 볼 수 있다.

(4) 자료수집(data collection)

자료수집은 양적인 자료와 질적인 자료의 두 가지로 구분해 볼 수 있으며, 자료는 관찰, 면접, 설문지 등 여러 가지 방법을 통해 수집되는데, 과학적 조사자료는 조사자가 직접 수집하는 1차 자료와 이미 다른 주체가 수집한 2차 자료로 구분된다. 최근에는 서베이 형태의 직접 수집한 자료이외에 신뢰성과 타당성이 높은 패널연구와 같은 2차 자료 분석의 증가되는 추세다. 이러한 이유는 사회복지조사의 대상자는 소수자와 특수욕구를 지닌 대상자가 대다수이며, 수집방법과 절차가 매우 신뢰성과 타당성이 있고 조사비용이 고가로 들어가기 때문이다.

(5) 자료분석 및 해석(data analysis)

자료분석은 있는 그대로를 보여주는 결과분석이며, 수집된 자료는 편집과 코딩과정이 끝나면 통계패키지인 SPSS, SAS 등을 통해 분석이 이루어진다. 통계분석방법은 조사설계 때부터 수집할 자료의 변수와 관련 변수의 성격을 일관성 있게 이해야 한다. 자료분석은 연구설계에서 충실히 그 내용에 준하여 분석을 해야 하며, 통계분석에 대한 내용은 다양한 형태가 있으나 양적인 분석자료와 질적인 분석자료의 이해를 통해 자료분석을 진행해야 한다. 질적인 자료분석 도구로는 직접 연구자가 진행하는 경우도 있으나, Nvivo와 같은 질적 자료 분석 프로그램을 이용하는 경우도 있다. 자료분석이 끝나면 그 결과에 대해 고찰과 결론을 작성해야 한다.

(6) 보고서 작성(report)

보고서 작성은 연구자가 정리한 내용을 최종적으로 보고하는 내용이다. 모든 내용의 결과인 것이다. 즉, 아무리 좋은 설계와 분석을 하더라도 이러한 보고서를 제대로 작성하지 못하게 되면, 출판되지 않거나 미완성자료로 그냥 소실되게 마련이다. 사회복지현장에서 객관적 자료의 책임성을 가지기 위해서는 보고서를 작성해야 하며, 이는 프로그램의 개발과 평가와 관련된 내용으로 연관시켜 볼 수 있다.

보고서 작성은 연구결과를 객관적으로 증명하고 경험적으로 일반화시키기 위해 일정한 형식으로 기술하여 타인에게 전달하기 위한 보고서를 작성하는데, 사회과학분야에서 보고서 작성은 APA(American Psychological Association)양식에 의거하여 작성하게 된다.

〈APA Style 작성법〉

■ **인용문에 저자명이 포함된 경우**

[1인 저서]
김석주(2024)이 개발한 시스템에 따르면... ← 자료전체를 인용
Cook(1975, p. 29)은... ← 부분인용
...이라고 김석주는 주장하고 있다(2005, p. 55). ← 문장 끝

[2인 공저서]
이와 같은 결과는 김석주, 박영준(2024)의 연구에 의해서도...
Tim와 Cook(1994, p. 31)는... ← 서양인명의 공저자인용
F. D. Lewis(1989)와 W. D. Lewis(1989)는... ← 동일 성을 가진 인명은 이름까지 기재

[3-5인 공저서]
김석주, 박영준, 홍길동(2024)에 따르면... ← 첫 번째 인용
김석주 등(1994, p. 18)의 주장은... ← 두 번째 이하의 인용
Wasserstein, Zappulla, Rosen, Gerstman, and Rock(1994, pp. 56-58)은 운동... ← 첫 번째 인용
Wasserstein 등(1994, p. 57)은 운동의... ← 두 번째 이하의 인용
Wasserstein, Zappulla, Rosen, Gerstman, and Rock (1994) found... ← 첫 번째 인용
Wasserstein et al. (1994, p. 24) found... ← 두 번째 이하의 인용
김석주, 박영준, 김길동, 홍길동, 박길동 (1999)가 지적한... ← 첫 번째 인용
김석주 등(1999)에 의하면... ← 두 번째 이하의 인용
김석주, 박영준 등(1999)에 의하면... ← 두 번째 이하의 인용
김석주, 박영준, 홍길동 등(1999, p. 37)이 말하는... ← 이름이 다른 공저자의 두 번째 이하 인용
김석주, 박영준, 홍길동 등(1999)은... ← 공저자가 다른 경우는 다른 이름까지 기재

[6인 이상의 공저서]
김석주 등(1995)은... ← 첫 번째 인용

김석주 등(1995, p. 37)은... ← 두 번째 이하의 인용
Wolchik et al. (2000)... ← 첫 번째 인용
Wolchik et al. (2000)... ← 두 번째 이하의 인용

[단체의 저서]
정신문화연구원[정문연](1999, p. 72)은... ← 첫 번째 인용
김석주(1999, p. 14)은... ← 두 번째 이하의 인용
National Institute of Mental Health [NIMH] (1991, p. 66)... ← 첫 번째 인용
NIMH (1991, pp. 37–38)... ← 두 번째 이하의 인용

■ 인용문에 저자명이 포함되지 않는 경우

아름다움을 만들어 가는 활동 속에서 인간의 정서는 결정처럼 아름다운 틀을 이룩하는 것(Read, 1999, p. 141)이라 한다면...
비만발생과 관련된 주요 요인으로 간주되고 있는 렙틴호르몬(김석주, 1999, p. 32)은...
...한 점에서 일치하고 있다(West & Sandler, 2000, pp. 30–41).
야간운동이 주간에 비해서 문제점이 많은 것(김석주, 박영준, 이승주, 2000, Vol. 5, pp. 65–77)을 고려...
...의결권 제한조치를 내렸다고 발표하였다(조선일보, 2000년 10월 19일, p. B1).
...일제의 식민지통치로 나타난 영향이라고도 한다(김석주, 1952, Vol. 3, pp. 21–30).
한국공공도서관의 통계에 의하면(한국도서관협회[한도협], 2001)
...(김석주, 2001, p. 24)
...(김석주 등, 1995, pp. 19–20)
This point has already been argued (Tannen, 1998, pp. 178–185).
...through a costume dance no place else but here (Rakbin, Greenberg, & Olander, 2000, p. vii)
...I have come to this this resigned conclusion (Wellek, 1955–1992, Vol. 5, p. xxii)
...to be fixed and perhaps radically modified (Public Agenda Foundation [PAF], 2001, p. 4) ← 첫 번째 인용
...(PAF, 2001). ← 두 번째 이하의 인용

■ 저자명과 자료명이 인용문 중에 포함된 경우: 주 표시 없이 참고문헌에만 기재.

김정현은 목록조직의 실제(pp. 25–70)에서 그 예를 제시하고 있다. ← 부분인용
위키백과(1판)에서...
McRae's The Literature of Science includes many examples of this trend.

■ 한 저자의 두 개 이상의 저작을 인용한 경우 : 동일년도의 자료는 연도에 a. b.를 보기

특정지역을 나타내기 위한 보조표이다(오동근, 1994a, p. 34).
DDC원안의 골격을 최대한 유지하면서 임의규정을 적용(오동근, 2001, pp. 213–342)
...보조표의 행정조직이 참조되어야 한다(오동근, 1994b, p. 33).

■ 블록인용 : 본문을 5행 이상 인용할 경우는 블록인용(block quotation) 형식으로 인용부호 없이 기재

한다.
현규섭은 국립중앙도서관의 MARC개발에 대하여:
국립중앙도서관은 한 나라의 ... 마땅히 MARC의 개발의 임무가 부여되었다. ...1909[i.e. 1980]년대에 한 국문헌 ...통신계와 연결시키려는 노력이었다(1986, p. iii).

■ 기타 인용 예
("Study Finds," 1982) (Aristotle, trans. 1931)
(Shimamura, 1989, chap. 3) (Edeline & Weinberger, 1991, 1993)
(김석주, 박영준, 2002, p. 102; 이진영, 2001, p. 109)
(Armstrong, Yang, & Cuneo, 1990, pp. 80–82; Taylor, 1981, p. A1)

2) 사회복지조사의 과학적 수행을 위한 자료수집

이러한 조사의 모든 과정을 수행하기 위해서는 다양한 자료를 확보해야 하며, 정보화능력과 자료수집능력을 함께 갖추어야 한다. 자료수집능력은 대학의 전자정보서비스인 e저널이나, 웹데이터베이스, RISS 등에서 학위논문, 학술지 등을 이용하여서 자료를 수집해야 할 것이다.

또한 인공지능 챗봇인 챗GPT도 자료수집에 다양한 도움을 주고 있는데, 다양한 질문을 할 수 있는 역량이 필요하며, 챗GPT에 질문한 결과를 보면 다음과 같이 나타난다. "사회복지조사의 과학적 수행을 위한 자료수집방법에는 여러 가지가 있으며, 각 방법은 연구의 목적, 대상, 예산 및 시간 제약 등에 따라 선택됩니다. 주요 자료수집방법은 다음과 같습니다: 설문조사, 인터뷰, 관찰, 실험, 문헌조사, 빅데이터분석"으로 나타났는데, 과학적 수행을 위한 기초적인 자료수집능력은 이제 기초능력으로 자리 잡게 된다.

알아두기

01. 사회복지조사의 과학적 수행과정은 어떠한가?

02. 조사를 시간적 차원에 따라 어떻게 구분할 수 있는가?

03. 조사연구과정에서 고려해야 할 것은 무엇인가?

기출문제

01. 사회조사의 유형에 관한 설명으로 옳은 것은? 13회 기출

① 횡단연구는 탐색, 기술, 설명의 목적을 갖는다.
② 동년배조사는 특정 하위 모집단의 변화를 관찰하기 위해 매번 동일 대상을 선정한다.
③ 종단연구는 장기간에 걸쳐 조사하는 연구로 질적 연구로는 이루어지지 않는다.
④ 패널연구는 새로운 경향을 확인하기 위해 해마다 다른 표본을 선정한다.
⑤ 추이조사는 패널연구보다 개인의 변화에 대해 더 명확한 자료를 제공한다.

정답 ① 횡단조사든 종단조사든 이는 시간적 차원에 따른 분류일 뿐 조사목적은 탐색적일 수도 , 기술적일 수도, 설명적 일 수도 있다.

해설 ② 매번 동일 대상을 선정하는 것은 패널조사이다. ③ 횡단조사든 종단조사든 분석자료는 질적 자료일 수도 있고, 양적 자료일 수도 있다. 질적 자료를 분석하면 질적 연구가 되는 것이고, 양적 자료를 분석하면 양적 연구가 되는 것이다. ④ 패널조사는 매번 같은 표본을 조사한다. 새로운 '경향'을 알기 위해 매번 다른 표본을 선정하는 연구는 경향분석(=추이조사)이다. ⑤ 개인의 변화에 대해 가장 명확한 자료를 제공하는 종단 조사는 패널조사이다.

02. 조사연구 과정의 일부분이다. 이를 올바르게 나열한 것은? 17회 기출

ㄱ. '대학생들의 전공에 따라 다문화수용성이 다를 것이다'라는 가설 설정
ㄴ. 표본을 추출하여 자료수집
ㄷ. 대학생들의 다문화수용성에 관한 선행연구 고찰
ㄹ. 구조화된 설문지 작성

① ㄱ → ㄴ → ㄷ → ㄹ
② ㄱ → ㄷ → ㄴ → ㄹ
③ ㄱ → ㄷ → ㄹ → ㄴ
④ ㄷ → ㄱ → ㄴ → ㄹ
⑤ ㄷ → ㄱ → ㄹ → ㄴ

정답 ⑤

해설 조사연구 과정은 조사주제 선정 → 조사문제 설정 → 조사가설설정 → 조사설계 → 자료수집 → 자료분석과 해석 → 조사보고서 작성의 순서로 진행된다. 구조화된 설문지 작성은 조사설계 단계에서 수행된다. 가설은 선행연구나 이론을 토대로 논리적으로 설정이 되어야 하므로 선행

연구 고찰은 가설설정 전에 이루어져야 한다.

03. 조사설계에 반드시 포함되어야 할 내용이 아닌 것은? 18회 기출

① 구체적인 자료 수집 방법
② 모집단 및 표집 방법
③ 자료 분석 및 방법
④ 연구 문제의 의의와 조사의 필요성
⑤ 주요 변수의 개념 정의와 측정 방법

정답 ④

해설 연구문제의 의의와 조사의 필요성은 조사의 절차 중 조사문제 선정 단계에 해당된다.

04. 종단연구에 관한 설명으로 옳지 않은 것은? 18회 기출

① 시간 흐름에 따른 조사 대상의 변화를 측정하는 연구이다.
② 일정 기간의 변화에 대해 가장 포괄적 자료를 제공하는 것은 동년배집단연구이다.
③ 조사 대상의 추적과 관리 때문에 가장 많은 비용이 드는 것은 패널연구이다.
④ 일정 주기별 인구변화에 대한 조사는 경향연구이다.
⑤ 동년배집단연구는 언제나 동일한 대상을 조사하는 것은 아니다.

정답 ②

해설 일정 기간에 걸친 변화에 대한 가장 포괄적인 자료를 제공하는 것은 매번 동일한 대상을 조사하는 패널연구이다. 패널연구는 종단연구 중 가장 강력하고 정확한 연구이기도 하다.

Chapter 03

조사문제와 가설

CHAPTER

03 조사문제와 가설

조사할 문제가 무엇인가? 조사문제에 대한 가설을 어떻게 설정할 것인가? 조사 및 연구의 출발점은 조사문제를 설정하고 이에 따른 가설을 설정하는 것이다. 조사연구의 목적은 무엇을, 어떻게, 왜 연구할 것인지 질문을 던지고 이 질문에 대한 답을 찾는 것이다. 따라서 이 장에서는 연구의 주제를 선정하고 조사문제를 설정하며 그 문제를 가설로서 설정하는 내용을 다루고 있다. 조사문제를 설정하기 위해서는 기본적인 개념정리가 필요하며, 이를 위해서 변수에 대한 이해와 더불어 변수의 속성을 이해해야 할 필요가 있다.

1. 조사문제의 설정

1) 조사문제의 개념

조사문제 혹은 연구문제를 도출하는 것은 사회복지조사 영역에서 중요한 시작점에 해당한다. 사회문제에 대해서 어떻게 접근할 것인지는 사회문제론 과목에서 다루어야 하며, 문제에 대응하기 위한 실천 영역은 사회복지프로그램 개발과 평가에서 다루고 있다. 사회복지조사론은 사회문제에 대하여 과학적이고 체계적으로 접근하는 방법을 다루는 것이다.

먼저, 일반적인 조사문제는 새로운 사실이나 현상들이 발생했으나 기존 이론과의 연관성을 규명하기 어려운 경우이나, 사회복지분야에서 조사문제는 조사문제의 해결이 사회복지의 학문적 발전에 기여하는 경우, 조사문제에 대한 해답이 실천현장에서 활용될 수 있는 경우, 사회복지학이나 관련 분야의 연구결과와 연관성이 있는 경우, 사회복지실천현장에서 검증되지 못한 주장이나 이론을 평가하는 경우, 사회구성원 다수의 관심을 끌 수 있는 문제의 경우로 그 접근에 있어 차별성이 있어야 한다.

2) 조사문제의 동기

조사문제는 대개 막연한 의문에서 시작되고, 이를 점차 구체화하게 된다. 조사문제를 설정하는 데 있어 그 동기를 살펴보면 다음과 같다.

첫째, 기존 지식의 한계이다. 연구자는 기존의 이론이나 지식이 사회적 현상이나 형태를 설명하는 데 불충분하고 불만족스러울 경우 의문을 가지게 되고 조사문제를 도출한다. 또한 과학적인 지식은 점진적으로 축적되므로 기존의 이론이나 지식에서 더 진전이 이루어질 수 있는 부분에 대해 의문을 가지고 조사문제를 설정할 수 있다. 예를 들면, 지역사회복지관을 이용하는 가족의 문제에 관심을 가지고 접근했던 연구자가 기존 지식 및 이론에 근거한 가족지원 프로그램을 진행하는데, 그 효과가 미미했을 경우 이들 가족의 문제를 해결하기 위한 다양한 조사문제를 새롭게 설정할 수 있다.

둘째, 사회적 욕구와 사회문제이다. 사회라는 영역 속에서는 인간이 중심이

되어 움직인다. 결국 인간과 인간의 관계 속에서 사회가 형성되는데, 이 구성원의 사회적 욕구를 충족시키고 사회문제를 해결해야 한다. 인간의 욕구는 결핍되면 사회문제가 되며, 그 문제를 해결하기 위한 노력이 사회복지의 총체적 행동이다. 결국 클라이언트의 사회적 욕구를 충족시키기 위해서 사회현상이나 문제의 해결이라는 현실적 요청을 통하여 조사문제에 접근하게 되는 것이다.

셋째, 사회복지의 가치이다. 사회복지문제를 접근할 때 고려해야 할 부분은 인간의 존엄성, 기회 균등, 사회연대 등의 사회복지의 가치 실현이다. 이는 사회복지의 기본적인 특성이며, 지식 및 기술과 관련되어 중요한 요인에 해당한다. 사회복지정책에서 진보와 보수에 관한 논쟁, 선택과 집중의 가치논쟁은 사회문제에 접근하는 중요한 시각이다.

넷째, 사회적 규범이다. 관습, 도덕, 종교, 법과 같은 사회적 규범들이 조사문제가 되며, 우리나라의 경우에는 관례(ritual), 유교문화, 경로우대 등이 그 기준이 된다. '조직과 축제, 의례와 공유 지식의 생성'이라는 주제로 마이클 S. 최 교수는 의례가 기본적으로 공유 지식을 만들어 낸다고 본다. 예를 들면, 결혼식의 목적은 당연히 두 사람의 결혼을 널리 알리는 것이나 두 사람이 결혼했다는 사실을 다른 사람들도 알고 있다는 것을 알게 해야 하는데, 결혼식은 두 사람의 결혼에 대한 지식을 만들어 낼 뿐만 아니라 다른 사람도 이 정보를 가지고 있다는 지식을 만들어 내는 문제로 의례에 대해 접근하고 있다.

다섯째, 연구자의 개인적 경험이다. 이는 연구자가 실제 실천 현장에서 접하거나, 살아오면서 겪었던 개인적 경험을 의미한다. 예를 들면, 어린 시절 폭력을 경험한 경우 아동학대에, 알코올중독인 부모 아래에서 성장한 경우 알코올중독 분야에 관심을 가질 수 있다. 또한 현장에서 여러 가지 불확실한 점이나 의문이 발생하기도 한다. 이러한 개인적 경험을 통해 발생한 의문에 대해 답을 찾기 위해 조사문제를 설정하기도 한다.

여섯째, 조사에 대한 탐구나 호기심이다. 이는 모든 조사의 기초라 할 수 있으며, 인간의 탐구욕이나 호기심은 조사문제를 발전시키는 근원이 된다. 어떤 문제든지 접근함에 있어 탐구의식을 가진다면 조사문제에 대한 접근이 시작될 것이다.

3) 조사문제의 해결가능성

조사문제가 학문적으로 그리고 실질적으로도 의미를 갖기 위해서는 해결가능성을 갖추어야 하며, 따라서 조사문제는 다음과 같은 사항이 고려되어야 한다.

첫째, 조사문제의 명확한 구조화이다. 조사문제를 제기하는 데 의도가 모호하고 문제 범위가 명확하지 못할 때 조사문제의 해결가능성은 낮아진다.

둘째, 조사문제에 진술된 용어의 명확한 표현이다. 문제의 진술에 표현된 용어가 명확하게 정의되어 있지 않으면, 문제가 정확히 이해되지 않으므로 조사문제의 해결가능성은 낮아진다. 따라서 조사문제에 사용된 용어는 경험적이고, 관찰 또는 측정 가능해야 한다. 즉 조사문제의 "개념적 정의"와 "조작적 정의(operational definition)"를 통해 가능성을 높일 수 있다.

셋째, 연구의 경험적 검증가능성(empirical testability)과 실현가능성이다. 만약 조사문제가 경험적 검증과정을 거쳐 수행될 수 없다면 조사문제에 대한 정확한 해답을 구하기 어렵다. 예를 들어, 인간의 신체 해부실험과 같은 도덕적 차원에서 불가능한 연구는 경험적 검증과정을 거쳐 수행하기 어렵다.

4) 조사문제의 선정기준

모든 의문이 조사문제로 진전되지는 않고, 의문은 스스로 해결되거나 연구자의 사고나 기존 지식 및 이론 탐색과 학습을 통해 해소되기도 한다. 이것이 조사문제로 이어지는 경우는 기존 지식 및 이론으로부터 충분한 해답을 얻지 못하여 연구자가 직접 연구를 실시해야 할 필요성을 느낄 때이다. 따라서 모든 의문이 사회복지연구의 조사문제가 되지는 않고, 연구할 가치가 있으며 독창적이고 창의적이며 경험적으로 검증 가능함과 더불어 도덕적인 배려가 있는 조사문제를 선정해야 할 필요성이 있다.

첫째, 독창성(originality)이다. 조사문제의 핵심으로 독창성이란 기존의 것을 답습하지 않고 비교 분석 또는 재구성하거나 새로운 관점이나 견해를 제시하는 것이다. 그런데 독창성은 기본적으로 철저한 문헌검토를 통해서 이루어져야 하며, 기존 선행연구자료를 통해 새로운 분석과 관점을 해 나갈 수 있을 것이다.

둘째, 경험적 검증가능성(empirical testability)이다. 사회복지조사는 과학적 조사이기 때문에 경험적 검증가능성이 중요하다. 조사문제로 선정되기 위해서는 그 문제에 대한 해답이 가능하고 구체적인 가설이 도출될 수 있고 가설에서 사용된 조작적 정의를 통해 경험적으로 측정될 수 있어야 한다.

셋째, 윤리적 배려(ethical consideration)이다. 사회복지조사는 사회복지윤리에 적용된다. 조사문제의 결과가 사회복지실천에 기여해야 하고, 인간의 권리를 침해하지 않아야 한다. 사회복지조사의 윤리적 고려는 휴먼서비스분야에서 엄격히 지켜져야 하는 중요한 요인이다.

넷째, 현실적 제한이다. 조사는 전수조사를 통해서 모든 내용을 다 조사한다면 가장 좋겠지만 조사문제의 내용을 찾는 데 드는 시간적·비용적 노력, 조사인력 등과 같은 현실적인 상황을 고려해 접근해야 한다.

5) 조사문제의 서술

조사문제 형성의 마지막 과정이라고 할 수 있는 조사문제의 서술에 있어서 요구되는 일반적 요건들을 다음과 같이 제시할 수 있다.

첫째, 의문문의 형태로 서술되어야 한다. 즉, “변수 A와 변수 B는 관계가 있는가? 변수 B에 영향을 미치는 요인은 무엇인가?”와 같이 의문형 형식의 진술은 연구의 대상이 되는 조사문제를 바로 표현할 수 있도록 한다.

둘째, 변수 간의 관계를 서술해야 한다. 현상은 어떠한 원인에 의한 것이고, 그 원인이 논리적으로 확인되어야 하므로, 두 개 혹은 그 이상의 변수 간의 관계로 표현되어야 한다.

셋째, 단순하고 명료하게 문제를 지적해야 한다. 이는 연구자가 조사문제에 따른 조사 및 연구 수행을 통해 얻고자 하는 바를 분명히 나타내기 위함이다.

넷째, 경험적 검증 가능성을 함축해야 한다. 즉, 조사문제를 서술함에 있어 경험적이고 실증적인 연구를 통해서 문제를 해결할 수 있도록 작성해야 한다.

2. 개념의 정의

조사문제가 설정되면 조사문제의 주요 개념들을 구체적으로 정의해야 하는데 이는 개념적 정의와 조작적 정의로 구분되며, 개념을 경험적 수준으로 구체화하는 과정은 다음과 같다.

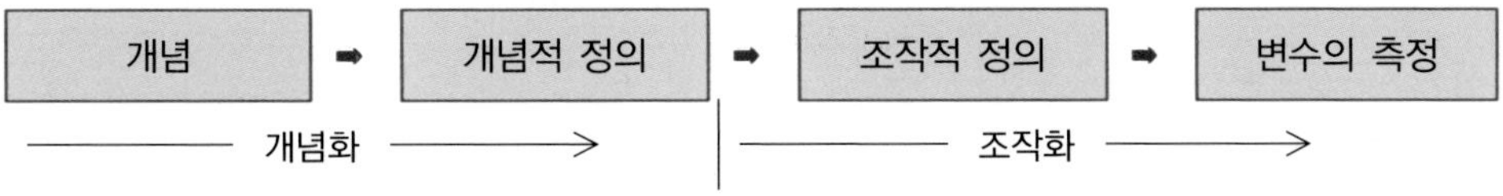

1) 개념적 정의(conceptual definition)

개념이란 단어 또는 용어를 통해 어떤 현상이나 사물의 뜻을 머릿속에 그릴 수 있는 관념적인 구성물이다. 즉, 개념은 그것이 가리키는 현상 그 자체는 아니고, 상징적인 뜻의 복합체인 것이다. 개념적 정의는 조사 및 연구의 대상이 되는 사람 혹은 사물의 형태나 속성, 사회적 현상을 개념적으로 정의하는 것이다. 이처럼 각 개념에 대한 명확한 정의가 내려져 있지 않으면 연구 결과를 해석하는 데 혼란이 있다. 개념적 정의는 사전적이고, 추상적이며, 일반적이고, 주관적이고, 특정 대상의 속성을 추상화하여 의미를 부여한 것이므로 그 자체만으로는 검증하기 어렵다. 따라서 추상적이고 주관적인 개념들을 경험적으로 측정 가능하도록 실증적인 지표로 바꿔줘야 하는데, 이 과정을 조작적 정의라고 한다.

성공적인 노화(successful aging)에 대한 개념을 예로 들면, 어떤 연구에서는 이를 질병 및 장애의 부재로 규정하고, 다른 연구에서는 정신적이고 신체적인 기능을 유지함과 더불어 적극적인 삶의 참여로 정의하기도 한다. 이렇게 동일한 용어일지라도 사용되는 분야나 맥락에 따라 다양한 개념적 정의를 내릴 수 있다. 하지만 이러한 개념적 정의는 그 개념에 대한 구체적인 묘사로 보이지만 여전히 추상적이기 때문에, 이를 조작적으로 정의하는 것이 필요하다.

2) 조작적 정의(operational definition)

조작적 정의는 추상적인 개념을 실증적이고 경험적으로 측정할 수 있도록 구체화한 것이다. 즉, 개념적 정의를 조사 및 연구의 목적에 맞게 지표로 변환한 것이다. 이 과정에서 조사 및 연구에 사용되는 개념의 의미와 연구목적을 손상시키지 않도록 하여야 한다. 즉, 조작적 정의는 개념적 정의를 벗어나지 않는 범위 안에서 측정 가능해야 한다. 한편, 조작적 정의는 과학적 객관성을 중시하지만, 미(beauty)와 같은 인간의 주관적인 시각 및 태도가 주된 개념을 이루는 경우, 이를 과연 조작적으로 정의하는 것이 가능할 것인지와 같은 비판을 염두에 둘 필요가 있다. 즉, 현실적으로 정확한 조작적 정의라는 것은 존재하기 힘들지만, 적절한 조작적 정의는 가능하며 이러한 정의를 신뢰할 수 있어야 하고 타당해야 한다.

3. 변수의 설정

조사문제와 가설은 변수 간의 관계로 기술되는 것이 일반적이다. 개념 속에는 변수가 포함되어 있으며, 개념을 사용할 때 좀 더 명확하고 구체적인 내용이 변수를 통해서 나타난다. 따라서 변수의 뜻을 이해하고 변수 간 관계에는 어떤 것들이 있는지를 살펴보도록 하자.

1) 변수의 의미

사회현상을 설명하기 위해 설정하게 되는 가설의 구성요소 핵심은 독립변수와 종속변수라 할 수 있다. 가설을 설정하고 나면 가설에서 설정한 독립변수와 종속변수 간의 인과관계가 실제로도 그렇게 나타나는지를 경험적으로 확인함으로써 가설을 검증하는 절차를 밟게 된다. 가설을 좀 더 정확히 이해하기 위해 가설을 구성하는 핵심 요소인 독립변수와 종속변수 등을 이해하기에 앞서 '변수'가 무엇인지 살펴보고 관련 용어인 개념과 상수와 비교하여 변수를 이해하는 것이 좋다.

첫째, 개념(concept)은 단순히 정신적 이미지 또는 인식이다. 어떤 현상이나 사물의 의미를 추상적인 용어를 사용하여 관념적으로 구성한 것이다. 개념은 기존의 이론이나 지식에 연관시키므로 연구를 체계적으로 수행할 수 있도록 한다.

둘째, 변수(variable)는 하나의 연속선에서 둘 이상의 값을 가지는 개념이다. 연구대상의 속성에 계량적인 수치를 부여하여, 경험적으로 측정 가능하게 한다. 하지만, 양적 조사와 다르게 질적 연구에서는 변수의 개념이 맥락과 패턴에 따라 다르게 정의될 수 있다.

셋째, 상수(constant)는 결코 변하지 않는 단 하나의 값을 갖는 것으로 일부 변수들은 숫자에 의해서라기보다 낱말 부호로 지정된 범주를 가지고 있다.

2) 변수의 종류

변수의 종류에는 다양하게 구성해 볼 수 있다. 물론 변수의 종류를 다 이해하기 어려운 내용도 있지만 그 기능을 이해한다면 변수의 다양성을 접근할 수 있을 것이다. 먼저 가설의 기본 구조를 이루는 독립변수와 종속변수 이외에도 매개변수, 조절변수, 외생변수, 억압변수, 왜곡변수 등이 있다. 독립변수와 종속변수 이외의 변수를 총칭하여 제3의 변수라 한다.

이러한 맥락에서 가설에서 세운 독립변수와 종속변수 간의 인과관계를 검증하기 위해서는 필수적으로 다른 변수들을 고려해야 하는 것이다.

(1) 독립변수(independent variable)

인과관계에서 다른 변수의 변화에 영향을 주는 변수로서 인과에서 원인(cause)을 나타낸다. 실험설계에서는 실험처치(experimental treatment), 실험자극(experimental stimulus), 중재(intervention)가 독립변수에 해당된다. 원인변수, 설명변수, 예측변수로 불린다.

또한 독립변수는 함수 관계에서 다른 변수의 변화와 관계없이 독립적으로 변화하는 변수를 말한다. 이에 반해 종속변수는 함수 관계에서, 다른 변수의 변화에 따라서만 바뀌는 변수를 말한다. 즉, $y=f(x)$에서 독립변수 x의 변화에 따라 변하는 변수를 종속변수 y라 한다.

(2) 종속변수(dependent variable)

다른 변수에 의존하고, 다른 변수에 영향을 미칠 수 없는 변수로서 인과관계에서 결과(effect)를 나타낸다. 독립변수의 영향을 받아 일정한 결과는 나타내는 변수로서 실험설계에서는 관찰대상의 속성이 종속변수에 해당된다. 결과변수, 피설명변수, 피예측변수, 반응변수, 가설적 변수라고도 부른다.

(3) 매개변수(intervening variable)

제3의 변수가 두 변수를 중간에서 연결시켜, 두 변수가 간접적으로 관계를 가지는 경우, 둘 사이에 놓인 변수를 매개변수라고 한다. 매개변수는 독립변수의 결과인 동시에, 종속변수의 원인이 된다. 매개변수는 종속변수에 이르는 시간적 전후 관계와 논리적 과정에 대한 이해를 가능케 함으로써 인과관계에 대해 정확히 규명할 수 있도록 한다.

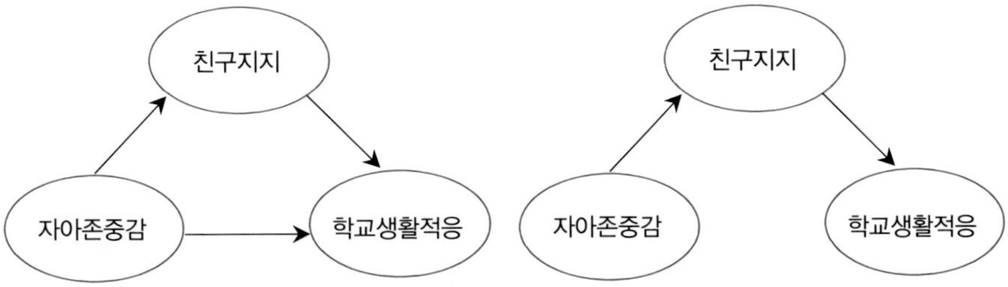

▌그림 3-1▐ 부분매개효과모형(왼쪽)과 완전매개효과모형(오른쪽)

(4) 조절변수(moderating variable)

독립변수가 종속변수에 미치는 영향력을 조절하는 변수로, 독립변수와 종속변수 사이에 강하면서도 불확정적인 영향을 미치는 변수, 즉 독립변수가 종속변수에 미치는 영향력을 조절하는 변수이다. 이 변수가 존재할 때만 독립변수와 종속변수 사이의 이론적 관계가 성립된다.

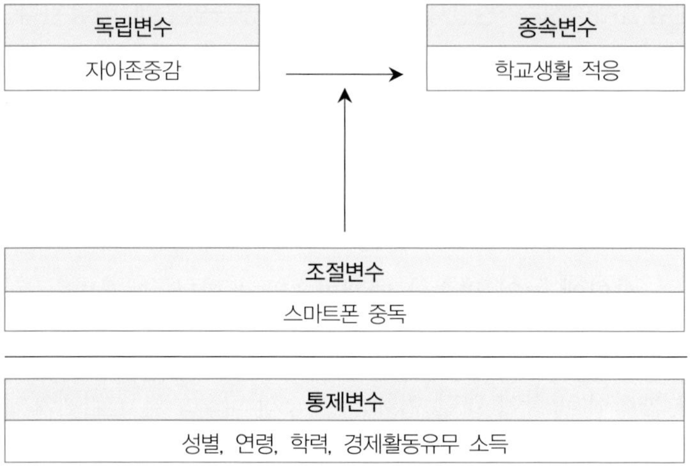

▎그림 3-2▎ 조절변수모형

(5) 외생변수(extraneous variable)

독립변수가 종속변수에 표면상으로는 영향을 미쳐 인과관계가 있는 것처럼 보이지만 실제로는 두 변수 각각에 밀접한 관계를 갖고 있어 두 변수가 인과관계가 있는 것처럼 보이게 하는 제3의 변수로 그렇게 보이는 것일 뿐 실제로는 관계가 없는 경우, 두 변수는 가식적 · 허위 · 의사관계(spurious relationship)를 만드는 제3의 변수를 외생변수라 한다.

(6) 통제변수(control variable)

독립변수와 종속변수 사이의 인과관계를 정확하게 규명하기 위해서는 매개변수나 외생변수 등 제3의 변수들을 통제해야 한다. 예를 들어 '키가 클수록 취업이 잘 된다'는 가설이 있다고 하자. 여기서 독립변수는 '키'이고 종속변수는 '취업'이다. 이 가설에서 고려할 수 있는 유력한 제3의 변수로 '성별'이 있을 수 있다. 이때 성별은 키, 취업에 영향을 미칠 수 있다. 남자가 대체로 여자보다 크고 취업도 잘 되는 경향이 있다면, 외생변수로 작용할 가능성이 있기 때문이다. 즉 제3의 변수 때문에 독립변수와 종속변수가 마치 인과관계에 있는 것처럼 보이는 건 아닌지 하는 의혹을 낳지 않도록 제3의 변수 자체가 조사과정에 영향을 미치지 않도록 조치하는 것을 통제한다고 표현한다.

독립변수와 종속변수에 영향을 미칠 법한 외생변수, 매개변수, 조절변수, 억제변수 등 제3의 변수를 통제해야 하는데, 연구자가 모든 제3의 변수를 다 통제할 수는 없다. 따라서 연구자가 독립변수 A와 종속변수 B사이의 인과관계를 검증하기 위한 조사설계에 여러 변수들 중에서도 C를 통제해야겠다고 포함시키는 경우, 이때 C는 제3의 변수 혹은 외생변수들 중에서도 조사에서 실제 '통제'되는 변수이므로 이때부터는 '통제변수'라고 부르게 된다. 즉 통제변수란 독립변수와 종속변수의 인과관계에 영향을 주는 제3의 변수 중 조사설계에서 조사자가 통제하려는 변수를 말한다.

4. 가설의 설정

조사문제를 설정하고 난 후 조사문제의 개념에 대한 정의와 함께 가설을 설정하고 이를 검증해야 한다. 이에 따라 가설의 정의, 작성, 특성, 유형에 대해 살펴보고자 한다.

1) 가설의 정의

조사문제의 형성과정에서 가장 중요하게 고려할 것은 그 문제가 시험이 가능하도록 형성되어야 한다는 것이다. 이는 경험적으로 조사문제의 사실여부를 확인할 수 있거나 그것의 가능성의 정도를 제시할 수 있어야 한다는 것을 의미한다. 또한 가능성의 정도를 제시한다는 말은 그 문제에 대한 대답이나 해결을 얻을 수 있거나, 또는 대답이나 해결을 도출해낼 수 있는 근거를 얻을 수 있다는 뜻이 되기도 한다.

조사에서의 가설(hypothesis)이란 어떠한 문제에 대하여 그 타당성을 입증하기 위한 잠정적인 대답을 말하는 것이며, 이러한 잠정적인 대답은 따라서 반증될 수도 있는 것이다. 이러한 가설은 조사연구의 지침이 된다. 즉 대부분의 조사연구는 이러한 가설을 시작하기 위한 내용으로 구성되어 있다. 즉 이러한 가설 없이는 조사를 해야 할 내용이 너무 많거나 적어서 어떻게 전개할 것인지 알 수가 없게 된다. 이럴 때 가설은 조사의 방향을 설정해 주고 명료화 시켜주듯이 무엇인가를 결정해 준다.

조사문제가 형성되었으면 이것을 바탕으로 검증가능한 명제 형태의 가설을 구성한다. 가설은 두 개 이상의 변수나 현상 간의 특별한 관계를 검증가능한 형태로 서술하여 변수 간의 관계를 예측하는 진술이나 문장이다. 가설은 실증적인 확인을 위해 구체적이어야 하고, 현상과 관련성을 가져야 하며, 아직 진실여부가 확인되지 않은 사실이다. 조사과정에서 어떤 관계가 존재한다고 생각하면 먼저 그 관계를 가설로 진술하고 그 가설을 실증적으로 검증하게 된다. 즉 과학적 조사방법의 첫 번째 단계가 조사문제의 선정이며, 두 번째 단계로서 가설을 설정하여 조사문제를 구체화하고, 세 번째 단계로 가설의 실증적인 검증(참인지, 거짓인지)이 이뤄진다.

2) 가설의 작성

가설 형식은 관련 변수의 선정과 변수들의 상태를 나타내는 두 가지 문장을 하나의 조건문 형태의 복문으로 나타낸다. 따라서 가설의 형태에 근거하여 가설을 설정할 수 있다.

(1) 가설의 형태

만약 A이면, B이다.	A: 가설의 선행조건, B: 가설의 결과조건
~할수록 ~하다.	A할수록 B하다.
________하면	________________하다.

(2) 가설의 작성방법

첫째, 가설평가의 기준이다. 가설평가의 기준은 경험적 입증가능성으로 실제 자료를 통해 진위가 입증될 수 있어야 하며, 동일 분야의 다른 이론과 연관성이 있어야 한다. 간단명료하게 표현되어야 하고, 논리적으로 간결해야 한다. 가설에 포함된 변수의 계량화가 가능해야 하고, 검증결과를 광범위하게 이용할 수 있어야 하며, 같은 단어인 동의어가 반복적이지 않아야 한다.

둘째, 부적절한 가설의 예로는 "운동이나 등산을 많이 하면 건강해진다"는 너무 명백한 사실이다. 또 다른 예로 "즐거운 생각을 하면 행복한 결과를 가질 것이다"도 동어를 반복하는 내용으로 좋은 결과는 아니다.

따라서 가설의 평가기준으로 진술이 명료, 서술된 관계를 실증적으로 검증, 확률적 속성, 연구자의 편견을 배제한 가치중립적, 변수의 정의가 분명, 이론적 체계가 일치, 변수 간 관계가 구체적, 긍정문 형식으로 서술, 너무나 당연한 관계를 가설로 세울 수 없고, 동의 반복적이어서는 안 되며 서로 다른 두 개념이나 변수의 관계를 표시하여야 한다.

3) 가설의 특성

가설은 다양한 원천으로부터 만들어지는데 때론 개인의 영감, 상상, 경험에서 얻어져 가설이 만들어지고, 때로는 과학분야의 다른 연구결과에서 유출되는 가설, 혹은 과학의 이론적 체계 자체에서 발생하는 가설, 타 과학의 문제와의 유추에서 얻어지는 가설, 과학이 그 속에서 발전되고 있는 일반 문화에서 제공하는 가설들을 들 수 있다. 가설의 특성은 여러 기준에 따라 달리 구분될 수 있으며, 검증과정에 따른 특성이 중요하고 실제 연구에서는 가설을 활용하지 않고 연구문제로 대신하는 경우도 있다. 따라서 가설의 주요특성은 다음과 같다.

첫째, 문제해결성이다. 가설은 문제를 해결하기 위한 첫 단계이며, 문제형성에 있어서 가설은 해결의 실마리를 가져다준다.

둘째, 상호연관성이다. 가설의 내용에는 변수가 2개 이상으로 구성되며 그것들 간의 관계를 나타내고 있어야 한다. 전체적으로 가설은 2~3개 사이가 적당하다. 가설의 내용과 가설의 개수가 적절해야 문제를 더욱 명확하게 할 수 있을 것이다.

셋째, 검증가능성이다. 경험적으로 검증하기 위해서는 변수의 개념적 정의와 조작적 정의가 필요하다. 가설을 통해 검증가능한 내용을 살펴보아야 하는데, 검증하지 못하는 가설은 정의를 내리기 어려울 것이다.

넷째, 명확성이다. 가설 내용의 명확성은 연구과정과 결과에 영향을 미친다.

다섯째, 추계성이다. 가설은 아직 진실 여부가 확인되지 않은 사실이므로 확률적으로 표현된다. 가설을 기각하고 채택하기 위해서 추정하고 계산하는 성격을 지닌다.

여섯째, 구체성이다. 가설은 측정가능한 변수 간의 관계를 나타내므로 구체적이어야 한다. 가설이 구체적이지 못하게 되면 조사문제를 해결하기에는 매우 어려울 것이다.

4) 가설의 유형

가설이란 어떤 가정을 명제화한 것이다. 가정은 어떤 현상에서 여러 요인 또는 변수 간에 관계가 있음을 기대하는 것이다. 특정 현상에 관한 관계적 진술은 보통 설명이라 하며, 이러한 설명이 실증에 의하여 경험적으로 검증된 것을 이론이라 한다. 다시 말해 가설은 아직 경험적으로 실증되지 않은 명제이다. 진술 자체로서는 가설과 이론은 같은 것이다. 다만 차이라면 가설이 검증을 기다리는 진술인데 반해서 이론은 검증이 끝난 진술이라 할 수 있다.

이러한 가설은 여러 가지 기준에 따라서 분류할 수 있다. 예를 들면 어떤 사람은 그 추상정도에 따라서 어떤 현상의 경험적 제일성의 존재를 서술하는 가설로서 경험적 동량성의 존재를 파악하려는 가설, 복합적인 이념형을 취급하는 가설로서, 그들 경험적 제일성이 서로 어떠한 관련성 아래 일정한 유형을 형성하는가를 논리적으로 검토하여, 그들 유형들이 또한 서로 어떻게 관련지어지는가를 다루는 가설 그리고 분석적 변수 간의 관계를 취급하여 인과관계를 검토하려는 가설 등으로 분류하고 있다.

이러한 인과관계를 검토하는 가설은 사물의 어떤 속성에서 일어나는 변화와 다른 속성에서 일어나는 변화와의 어떤 인과적 관계가 있다고 주장하거나 혹은 일정한 현상의 특성이 다른 현상의 특성의 원인 내지 결정요인이라고 주장하는 가설로서, 그 추상화의 정도에 있어 가장 고도한 것이라 하겠다.

또한 어떤 사람은 단순히 조사(또는 긍정)가설(research hypothesis), 부정가설(null hypothesis) 그리고 통계가설(statistical hypothesis)로 나누고 있으며, 또 많은 학자들은 기술가설, 설명가설로 분류하고 있다. 또한 기본가설(grand hypothesis), 종속가설(sub hypothesis)로 분류하기도 한다. 이것은 하나의 줄거리가 되는 가설을 여러 각도에서 시험하기 위하여 작성되는 보다 더 세분된 가설들을 말한다. 따라서 종속가설은 대부분 기본가설에서 연역된 것들이라고 말할 수 있으며, 이것은 어디까지나 시험절차상 편의에 의한 산물이다. 즉 종속가설의 타당성 여부는 기본가설의 타당성 여부의 결정과 연결되는 것이다.

(1) 연구가설(research hypothesis, H_1) 혹은 대립가설

조사문제에 대한 잠정적 결과로서 두 변수나 집단 간에 관계가 있거나 차이가 있다고 나타내는 가설이다. 흔히 대립가설(alternative hypothesis)이라고도 하는데, 영가설과 반대로 가설을 설정하는 것을 말한다. 대립가설의 형태는 'A와 B는 관계가 있을 것이다', 'A에 따라 B는 차이가 있을 것이다'와 같이 나타난다. 예를 들면, "학대아동의 자아존중감과 학교생활적응은 관계가 있을 것이다."와 "시설아동이 지각하는 자아존중감에 따라 그들의 학교생활적응은 차이가 있을 것이다."로 나타내 볼 수 있다.

연구가설은 과학적 가설, 작업가설, 실험가설이라고도 불리며, 연구문제로 논문에서는 쓰이고 프로그램에서는 목적과 목표로 쓰이기도 한다.

(2) 귀무가설(null hypothesis, H_0) 혹은 영가설

연구가설에서 명시된 것을 부정하거나 기각하기 위해 설정되는 가설로 변수 간 혹은 집단 간의 차이가 없다거나 관계가 없다는 내용으로 서술된 가설을 말한다. 즉, 차이나 관계가 없다는 귀무가설이 기각되면 연구가설을 채택하게 되어 본래 입증하고자 한 연구가설이 참이라고 결론짓게 된다.

귀무가설의 형태는 'A와 B는 관계가 없을 것이다', 'A에 따라 B는 차이가 없을 것이다'로 나타내는데, 예를 들면, "학대아동의 자아존중감과 학교생활적응은 관계가 없을 것이다"와 "시설아동이 지각하는 자아존중감에 따라 그들의 학교생활적응은 차이가 없을 것이다"로 가설을 설정할 수 있다.

표본을 통해 모집단을 추정할 때 통계적 가설검증에서 범할 가능성이 있는 판단 오류로 1종 오류(type 1 error, false positive error)와 2종 오류(type 2 error, false negative error)가 있다. 1종 오류는 모집단에서 영가설이 참인데 영가설을 기각하는 오류이고, 2종 오류는 그 반대로 모집단에서 영가설이 참이 아닌데도 영가설을 채택하는 것을 말한다.

추가적으로 1종오류는 영가설이 참인데 기각하면 1종 오류를 범한다. 1종 오류를 범할 확률은 α(알파)로, 가설 검증에 대해 설정한 유의수준이다. α가 0.05이면 귀무가설을 잘못 기각할 확률은 5%임을 인정한다. 이 위험을 낮추기 위해서는 더 낮은 α값을 사용해야 된다. 그러나 더 낮은 알파 값을 사용하면 실제로 존재하는 실제 차이를 탐지할 가능성이 더 작아진다.

2종 오류는 영가설이 거짓인데 기각하지 않으면 2종 오류를 범하는 것이다. 2종 오류를 범할 확률은 β(베타)로 검정력에 따라 달라진다. 검정력을 충분하게 설정함으로써 2종 오류를 범할 위험을 줄일 수 있다. 실제 존재하는 차이를 탐지할 수 있을 정도로 표본 크기를 크게 만들면 된다.

	모집단에 대한 사실	
표본을 기반으로 한 결정	H_0가 참	H_0가 거짓
H_0를 기각할 수 없음(수용)	옳은 결정(확률 = 1−α)	**제2종오류** −H_0가 거짓인데 기각하지 않음(확률=β)
H_0를 기각	**제1종오류** −H_0가 참인데 기각(확률=α)	올바른 결정(확률 = 1−β)

알아두기

1. 개념적 정의와 조작적 정의의 역할은 무엇인가?

2. 변수들 간의 관계를 설정함에 있어 독립변수와 종속변수는 무엇을 뜻하는가?

3. 가설을 설정할 때 고려해야 하는 것은 무엇인가?

기출문제

01. 다음 조립된 단어들과 동일한 논리적 구성을 가진 것은? 15회 기출

개념화 : 개념 : 명제

① 이론화 : 개념 : 가설
② 이론화 : 가설 : 개념
③ 조작화 : 변수 : 가설
④ 조작화 : 가설 : 변수
⑤ 조작화 : 개념 : 가설

정답 ③

해설 〈보기〉에 제시된 단어들의 구성을 살펴보면 개념화를 통해 개념이 되고, 두 가지 이상의 개념이 연결되어 진술을 의미하는 명제가 된다. 이러한 흐름과 동일한 논리적 구조를 보이는 것은 조작화 : 변수 : 가설이다. 조작화를 통해 추상적인 용어를 관찰 가능한 변수로 만들고, 두 가지 이상의 변수들 간의 관계를 경험적으로 검증 가능하도록 진술하는 가설로 만들 수 있다.

- 이론적 명제의 예: 부모와 관계가 좋은 학생들이 공부도 잘한다.
- 경험적으로 검증 가능한 가설의 예: 부모–자녀 관계에 대한 만족도 점수가 높은 학생일수록 성적이 높을 것이다.

02. 변수와 가설에 관한 설명으로 옳은 것을 모두 고른 것은? 16회 기출

ㄱ. 가설은 검증이 가능해야 한다. ㄴ. 가설은 변수 간의 관계를 가정하는 문장이다. ㄷ. 모든 변수는 개념이 아니지만 모든 개념은 변수이다. ㄹ. 영가설은 독립변수가 종속변수에 영향을 미치지 않는다고 가정한다.

① ㄱ, ㄴ
② ㄱ, ㄹ
③ ㄱ, ㄴ, ㄹ
④ ㄴ, ㄷ, ㄹ
⑤ ㄱ, ㄴ, ㄷ, ㄹ

정답 ③

해설 가설을 구성하는 개념은 조작화를 통해 측정 가능한 개념 즉 변수로 전환된다. 따라서 변수는 '측정 가능해진 개념'이라고 이해할 수 있다. 이런 의미에서 볼 때 모든 변수는 개념에 포함이

되지만 모든 개념이 변수라고는 할 수 없다. 측정 가능하지 않은 개념은 변수가 아니기 때문이다.

03. 영가설에 관한 설명으로 옳은 것은? 18회 기출

① 변수 간의 관계가 존재한다는 가설이다.
② 변수 간 관계없음이 검증된 가설이다.
③ 조사자가 검증하고자 하는 가설이다.
④ 영가설에 대한 반증가설이 연구가설이다.
⑤ 변수 간 관계가 우연임을 말하는 가설이다.

정답 ⑤

해설 영가설은 변수 간 관계가 없다고 가정하는 가설로 변수 간 관계가 있다. (예:A는 B에 영향을 미친다)고 가정하는 조사가설을 반증하는 입장에 해당한다. 즉, 변수 A와 B 사이에는 사실 아무 관계가 없고 어쩌다가 우연히 관계가 있는 것처럼 보였을 뿐인데, 조사자가 두 변수 사이에 관계가 있다고 잘못된 가설을 설정했다고 조사가설을 반박하는 입장이다.

04. 가정폭력이 피해 여성의 우울증에 미치는 영향은 여성이 맺고 있는 사회적 네트워크의 수준에 따라 달라진다는 연구 결과가 발표되었다. 이 연구에서 존재하지 않는 변수는? 18회 기출

① 독립변수
② 매개변수
③ 종속변수
④ 조절변수
⑤ 내생변수

정답 ②

해설 A가 B에 미치는 영향이 C에 따라 달라지면, A는 독립변수, B는 종속변수, C는 조절변수이다. 가정폭력은 독립변수, 우울은 종속변수, 사회적 네트워크 수준은 조절변수이다. 연구자의 연구가설(혹은 연구모형)에서 다른 변수에 의해 설명되거나 영향을 받는 변수를 내생변수(다른 변수의 영향을 받는 변수)라 한다. 이 사례에서 우울증은 가정폭력이나 사회적 네트워크 수준에 영향을 받고 있으므로 우울증 정도가 내생변수이다.

Chapter 04

측정과 척도

Social Welfare Research Theory

CHAPTER

04 측정과 척도

조사문제를 접근할 때 가설을 설정하고 조사설계를 하기 위해서는 측정과 척도를 이해하여야 한다. 측정에 대한 개념을 이해하고 조사도구의 접근을 위해 척도의 개념과 구성을 파악해야 할 것이다.

1. 측정

1) 측정의 의미

측정(measurement)이란 일정한 규칙에 따라 대상에 값을 부여하는 과정이다. 이론을 구성하고 있는 추상적 개념들을 현실세계에서 경험할 수 있는 자료와 연결시켜주는 수단으로 특정 분석단위에 대해 값이나 수준을 결정하고 이를 규칙화해 숫자를 부여하는 과정이다.

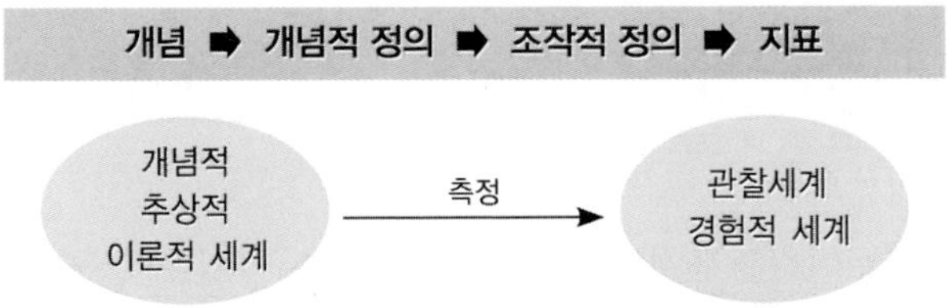

| 그림 4-1 | 측정의 의미

측정은 변수에 대한 조작적 정의에 따라 수행된다. 예를 들면, 인간의 지능을 지능검사에 의한 점수로 정의하는 것이다. 따라서 연구문제에 포함된 개념을 분명하게 규정하고 이들 개념이 의미하는 것을 정확하고 완전하게 반영하는 지표를 선택하는 것이 이상적이다.

측정은 미시적으로는 인간의 행동 혹은 심리를 살펴보고 그 값을 부여하는 반면, 중시적으로는 프로그램, 거시적으로는 정책으로 구분해 볼 수 있다. 미시적으로 인간의 생각을 측정하면 자아존중감, 탄력성 등을 살펴볼 수 있고, 프로그램 측정하는 방법은 평가측정과 관련하여 논리모델, BSC(Balanced Score Card; 균형)성과측정 등이 있다.

2) 측정의 기능

측정은 일반적으로 다음과 같은 기능을 수행한다.

첫째, 관념적 세계와 경험적 세계의 교량 기능한다. 추상적인 개념을 경험적으로 인식할 수 있도록 하여, 조사문제에 대한 해답을 제공하고 가설검증에 중요한 역할을 한다.

둘째, 일치 또는 조화의 기능이다. 일치 또는 조화란 이론적 모델을 현실세계와 연결하는 측정의 규칙이다. 즉 추상적인 세계와 경험적인 세계를 조화시키고 일치시키는 데 사용되는 규칙과 절차를 제시해 준다.

셋째, 객관화와 표준화의 기능이다. 개념에 대한 측정이 없다면 경험적인 검증이 어려울 뿐만 아니라 검증이 어려워지면 이론을 일반화시키는 것도 정확히 할 수 없게 된다.

넷째, 계량화 기능이다. 사건이나 현상을 세분화시키고 통계적 분석에 활용할 수 있는 정보를 제공한다. 수(number)가 가지고 있는 속성에 따라 다양한 수준의 측정이 이뤄지기 때문에 변수를 일정한 범주, 정도, 빈도 등으로 기술할 수 있게 해준다. 숫자는 통계적 분석에 활용될 수 있도록 자료를 수치로 옮겨주고 변수를 계량화해 준다.

다섯째, 반복과 의사소통 기능이다. 연구결과를 다른 사람들이 반복하고 그 결과를 반증할 수 있도록 해준다. 측정은 연구결과를 다른 사람에게 정확히 전달하는 의사소통 기능을 갖는다.

3) 측정방법의 선정기준

측정의 방법을 선택하는 기준으로서 적합성, 전달가능성 그리고 간편성 등 몇 가지 측면에서 생각할 수 있다.

(1) 적합성

측정이 적합하다는 것은 그 측정의 방법이 연구의 목적에 합당하다는 것(appropriateness)을 의미한다. 예를 들면, 특정 지역사회를 묘사하기 위하여 그림이나 사진을 찍어 제시하는 것이 적합하고, 그 지역사회 숙박업소의 종류와 특성을 묘사하기 위해서는 숙박업소의 가격, 시설, 이용안내 등에 관한 설명서와 가격표 등을 제시하는 것이 적절하다. 다른 예를 들면, 장애인의 차별문제를 해소하고 새로운 정책적인 대안을 마련하기 위해서는 장애인의 실태에 관해 통계적인 수치로 문제점을 제시할 수 있다. 이와 같이 연구의 목적과 조사방법에 따라서 때론 숫자적인 제시에 의해 통계적인 묘사가 필요하다. 그러나 측정가에 의한 묘사만으로 적합하다고는 말하기 어렵다. 이와 같은 경우에는 대체로 어떠한 방법의 묘사가 가장 설득력이 있느냐 하는 것이 중요하다.

(2) 전달가능성

어떠한 방법에 의한 묘사이건 간에 문제는 그것을 보는 사람이 용이하게 그 묘사된 바의 것을 이해할 수 있어야 하며, 여기서 전달가능성(communicability)이란 이와 같은 이해 가능성을 말하는 것이다. 따라서 묘사방법의 선택에 있어서는 전술한 적합성뿐만 아니라, 이것을 읽고 듣는 사람들이 정확하게 이해할 수 있도록 하여야 한다.

그러므로 이 기준은 연구의 목적이 아니라 그것을 읽고 보는 사람에 의하여 결정될 문제인 것이다. 즉 이것은 읽는 사람이 주로 동료 학자인지, 학생인지, 정책결정자인지에 따라 묘사의 방법의 선택뿐만 아니라 그 수준도 결정되어야 한다는 것이다.

(3) 간편성

묘사방법 선정의 또 하나의 기준은 그 묘사의 간편성이다. 다른 조건이 같다면 묘사가 용이하고 시간과 비용이 적게 든 방법이 좋다는 것이다. 이것은 묘사를 하는 측뿐만 아니라 그것을 전달받은 측에 있어서도 간편하게 전달되고 이해될 수 있는 방법이 좋다는 뜻도 포함하고 있다. 일반적으로는 전달할 내용이나 미세함이 같다면 이것을 묘사하는 단어나 기호의 수는 적을수록 좋다는 것이다.

이상의 세 기준은 궁극적으로는 그러한 묘사를 전달받는 사람이 그것을 적절하게 이해하여 과학적인 판단의 기초로 한다는 것이 중요한 것이다.

4) 측정의 의의와 기능

측정(measurement)이란 추상적인 개념을 경험화하는 작업으로, 경험적인 특질들에 대해 규칙에 따라 숫자나 기호 등을 배정하는 절차라고 할 수 있다. 이와 같은 측정의 정의에 의하면, 측정의 가장 핵심적인 요소는 규칙이 된다. 규칙은 숫자나 기호들을 어떻게 할당할 것인지에 관한 기준을 제시하는 것으로, 마치 몸무게를 측정하는 규칙 중의 하나로 저울과 같다.

일반적으로 측정은 넓은 의미에 있어서 묘사로서가 아니라 묘사 대상이 되는 사항에 수치를 부여한다는 뜻으로 사용된다.

측정에 대한 정의는 "측정이란 일정한 규칙에 따라 대상의 특성이나 속성에 대하여 어떤 상징을 부여하는 체계적이고 과학적인 과정이다." 이때의 규칙은 관념세계의 형상을 현실세계 현상으로 정확하게 일치시킬 확률을 높이기 위하여 설계된 것이다. 따라서 이 규칙이 두 세계를 보다 가깝게 접근시킬수록 측정 결과가 경험적 세계에서 관찰한 바를 설명하거나 또는 관찰하지 못한 것이 무엇인가를 예언함에 있어 보다 많은 도움을 받는다.

측정에 대한 정의는 여러 면에서 규정되고 있으며 위에서 제시하고 있는 정의는 비교적 넓은 의미를 지니고 있으나, 보다 엄격하게 그 적용범위를 한정시키며 범주화와 수량화에 초점을 두고 있는 정의도 있다. 이러한 정의 가운데 가장 보편적으로 사용되고 있는 것이 "측정이란 일정한 규칙에 따라 대상에 대해 수치를 부여하는 과정이다." 또는 "측정은 설명되어야 할 현상과 개념을 기호(symbol)로 표시할 수 있게 하는 경험적 관찰의 절차를 말하는 것"이라 하겠다. 이 경우를 앞의 정의와 비교해 본다면 측정대상이 "대상의 특성 또는 속성이냐 아니면 대상 자체냐" 그리고 "부과하는 것이 수치냐 아니면 어떤 상징이냐"의 차이가 있다.

사회과학이나 사회복지에 있어서는 대부분의 경우, 측정하는 것이 대상자체가 아니라 대상의 속성이나 특성이기 때문에 관찰한 것에 대해 수치를 부과하거나 수량화하는 일은 매우 어려운 문제일 뿐만 아니라 논란의 여지가 많다.

연령이란 성별, 종교, 교육수준처럼 객관적으로 파악될 수 있는 변수들은 간단하게 처리될 수 있으나 자아의 강도, 성취동기, 만족도, 사기, 의존도, 공격성, 응집력과 같은 사회심리적 변수의 측정은 매우 복잡한 문제이다. 특히 직접 관찰할 수 없는 속성을 측정하려 할 때에는 이 속성을 반영하는 지표의 관측을 통해서 추론해야만 한다.

일반적으로 무엇인가 측정한다고 할 때에는 그것을 측정하는 표준화된 척도나 방법의 존재를 전제로 한다. 이것은 그와 같은 척도나 방법에 의한 묘사의 결과(outcome) 또는 측정치를 재연하여 인식이 가능하도록 한다는 뜻이 되기도 한다. 그리하여 측정을 어떠한 사물(정서나 심리적인 현상까지 포함함)을 전술한 표준화된 척도나 방법에 의하여 수량적으로 파악하는 것이라고 정의할 수 있다. 주로 사물의 양적인 제 속성을 파악하는 것을 의미한다. 즉 세상의 모든 사물은 크게 두 가지 속성을 지니고 있는데, 하나는 양적인 속성이도 또 하나는 비양적인 속성 또는 질적인 속성이라고 말할 수 있다. 그러나 이러한 분류는 사실상 큰 의미를 지니는 것은 아니다. 사회과학에서는 양적인 속성을 가진 사물, 예를 들면, 수도권 대학의 수, 전공학과의 수, 대학생의 수, 교수의 전공, 교수의 수 등에 대한 측정이 가능할 뿐만 아니라 대학교육의 질, 대학생의 강의 만족도, 교수의 강의 열의, 교직에 대한 만족도 등의 질적인 사실도 측정할 수 있어야 하기 때문이다. 이때 질적인 속성을 양적인 속성으로 전환하는 것이 주요 작업의 하나인 것이다. 물론 이러한 여러 가지 속성 중에는 양적 속성화가 용이한 것이 있고 때로는 어려운 것도 있다.

그러나 적어도 이론적으로는 대부분의 것이 양적 속성화가 가능한 것이며, 측정이란 이러한 양적 속성의 정도 또는 위치를 숫자로 지시하는 것이다. 말하자면 특정한 속성이 가지고 있는 대소, 강약, 장단, 경중, 찬반 등의 여러 연속의 존재를 전제로 하여 그러한 연속상의 정도 또는 위치를 숫자로 표현하는 것이다. 따라서 이러한 속성의 정도 또 는 연속성의 존재가 전제가 되지 않으면 측정이라는 작업은 있을 수 없다.

2. 척도의 개념

1) 척도의 개념정의

척도라는 개념의 정의가 필요한데, 측정을 통해 척도가 생겨났으니, 척도란 측정을 위한 도구다. 즉 일정한 규칙에 따라 관찰된 현상에 대해 수치나 기호를 부여하기 위해 사용되는 도구다. 관찰된 현상에 대해 일정한 규칙에 따라 수치나 기호를 부여하는 것을 측정이라 하고, 이 측정을 위한 도구를 척도라고 한다. 결국 척도는 측정하고자 하는 대상에 부여하는 숫자나 기호들의 체계다.

대다수 자연과학에서는 측정대상이 주로 물질적이기 때문에 척도는 눈금자, 온도계, 체중계 등이지만, 사회복지실천현장과 같은 사회과학에서는 측정대상이 대부분 비물질적이기 때문에 주로 논의되는 척도는 인간을 대상으로 하는 것으로 특정 변수를 종합적으로 측정하기 위해 논리적이고, 경험적으로 연관된 하나 또는 여러 문항으로 구성되어 있다. 물론, 협의의 개념으로는 하나의 개념을 측정하기 위해 둘 이상의 복수 지표나 문항(항목)을 사용하여 측정하는 도구를 좁은 의미에서 척도라 하기도 한다.

2) 지수와 척도

(1) 지표(指標, indicator)

지표는 변수의 속성을 나타내는 요소다. 사회복지의 속성은 삶의 기본요소,

사회경제적 요소, 사회정치적 요소, 사회문화적 요소 등으로 표현된다. 이들 요소 하나하나가 사회복지라는 변수의 지표에 해당한다. 예를 들어, 사람들의 사회경제적 지위는 그 사람의 소득, 학력, 직업, 종교 등의 지표를 통해 파악된다.

(2) 지수(指數, index)

변수들은 복합적인 성질을 갖고 있다. 따라서 개별적인 지표 하나로는, 즉 단순 지표로 변수의 속성을 정확하게 파악이 어렵다. 따라서 더 정확한 측정을 위해서는 다의적이고 복합적인 측정치를 사용해야 한다. 이러한 복합측정치를 지수(指數, index)라 한다.

지수란 다의적·복합적 요소를 가지고 있는 개념을 양적으로 측정하기 위해, 다수의 지표들을 하나로 묶어 단일 수치로 표현한 것이다. 예를 들어, 1857년 독일 통계학자 엥겔(E. Engel)이 가계 지출을 조사한 결과 저소득 가계일수록 식료품비가 차지하는 비율이 높고, 고소득 가계일수록 식료품비가 차지하는 비율이 낮음을 발견하였는데 이를 '엥겔의 법칙'이라고 한다. 그리고 총가계 지출액 중에서 식료품비가 차지하는 비율을 '엥겔지수(Engel's coefficient)'라고 한다. 일반적으로 식료품은 필수품으로서 소득의 높고 낮음에 관계없이 반드시 얼마만큼 소비해야 하며 동시에 어느 수준 이상은 소비할 필요가 없는 재화이다. 그러므로 저소득 가구라도 반드시 일정한 금액으로 식료품비를 지출하여야 하며, 소득이 증가하더라도 식료품비는 그보다 증가하지 않는다. 이러한 까닭에 식료품비가 가계의 총지출액에서 차지하는 비율, 즉 엥겔지수는 소득 수준이 높아짐에 따라 점차 감소하는 경향이 있다. 보통 엥겔지수가 0.5 이상이면 후진국, 0.3~0.5면 개발도상국, 0.3 이하이면 선진국이라고 한다.

이탈리아의 통계학자 지니(C. Gini)가 제시한 지니계수(Gini's coefficient)는 소득분배의 불평등도를 나타내는 수치이다(수치가 높을수록 불평등이 심함). 일반적으로 분포의 불균형도를 의미하지만, 특히 소득이 어느 정도 균등하게 분배되어 있는가를 평가하는 데 주로 이용되며 이는 횡축에 인원의 저소득층부터 누적 백분율을 취하고 종축에 소득의 저액층부터 누적백분율을 취하면 로렌츠 곡선이 그려진다. 이 경우 대각(45도)선은 균등분배가 행해진 것을 나타내는 선(균등선)이 된다.

불평등도는 균등도와 로렌츠 곡선으로 둘러싸인 면적(λ)으로 나타난다. 그리고 균등선과 횡축, 종축으로 둘러싸여진 삼각형의 면적을 S라 할 때, λ /S를 지니계수라고 부른다. 0에서 1까지 숫자로 표시하는 지니계수는 가계 간의 소득분포가 완전히 평등한 상태를 0으로 상정해 산출하는 지수로 1에 가까울수록 불평등 정도가 높아 '부익부 빈익빈' 현상이 심화됨을 의미한다. 0.4를 넘으면 상당히 불평등한 소득 분배의 상태에 있다고 할 수 있다. 지니계수를 통해 근로소득이나 사업소득 등 소득분배 상황은 물론 부동산과 금융자산 등 자산분배 상황도 살펴볼 수 있다.

(3) 척도(scale)

측정대상의 개별적인 속성들을 종합적으로 측정함으로써 변수와 관련된 여러 차원을 측정하고 각각의 차원에(각각의 지표에) 점수를 할당하여 항목 간(지표 간)에 서열을 가릴 수 있도록 한다.

지수와 척도는 둘 다 한 개념을 복수지표로 측정한다는 점에서 공통점을 갖고 있으나, 경험적으로 쉽게 인식할 수 있는 객관적인 지표들로 구성된 것을 지수라고 하고, 사람들의 태도 등 주관적인 변수를 측정하기 위한 것은 척도라고 하는 경우가 많다.

3) 척도 작성 과정과 사용 이유

측정도구의 작성 과정은 다음과 같다. 첫째, 문제에 관한 속성을 인지하고, 이것을 표현하는 이론적 개념을 형성한다. 둘째, 이론적 개념의 내용을 특정화하여 경험적 관찰이 가능한 변수로 전환한다. 셋째, 변수(개념)의 속성을 파악하기 위해 경험적 지표를 선정한다. 넷째, 선정된 지표를 활용하여 지수와 척도를 작성한다.

사회과학에서 기술적으로 좀 더 복잡하고 다양한 기법을 요하는 척도를 사용하는 데에는 몇 가지 이유가 있다. 척도는 하나의 단순 지표로서는 제대로 측정하기 어려운 복합적인 개념들을 측정할 수 있으며, 여러 개의 지표를 하나의 점수로 나타냄으로써 자료의 복잡성을 덜어주고, 변수에 대한 양적인 측정치를 제공함으로써 정확성을 높인다. 측정치나 측정도구의 오차를 줄이고 타당도와 신뢰도를 높이며, 단일 문항보다 다수의 문항이 본래 의도한 속성을 정확히 측정하고, 보다 일관성 있는 결과를 제공할 것이다.

4) 사회복지에서 척도의 활용

사회복지전문가들은 사회복지정책 환경이나 클라이언트의 욕구 및 문제를 정확하게 기술하고 문제의 변화과정 그리고 전문적 개입의 효과성과 효율성을 상세하게 파악하기 위해 과학적인 척도를 사용한다. 전문적 척도를 선택하기 위한 전제 조건으로 척도는 과학적이어야 한다. 즉 체계적이고 논리적이어야 한다. 실용적이어야 하고, 사용하기 쉽고 편리하여 응답자가 쉽게 완성할 수 있어야 한다. 척도는 변화를 시도하는 욕구나 문제 자체를 측정할 뿐만 아니라 변화의 가능성과 그 결과에 대한 정보를 제공해야 하고 신뢰성과 타당성이 있어야 한다.

물론 이러한 척도개발을 위해서 연구자는 개발에 관심을 가지고 있지만 사회복지실천현장에서는 척도의 개발보다는 활용하는데 더 유용한 능력이 필요하다. 따라서 사회복지척도집이나 한국교육학술정보원이 제공하는 학술연구정보서비스(RISS)의 논문을 통해서 척도를 찾는 방법이 더 나을 것이다.

단계	조직변화준비도 척도 개발 절차	조직변화준비도 척도 검증 방법
모형 개발	**1. 조직변화준비도 모형 탐색** • 척도개발 영역의 문헌조가 및 선행연구 검토 • 조직변화준비도 개념 확인 및 구성영역 파악	
	2. 조직변화준비도 모형 설정 • 심층면담을 통한 조직변화준비도 기능 맥락 확인 • 조직변화준비도 개념 모형 구인화 • 조직변화준비도 개념 모형 구인화	→ **조직변화준비도 모형 검토** • 전문가 패널 검토를 통한 조직변화준비도 개념모형의 내용타당도 검토(1차 델파이 조사)
문항 개발	**3. 예비문항 작성** • 타당화한 조직변화준비도 개념모형에 기초하여 문항 Pool 수집 및 예비문항 작성	→ **예비문항 내용 검토(wording issue)** • 문장수준, 중의적 표현, 전문적 용어, 주관적 가치, 답변유도, 이중질문 등 내용의 해석가능성 확인
	4. 도구 설계 • 문항 반응 양식결정: Likert scale • 반응 범주 형태: 7point, end-defined label	
	5. 문항 검토 및 수정 • 문항선정 및 검토 기준 마련 • 전문가 검토 결과를 반영하여, 예비문항 수정	→ **예비문항 내용 타당도 검토** • 전문가 패널 검토를 통한 조직변화준비도 측정문항의 내용 타당도 검토(2차 델파이 조사)
척도 개발	**6. 예비 조사 실시 및 분석** • 모집단 대상 포본 설계 • 표집방법 선택 • 표본 대상 설문조사 실시 • 설문조사 응답자료 수집 및 자료 분석	→ **예비문항 타당도 및 신뢰도 검증** • 문항분석: 평균, 표준편차, 왜도, 첨도 • 문항반응이론 적용: Rasch 모형 분석 • 탐색적 요인분석: ML, Geomin, Scree test, PA • 신뢰도 분석: Cronbach α
	7. 척도 및 문항 개선 • 타당도 및 신뢰도 검증결과를 바탕으로 부적절한 문항 수정 또는 삭제	
척도 점검 및 확정	**8. 본 조사 실시 및 분석** • 모집단 대상 표본 설계 • 표집방법 선택 • 표본 대상 설문조사 실시 • 설문조사 응답자료 수집 및 자료 분석	→ **본 문항 타당도 및 신뢰도 검증** • 문항분석: 평균, 표준편차, 왜도, 첨도, 상관관계 • 확인적요인분석 ① 변별타당도: 평균추출분산, 상관계수, 모형적합도 ② 수렴타당도: 요인적재치, 합성신뢰도 ③ 공인타당도: OCQ-CPR(bouckenooghe et al., 2009) ④ 예측타당도: 조직변화지지행동, 조직변화저항행동 • 신뢰도 분석: Cronbach α, 합성신뢰도
	9. 검사 요강 작성 • 척도의 개요, 내용, 이론적 근거, 개발과정, 양호도 검증 결과 관련 내용 작성	

❙그림 4-2❙ 척도개발 절차 및 검증 방법

3. 측정의 수준과 척도 유형

대상을 측정할 때 정한 규칙에 따라서 대상의 특성이나 속성에 부여될 수치나 기호의 의미가 달라진다. 이때, 측정하고자 하는 대상에 부여하는 숫자들의 체계를 척도(scale)라고 하며, 측정의 수준에 따라 척도값(숫자)의 의미가 달라진다. 측정의 수준과 척도는 네 가지로 나누어 보면 ① 명목측정/명목척도, ② 서열측정/서열척도, ③ 등간측정/등간척도, ④ 비율측정/비율척도로 나누어 볼 수 있다.

1) 명목수준의 측정(명목척도: nominal scale)

측정대상의 특성을 분류할 목적으로 대상에 숫자를 부여하는 것이다. 가장 낮은 수준의 측정으로 글자 그대로 이름을 부여하는 명목적인 것을 의미한다. 여기에 부여된 숫자는 질적이며 수치적 의미는 없다. 즉 숫자의 크기는 아무런 의미가 없고 단지 부여된 숫자가 다르면 그 대상의 특성이 다르다는 것을 의미할 뿐이다. 명목척도는 상호배타적인 특성을 갖는다. 모든 대상은 하나의 범주에만 속하지 동시에 두 가지 범주에 속할 수는 없다. 예를 들어, 종교와 성별에서 하나의 범주에 속하면 다른 범주에는 속할 수 없다. 동일한 집단에 속해 있는 대상은 동일한 측정값을 가져야 한다.

예를 들면, 수치는 서로 간의 약속이므로, 산술적 의미를 갖지 않는다. 또한 남자(1)와 여자(2)로 설문지를 만드는 방법은 남자 집단은 2, 여자집단은 1로 변경하여도 무방하며, 산술적 의미는 없다. 또한 통계적 분석에서는 성별이 1과 2로 구성되어 있을 때는 더미화(dummy)하여 남성을 1로 하고 여성을 0으로 구분을 할 수 있다.

2) 서열수준의 측정(서열척도, ordinal scale)

측정대상을 그 특징이나 속성에 따라 일정한 범주로 분류하고, 범주 간의 상대적 순서관계를 밝히는 것이다. 측정대상 간의 대소, 고저, 전후, 상하 등에 다라 서열화한다. 이는 상호배타적인 특성과 함께 순서의 의미도 지닌다. 정확하게 정량화하기 어려운 응답자의 심리적 태도, 선호도 등의 측정에 이용된다. 서열 간 간격이 동일하지는 않으며, 절대량의 크기를 나타낼 수는 없다.

예를 들면, 욕구의 우선순위에서 1순위와 2순위의 차이가 3순위와 4순위의 차이와는 다르므로 이는 단순히 우선순위만을 의미한다. 서열수준은 보통 학력에서 무학, 초졸, 중졸, 고졸, 대학 이상으로 구분하며, 욕구조사에서 1순위, 2순위, 3순위로 구분하여 볼 수 있다.

3) 등간수준의 측정(등간척도, interval scale)

등간의 개념은 속성에 대한 순위를 부여하되 순위 사이의 간격은 동일한 척도이다. 등간격(숫자 간 간격이 같음)이므로 산술적 계산(+,−)에 사용될 수 있으며, 서열 간 간격이 동일하고 측정값이 절대량의 크기를 나타내는 것은 등간척도다. 등간척도는 절대 영점(의미상으로 대상의 속성이 전혀 없음을 의미)이 없기에 곱하기, 나누기 같은 비율계산에는 사용할 수 없다. 예를 들면, 탄력성지수(RQ), 지능지수(IQ), 온도 등이다.

4) 비율수준의 측정(비율척도: ratio scale)

등간척도가 갖는 특성에 추가로 측정값 사이의 비율계산이 가능한 척도다. 이는 속성이 전혀 존재하지 않는 상태의 절대 영점이 존재하며, '0'이 실제적 의미를 가지고 있기 때문에 모든 산술적 연산이 가능(±, ×, ÷)하다. 따라서 비율척도의 숫자는 속성의 실제 양을 나타낸다. 예를 들면, 무게, 질량, TV시청 시간, 투표율, 신문구독률, 연령, 신장 등이다. 몸무게는 60kg은 30kg보다는 두 배 적다는 비율적 계산이 가능하다.

5) 측정수준별 특성 비교

비율수준으로 갈수록 측정수준이 높으며, 하위 측정수준의 속성을 내포한다. 따라서 상위수준의 측정은 하위수준으로 전환이 가능하지만, 하위수준에서 이루어진 측정은 상위수준으로 전환할 수 없다. 예를 들어, 비율수준에서 이루어진 측정은 서열수준으로 전환할 수 있지만, 서열수준에서 이루어진 측정은 비율수준으로 전환할 수 없다.

| 표 4-1 | 측정수준별 특성 비교

구분	명목척도	서열척도	등간척도	비율척도
범주(category)	O	O	O	O
순위(order)	X	O	O	O
등간격	X	X	O	O
절대 영	X	X	X	O
비교방법 (숫자부여방법)	확인, 분류	순위비교	간격비교	절대력, 크기비교
수학(산술적 계산)	=	=, 〉, 〈	=, 〉, 〈, ±	=, 〉, 〈, ±, ×, ÷
통계(평균의 측정)	최빈값	중앙값	산술평균	기하평균 모든 통계
예	성별, 종교, 장애유형, 결혼여부, 인종, 정치참여유형, 지역 등	학력, 장애등급, 욕구순위, 사회계층, 산재장애등급 등	온도 지능지수(IQ), 물가지수 등	무게, TV시청률, 투표율, 가격, 신문구독률, 연령, 신장 등

4. 척도의 구성

척도를 구성할 때 모집단의 규모와 성격을 파악해야 하고, 모집단으로부터 추출된 문항표본의 대표성을 살려야 한다. 또한 동일한 내용을 갖는 여러 문항은 단일차원선상에서 구성되어야 하며, 문항의 가중치를 고려해야 한다.

1) 평정척도(rating scale)

평정척도 또는 등급척도는 평가자가 측정대상의 연속성을 전제로 하여, 일정한 등급법(rating method)에 따라 평가함으로써 대상의 속성을 구별하는 척도다. 즉 설정한 각 단계에 임의 수치를 부여하여 여기서 얻어진 수치의 합계 또는 평균을 측정대상이 가지는 척도점수로 가정한다. 평정척도에는 평가자(judges), 대상(subject) 그리고 연속성(continuum)의 세 가지 요소가 있다. 평정척도는 대부분 서열척도나, 항목 간 거의 비슷한 정도의 차이가 있다고 가정하면 등간척도로 간주할 수도 있다.

(1) 도표식 평정척도

평정척도에서 가장 흔히 사용되는 기법이다. 선과 언어를 합하여 구성한 것으로, 선을 긋고 중간에 숫자 또는 해설을 붙여서 평가자로 하여금 대상의 위치 또는 태도를 기호로 표시하도록 하는 방법이다.

예) 귀하는 사회복지학전공자에게 사회복지조사사가 어느 정도 필요하다고 생각하십니까?

|-----------|-----------|-----------|-----------|

매우 불필요　　불필요　　보통　　필요　　매우 필요

(2) 범주(카테고리) 평정척도

특정 범주척도는 도표를 사용하지 않고 어떤 속성을 나타내는 문장이나 항목을 그 정도에 따라 범주별로 제시하고 그 가운데에서 가장 적합한 것을 고르게 하는 방법이다.

> 예) 귀하는 사회복지학전공에서 사회복지조사론이 어느 정도 필요하다고 생각하십니까?
> (해당란에 'O'표 하십시오.)
>
> 매우 불필요하다( ) 불필요하다( ) 보통이다( ) 필요하다( ) 매우 필요하다( )

(3) 숫자-언어식 평정척도

측정대상의 특성에 따라 평가자가 일정한 숫자나 언어를 부여하여 평가하는 방법이다.

> 예) 귀하는 사회복지학전공에서 사회복지조사론이 어느 정도 필요하다고 생각하십니까?
>
> (1) 매우 불필요하다 (2) 불필요하다 (3) 보통이다 (4) 필요하다 (5) 매우 필요하다

(4) 점수부여식 평정척도

점수부여식 평점 척도는 조사대상의 속성이나 특성에 대해서 평가자가 그의 의견이나 태도를 수치로 평점하는 것이다. 이 경우 평점의 양극은 0에서 100으로 지정되어 있으나 이 사이에는 아무런 구분이 명시되어 있지 않다.

예) 사회복지학전공에서 사회복지조사론은 필요하다.

0 50 100

2) 총화평정척도(summated rating scale)

총화평정척도에서 '총화'는 합(sum)한다는 의미이고 '평정'은 점수를 부여(rating)한다는 의미이다. 즉, 응답자가 응답하는 여러 질문 문항의 값들을 총합하여 계산하는 척도이다. 이때 각 문항에 대한 점수는 동일하게 배점하며, 척도 구성이 간단하고 점수 계산이 용이하다. 총화평정척도는 합산 점수가 같더라도 개별 문항에 대한 응답은 다르기 때문에 합산 점수가 같다고 이것을 어떤 개념에 대한 동일 수준이라 해석해도 되는지 의문을 가지게 된다. 총화평정척도의 대표적인 유형은 리커트(Likert) 척도이다.

출산에 대한 태도 검사		찬성	반대
1	결혼하는 주된 이유 가운데 하나는 아이를 갖는 것이다.	1	0
2	아이가 하나이면 형제가 없어 외롭게 성장하기 때문에 아이를 하나만 갖는 것은 잘못이다.	1	0
⋮		1	0
10	결혼하여 아이가 없는 부부는 동정이 간다.	1	0

※ 베일리(Bailey)는 10개 항목의 출산율척도를 구성(찬성=1, 반대=0)하여, 응답결과 척도상 점수가 높을수록 아기를 가져야 할 강한 책임감을 느끼는 것으로 구성

3) 리커트 척도(Likert scale)

총화평정척도 또는 합산평정척도인 리커트 척도는 가장 보편적으로 이용되는

데, 다수의 항목으로 인간의 태도 및 속성을 측정하여 응답한 각 항목의 점수를 합산해서 전체적인 특성을 측정하는 방법이다. 즉, 응답자가 응답한 여러 가지 문항의 값을 총합하여 계산하는 것을 총화평정척도라고 하며, 이를 활용한 리커트 척도는 척도의 신뢰도와 타당도를 높이기 위해서 한 문항보다 여러 문항을 하나의 척도로 사용해야 한다는 논리로 사회과학에서 많이 사용된다.

(1) 리커트 척도화의 기본적인 절차

첫째, 척도를 구성하는 질문문항을 작성한다. 변수를 평가하거나 차원을 측정하는 것으로 생각하는 다수의 질문문항을 작성한다.

둘째, 응답자 표본 선택한다. 척도가 사용될 모집단이나 모집단을 대표하는 응답자의 표본을 선택한다.

셋째, 응답범주 결정하고 응답을 부호화한다. 각 문항에 대해 응답범주를 작성한다. 응답범주는 대체로 5점 척도를 많이 사용하고, 가장 긍정적인(적극적인, 호의적인) 항목에서 가장 부정적인(소극적인, 비호의적인) 항목에 이르기까지 균형있게 배치하여, 양쪽 항목들이 동수가 되도록 한다. 그리고 각 응답항목에 점수를 부여한다.

넷째, 응답자에게 적용하고, 점수를 산정한다. 응답자들이 각 문항에 대해 응답범주 내에서 하나의 응답항목을 고르게 한다. 그리고 각 문항에 대한 응답자의 응답을 점수로 산정하고, 각 문항 점수를 합산하여 총점을 구한다.

다섯째, 문항분석과 척도점수를 산정한다. 문항 간의 내적 일관성(일치도)과 상관성, 즉 신뢰도를 판단한다. 만일 높은 점수를 보이는 사람들과 낮은 점수를 보이는 사람들이 어느 문항에서 일치되는 점수를 나타내고 있다면, 해당척도에서 이들 문항들을 제거한다. 그리고 척도문항으로 타당한 것으로 판명된 문항들에 응답한 응답자의 점수를 합산하여 총점을 구하면 그 점수가 그 사람의 태도에 대한 측정치, 즉 리커트 척도점수가 된다.

(2) 리커트 척도의 장점과 단점

리커트 척도는 사용이 용이하며, 일관성이 있어 신뢰도가 높다. 평가자를 사용하지 않기 때문에 평가자의 주관적 개입을 배제할 수 있어 객관적인 측정이 가능하며, 단순하고 편리하고 정밀성은 높다. 다수의 문항을 사용해 척도를 구성하므로 보다 정밀한 응답을 구할 수 있어 타당도가 높다.

하지만, 단점으로는 서열적 측정치로 일치성이 부족하다. 동일한 태도를 가진 응답자들이 응답범주 내에서 택한 응답항목이 항상 서로 정확하게 일치한다고 보기 어렵다. 개개 문항별로 구분적이지 못하다. 즉, 각 문항점수를 합산하여 그 총점을 척도값으로 정하기 때문에 개개의 문항에서 응답자가 표현한 응답자의 태도가 구분되어 의미를 갖지 못하게 된다. 척도를 구성함에 있어 대개의 경우 응답자 표본을 선정해야 하는데, 전체 모집단을 대표하는 표본을 선정하기가 쉽지 않으며, 재현성이 떨어진다.

결론적으로 리커트 척도법은 문항들을 척도화하는 과정이 없고 곧바로 피검자들을 척도해서 제작기간이 빠르고 경제적이라 널리 쓰이고 있지만, 그 척도를 설명해주는 어떠한 형식적이고 수학적인 모델을 제공하지 못해서 정의가 분명한 모델은 아니라고 할 수 있겠다. 즉 피검자의 점수에 대한 척도의 특징들을 검증해 볼 방법이 없으며, 단지 범주 점수로 쓰이는 정수 값이 문제의 속성에 대해 순서 자료의 특징을 지니고 있다고 가정하고 있을 뿐이기에 연구자는 그러한 내용을 알고 척도를 구성하여야 할 것이다.

4) 거트만 척도

거트만 척도(Guttman scaling)는 척도도식법(scalorgram method) 또는 누적척도법(cumulative scaling)이라고 부른다. 이는 척도를 구성하는 문항들이 내용의 강도에 따라 일관성 있게 서열을 이루고 있어서, 단일 차원적이고 누적적인 척도를 구성하는 대표적인 방법이다.

거트만의 척도분석법은 척도에 포함된 개별 문항들을 서열화하여 누적하는 것을 특징으로 한다. 거트만은 일련의 문항에 대한 응답이 어떤 특정한 형태로 배열될 때 그 문항의 영역은 척도구성이 가능하다고 보았다. 거트만 척도에서는 개별 문항 자체에 미리 서열성이 부여되었다는 것을 전제로 하기 때문에 문항을 배열할 때도 어떤 질문에 우호적으로 응답한사람은 그 질문에 대하여 비우호적으로 응답한 사람보다 등위가 높도록 배열한다. 따라서 응답자의 등위나 평점에서 어떤 문항에 찬성하였는지 알 수 있다

(1) 거트만 척도의 장점과 단점

장점으로는 예측성이 높으며, 모든 질문문항들이 측정대상 속성의 정도에 따라 누적적으로 되어 있어 응답결과로부터 다른 모든 문항에 대한 응답을 예측할 수 있다. 경험적 관측을 토대로 척도가 구성됨으로써 이론적으로 우월하며, 복잡한 계량적 과정 없이 쉽게 서열적으로 척도화할 수 있고 단일차원적이다. 단점으로는 척도를 구성하는 질문문항의 내용을 강도에 따라 일관성 있게 누적적이 되도록 작성하기가 쉽지 않다. 두 개 이상의 변수를 동시에 측정하는 다차원적 척도로서 사용되기는 거의 불가능하다.

(2) 재생가능성 계수(CR: coefficient of reproducibility)

〈공식〉

$$CR = 1 - \frac{\text{오류의 수}}{\text{전체 응답의 수}} = 1 - \frac{\text{오류의 수}}{(\text{응답자 수})X(\text{응답항목 수})}$$

재생계수가 1일 때는 완벽한 척도구성가능성(scalabiltiy)을 가지며, 보통 재생

계수가 최소한 0.9 이상 되어야 바람직한 거트만 척도가 된다.

| 표 4-2 | 인터넷 사용 시 폭력태도의 거트만 척도

순위	항목내용	예	아니오
1	동물의 피가 묘사되어 있는 사진이나 그림을 차단하겠다.		
2	가상 캐릭터의 피가 묘사되어 있는 사진이나 그림을 차단하겠다.		
3	사물을 파손시키는 장면이 묘사되어 있는 사진이나 그림을 차단하겠다		
4	인간의 피가 묘사되어 있는 사진이나 그림을 차단하겠다.		
5	가상캐릭터(애니메이션)를 죽이는 장면이 묘사되어 있는 사진이나 그림을 차단하겠다.		
6	가상캐릭터(애니메이션)를 학대하는 장면이 묘사되어 있는 사진이나 그림을 차단하겠다.		
7	동물을 죽이는 장면이 묘사되어 있는 사진이나 그림을 차단하겠다.		
8	동물을 학대하는 장면이 묘사되어 있는 사진이나 그림을 차단하겠다.		
9	사람을 학대하는 장면이 묘사되어 있는 사진이나 그림을 차단하겠다.		
10	성폭력이나 혹은 강간장면을 묘사한 사진이나 그림을 차단하겠다.		
11	사람을 죽이는 장면이 묘사된 사진이나 그림을 차단하겠다.		

5) 보가더스의 사회적 거리척도

사회적 거리감을 실증적으로 측정하기 위해 보가더스가 개발한 보가더스 사회적 거리척도(Bogardus Social Distance Scale)는 심리적 태도를 측정하는 척도로서 사람들의 편견을 측정하는 데 가장 보편적으로 사용되는 방법이다. 보가더스 척도는 단일차원이고 누적적인 특성을 갖는다는 점에서 거트만 척도(Guttman scale)의 일종이라고 볼 수 있다. 구체적으로 살펴보면, 다양한 민족과 인종에 대해 결혼, 친구, 이웃, 직장 동료 등의 7가지 항목에서 받아들일 의사가 있는지 그 자발성(willingness)을 묻는 방식으로 응답자들이 느끼는 사회적 거리를 측정하도록 설계되어 있다. 즉 결혼을 통해 가까운 친척으로 받아들이겠다는 항목부터 자기 나라에 들어오는 것 자체를 거부한다는 항목까지를 1점부터 7점까지 놓고, 문항간의 위계적이고 단계적인 관계와 각 문항의 누적성을 전제로 하고 있어 오랜 기간 소수민족과 다문화사회에 대한 태도를 규명하는데 활용되어 왔다.

보가더스(Bogardus)는 1926년부터 1946년, 1956년, 1966년 네 차례에 걸쳐 미국 내의 30가지 인종에 대한 사회적 거리감을 조사함으로써 미국 사회의 인종 간 사회적 거리감의 변화 양상을 제시하였다. 그의 조사에서 앞의 세 번째 조사와 네 번째 조사 사이에 사회적 거리감이 현저히 줄어들고 있다는 결과를 얻음으로써 1956년과 1966년 사이에 인종문제와 관련한 미국인의 의식에서 뚜렷한 변화가 있음을 짐작할 수 있게 되었다. 사회적 거리감이 줄어든다는 것은 해당 인종에 대한 사회적 친밀성 혹은 수용의 정도가 점차 높아지고 있다는 긍정적인 의미를 갖는다.

이외에도 많은 미국의 사회학자들이 다양한 계층을 대상으로 인종간 사회적 거리감을 지속적으로 조사하여 보가더스 척도가 미국사회의 인종문제에 대한 시계열적인 점검을 가능하게 하고 있다. 이 사회적 거리 척도(social distance scale)는 보가더스(Bogardus)가 인종적 편견의 강도를 측정하기 위해 제시한 척도다.

이것은 응답자 자신과 다른 사회적 범주(국적, 인종)의 구성원 간에 인지되는 거리감을 측정하려는 것으로 거트만 척도와 같이 누적적인 항목으로 구성되는 누적적인 척도다. 응답자가 상이한 집단의 구성원과 갖고 싶어하는 관계의 상호작용적 형태에 따라 측정하는 방법이다. 이는 등간적인 것 같으나 문항 간의 거리는 사실상 알 수 없기에 서열적 측정에 가깝다.

▌표 4-3▐ 새터민의 수용적 태도에 관한 Bogardus의 사회적 거리 척도

점수	범주(관계를 맺을 용의도)	매우 그렇지 않다	그렇지 않다	그렇다	매우 그렇다
1	나는 나중에 새터민과 결혼하여 가족 성원으로 받아들일 수 있다.				
2	나는 새터민 청소년과 개인적으로 진정한 친구로 지내고 싶다.				
3	나는 새터민 청소년과 같은 반이어도 된다.				
4	나는 새터민 청소년과 같은 학교를 다녀도 된다.				
5	나는 새터민 청소년과 같은 동네에 살아도 된다.				
6	나는 새터민 청소년을 우리나라 국민으로 받아들 일수 있다.				
7	나는 새터민 청소년이 우리나라에 일정 기간 머 물러도 좋다.				
8	나는 새터민 청소년을 우리나라에서 추방하고 싶다.				

※ 응답요령: 귀하의 일반적 생각을 토대로 해당 빈칸에 'O'표 하십시오.

6) 어의적 분화척도(semantic differential scale)

어의적 분화 또는 의의(意義)차별척도방법으로 고도로 지적이고, 언어적이고 유동적인 주제들에 적합하며, 그 개념의 의미에 대해 직접적으로 질문하는 것이 보다 효과적이라고 주장한다. 어의적 분화척도는 리커트 척도와 유사하지만, '강력히 동의한다-강력히 동의하지 않는다'가 아니라, 그 개념에 대한 실험대상자(subject)의 감정으로 표현하는 것으로 생각되는 한 쌍의 반대가 되는 형용사를 사용한다.

주로 사용되는 측정차원으로는 평가차원, 권력차원, 그리고 활동차원을 들 수 있는데 첫째, 평가차원을 정의하는 척도들은 유쾌한-불쾌한, 좋은-나쁜, 달콤한-신, 도움이 되는-도움이 안 되는 등의 차원이고 둘째, 권력차원을 정의하는 척도들은 큰-작은, 강력한-무력한, 강한-약한, 깊은-얕은 등이다. 셋째, 활동차원을 정의하는 척도는 빠른-느린, 살아있는-죽은, 시끄러운-조용한, 젊은-늙은 등이다.

7) 써스톤 척도

이 척도는 등간척도를 구성하기 위해 고안된 하나의 기법이 써스톤의 등현간 방법(Thurstone's method of equal-appearing intervals)이다. 써스톤 척도화는 어떤 사실에 대하여 가장 긍정적인 태도와 가장 부정적인 태도를 나타내는 양극단을 등간적으로 구분하여 여기에 수치를 부여함으로써 등간척도를 구성하는 방법이다. 써스톤 척도는 등간의 성격을 갖는 척도를 만들기 위해서 문항평가자들을 통해 사전평가를 시행하고 그 결과를 분석하여 각 문항에 대한 중앙값을 척도치로 부여한다.

써스톤과 쉐이브(Thustone & Chave)는 130개의 질문문항을 심사하기 위해 300명의 문항평가자들을 이용했는데, 각 문항평가자가 130개의 질문문항들을 긍정과 부정의 정도에 따라 1점에서 11점까지 척도점수를 부여하고 이를 바탕으로 척도값을 부여하고, 최종적으로 적절한 일부 문항을 선택하여 척도를 구성했다.

| 표 4-4 | 이타성향의 평가에 대한 써스톤 척도

문항	찬성 여부	가중치 (11점)
1. 여행을 가기로 한 친구가 괜찮다면 내 휴가날짜를 다른 날로 잡는다.		
2. 대회가 있다면 개인적 자격으로 참가해서 상금을 받는 것이 낫다.		
3. 늦게 온 사람이 사정이 급하다고 하면 먼저 물건을 사게 해준다.		
4. 식당주인의 바쁜 상황을 생각해서 대신 주문을 해준다.		
5. 직장문제가 있지만 사회봉사활동을 진행해 주는 게 좋다.		
6. 내가 보고 싶은 영화보다 친구가 좋아하는 영화를 보게 해준다.		
7. 여행을 가고 싶지만 어려운 친구와 일을 해주는 일을 더 선호한다.		

※ 응답자의 이타주의는 찬성한 문항의 척도치를 평균하여 산정한다.

5. 측정의 신뢰도와 타당도

1) 측정의 신뢰도

(1) 신뢰도의 개념

신뢰도(reliability)는 측정값의 일관성을 의미한다. 즉 같은 대상에 대해 반복적으로 측정할 때 어느 정도 동일한 측정값을 산출하는지의 정도를 말한다. 측정의 안정성, 일관성, 예측가능성 등으로 표현할 수 있다.

체중계의 측정도구를 이용해 몸무게를 반복적으로 측정했을 때 73.2kg, 74.2kg, 74.0kg, 73.5kg 등으로 대략 74kg 전후로 비슷한 측정값을 보였다면 이 체중계를 이용한 측정은 신뢰도가 있다고 하겠다. 그러나 체중계에 올라갈 때마다 73.6kg, 76.5kg, 79.7kg 등으로 일관성 없는 측정값이 산출된다면, 이 체중계를 사용한 측정은 신뢰도가 매우 떨어진다고 말할 수 있다.

(2) 신뢰도 평가 방법

① 검사-재검사법(재검사법, test-retest method)

신뢰도의 개념에 가장 근접한 방식으로 신뢰도를 평가하는 방법으로, 한 번의 측정이 이뤄진 후에 동일한 상황에서 동일한 측정도구, 동일한 대상을 반복 측정하여 두 측정값이 어느 정도 일관되는지를 비교하는 방법이다. 이는 도구의 안정성을 평가하는 것으로 측정결과의 일관성 정도를 나타낸다. 동일 대상에 대해 두 번 측정한 측정값 사이의 상관계수가 높을수록 신뢰도가 높다고 판단한다. 장점은 적용이 간편하고 측정도구 자체를 직접 비교할 수 있다는 것이다. 단점으로는 첫째, 두 검사 사이에 외생변수 등의 영향으로 대상의 속성이 실제로 변할 수 있는데, 그것이 측정값의 차이고 나타날 수 있기 때문에 신뢰성을 측정하는 데 한계가 있다. 둘째, 검사효과를 들 수 있는데, 첫 번째 검사가 두 번째 검사에 영향을 줄 수 있으며 그것이 두 검사의 점수 차이로 나타날 수 있다.

② 대안법(alternate-form method)

복수양식법(multiple forms technique), 유사양식법(parallel forms)이라고도 한다. 검사-재검사법의 시간적 문제를 해결하고 거의 동시에 측정한다. 측정수단이나 관찰방법은 비슷하지만 서로 다른 두 가지 형태의 측정도구로 동일한 대상을 차례로 측정하고 그 점수들 사이의 상관관계를 통해 신뢰도를 검증하는 방법이다.

장점으로는 검사-재검사 방법의 외생변수 문제, 즉 주시험효과를 극복하는데 어느 정도 유용하다는 점이며, 단점은 동일한 현상을 측정하는 데 사용될 두 개의 동등한 측정도구를 개발하는 것이 어렵고, 주시험효과를 어느 정도 방지할 수 있지만 배제할 수는 없다는 것이다. 예를 들어 복지관에서 프로그램 만족도를 조사할 때 10문항을 만들어 때 각각의 문제에 유사한 한 문제씩을 더 만들어 모두 20문제를 만든다면, 문항 간에 상관분석 후 두 점수가 높게 상관되었다면 신뢰성이 있다고 할 수 있다.

③ 내적 일관성 신뢰도법

검사-재검사법은 두 번이상의 반복 측정이 필요하고, 대안법은 유사한 두 개의 측정도구를 함께 적용하기 때문에 신뢰도를 평가하기가 번거로울 수 있다. 이와 달리 하나의 측정도구를 한 번에 적용하여 측정한 후 그 안에서 신뢰도를 평가하는 방법을 내적 일관성 신뢰도법이라 하며 여기에는 반분법과 크론바하의 알파계수가 속한다.

가. 반분법(이분절기법)

측정도구를 반으로 나눠 같은 시간에 각각 독립된 두 개의 척도로 사용함으로써 신뢰도를 추정하는 방법이다. 이는 동질성의 원리에 입각해 측정도구의 신뢰도를 평가하는 방법이다. 장점은 반분된 측정도구로 동시에 측정이 가능하기 때문에 검사-재검사 방법의 단점을 보완할 수 있고, 서로 측정시간이 다를 때의 시간 간격으로 발생하는 외생변수의 영향을 배제할 수 있으며, 동일 대상의 속성을 한 번만 측정함으로써 반복 검사에서 나타나는 검사효과(주시험효과)도 배제할 수 있다는 것이다. 단점으로는 반으로 나누어진 각각의 측정문항들을 완전히 동등하게 만들기 어렵고 측정문항이 적은 경우는 사용할 수 없다는 것이다(8~10개 정도). 한 측정도구 내에서의 상관관계에 기초해 신뢰도를 판단하기 때문에, 뒤에 나오는 크론바하 알파계수와 더불어 내적 일관성 분석법에 해당한다. 그러나 반분법은 크론바하의 알파계수와 다음 면에서 차이가 있다.

나. 크론바하의 알파계수(Cronbach's α)

가장 많이 사용하는 신뢰도 검증방법으로 문항들을 반으로 나누는 방식에 따라 신뢰도계수가 달라지는 반분법의 문제를 해결하기 위해 반분법에서 산출한 모든 신뢰도계수들의 평균값으로 신뢰도를 계산하는 방법이다.

장점으로는 단일한 신뢰도계수를 산출할 수 있으며, 신뢰도를 저해하는 문항을 찾아내어 이를 제외시켜 나감으로써 척도의 신뢰도를 높이는 데 사용된다. 물론 저해항목의 신뢰도 계수가 .9이상인 경우에는 크게 의미가 없을 수 있다.

SPSS 통계프로그램을 이용하여 간단히 산출할 수 있으며, 그 결과 내적 일관성 신뢰도계수를 산정하는 가장 일반적 방법으로 크론바하(Cronbach)의 알파(α)계수를 산출하게 된다. 이 계수의 값은 0에서 1까지의 값을 가지는데 척도를 구성하는 문항 간 상관관계가 증가할수록 신뢰도계수 값이 커지게 되며, 문항의 수가 증가할수록 신뢰도계수도 같이 커지는 경향을 가진다. Cronbach α계수가

0.9 이상이면 척도의 신뢰도가 매우 높은 것으로 간주되며, 그 기준으로는 .6에서 .7이하이면 보통이나 그 이하로 떨어질 경우에는 신뢰성이 떨어지는 수준으로 심각한 오류의 문제를 확인해보아야 할 것이다. 대다수 사회복지실천영역의 조사에서는 .8에서 .9이상 수준의 높은 수준을 나타내는 경향이 있다.

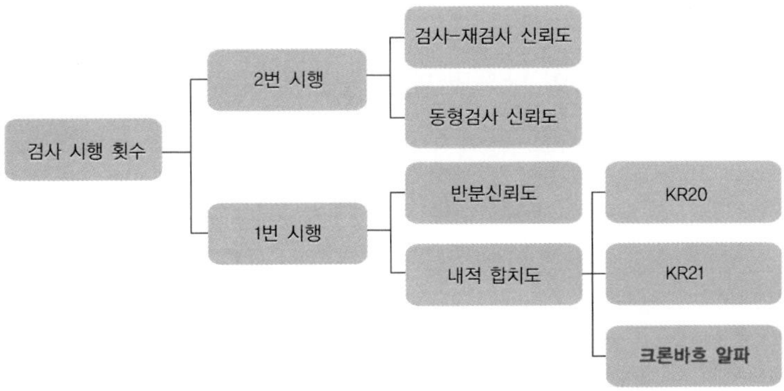

* 내적합치도: 한 번의 시행으로 신뢰도를 추정하는 방법, 하나하나의 문항을 각각의 검사로 활용, 동질성 계수라고도 불림
  – 크론바흐 알파: 부분점수 유무에 관계없이 활용, 설문조사의 리커트식 문항

(3) 신뢰도를 높이는 방법

조사과정에서는 신뢰도를 높이는 일은 항상 관심을 가지게 된다. 먼저 몇가지를 살펴보면 측정항목의 모호성을 줄이고 되도록 구체화해야 한다. 이는 응답자가 측정도구의 의도를 정확하게 이해해야만 일관된 측정이 가능하기 때문이다. 일관된 측정이 가능하면 신뢰도는 자연히 높아진다.

둘째, 측정항목(하위변수)을 늘리고 선택범위(값)를 넓히면 된다. 측정항목이 많거나 선택범위가 넓을수록 신뢰도는 증가하고, 반대로 항목 수가 적거나 선택범위가 좁을수록 신뢰도가 낮아지는 경향이 있다.

셋째, 기존의 선행연구에서 신뢰도와 타당도 검증된 측정도구를 활용하는 것이 필요하다. 하지만 기존의 측정도구를 무조건 신뢰해서는 안 되며, 대상과 목적에 따라 충분한 조사가 이루어져야 한다.

(4) SPSS를 통한 신뢰도분석

자료분석 단계에서 신뢰도값을 분석하는 방법으로 "SPSS for Windows"를 활용하면 되는데, 그 내용은 다음과 같다.

① 신뢰도 해석(크론바하 α값)

신뢰도 계수의 해석은 명확하게 그 기준을 제시할 수는 없으나 기존연구와 내용을 토대로 보면 .90이상이 나오면 매우 높은 신뢰수준을 갖추었다고 볼 수 있으며, 그렇지 않고 .70이하로 떨어지면 조금은 신뢰성에 의문점을 두고 접근해 볼 필요가 있다. Cronbach α값이 절대적 기준은 아니나 그 값을 통해 측정 시 오류를 최소화할 수 있을 것이다.

	α ≥ .90	매우 높은 신뢰수준(excellent)
.90 〉	α ≥ .80	높은 신뢰수준(good)
.80 〉	α ≥ .70	보통 이상 신뢰수준(acceptbale)
.70 〉	α ≥ .60	보통 이하 신뢰수준(questionbale)
.60 〉	α ≥ .50	낮은 신뢰수준(poor)
.50 〉	α	매우 낮은 신뢰수준(unacceptable)

출처: George & Mallery(2003).

② 신뢰도분석

탑메뉴〉 Analysis → Scale → Reliability Analysis

신뢰도 분석을 선택하면 대화창이 나타나는데, 신뢰도의 분석대상이 되는 선택된 변수를 오른쪽 창으로 이동한 후 모든 변수의 척도화 설명인 공역성을 지정하여 공격성의 하위문항인 6개의 변수를 분석하게 된다. 신뢰도 분석 시에 유의할 점은 역문항에 대한 변수의 값을 재조정해야 하며, 역점수인 경우에는 +,

-의 개념을 잘 설명해야 할 것이다.

청소년패널데이터 중에서 초등학생과 중학생 4315명의 공격성에 대한 신뢰도 검사 시 신뢰도 통계량에서 Cronbach α값이 .826으로 나타난 것을 볼 수 있으며, 각 문항별로 분석된 결과는 항목 총계 통계량에서 항목내용별로 Cronbach α값이 나타난 것을 볼 수 있다.

〈입력창〉

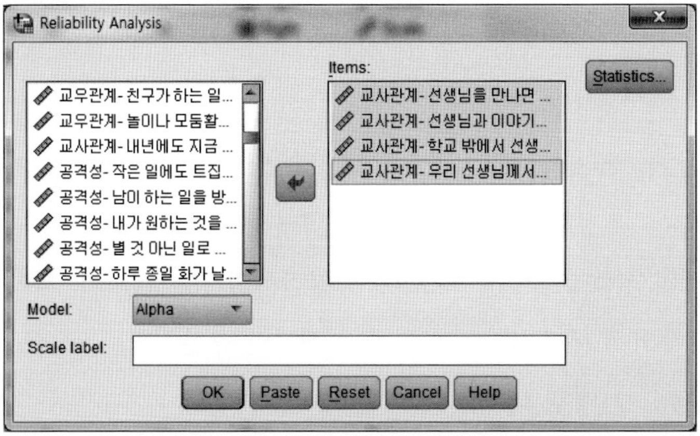

〈출력결과〉

신뢰도 통계량		
Cronbach의 알파	Cronbach's Alpha Based on Standardized Items	항목 수
.826	.827	6

항목 총계 통계량					
항목내용	항목이 삭제된 경우 척도평균	항목이 삭제된 경우 척도분산	수정된 항목-전체 상관관계	제곱 다중 상관관계	항목이 삭제된 경우 Cronbach 알파
PSY1B01w3 공격성- 작은 일에도 트집을 잡을 때가 있다	10.46	9.669	.615	.444	.794
PSY1B02w3 공격성- 남이 하는 일을 방해할 때가 있다	10.58	9.867	.583	.411	.801

PSY1B03w3 공격성- 내가 원하는 것을 못 하게 하면 따지거나 덤빈다	10.56	9.521	.620	.424	.793
PSY1B04w3 공격성- 별 것 아닌 일로 싸우곤 한다	10.54	9.421	.654	.457	.786
PSY1B05w3 공격성- 하루 종일 화가 날 때가 있다	10.58	9.301	.622	.466	.793
PSY1B06w3 공격성- 아무 이유 없이 울 때가 있다	10.84	10.133	.480	.301	.822

2) 측정의 타당도

(1) 타당도의 개념

타당도(타당성, validity)는 "측정하고자 하는 개념을 얼마나 정확히 측정하였는가"를 말한다. 즉 타당도는 측정한 값과 대상의 진정한 값과의 일치 정도를 의미한다. 타당한 측정도구는 측정하고자 하는 바를 정확하게 측정해야 한다.

청소년을 대상으로 공격성 척도를 검사해보니 당일검사의 조사결과가 계속 차이가 나타난다면 대상자의 문제도 검토해보아야 하겠지만 근본적으로 조사도구인 공격성 척도의 타당도가 매우 떨어진다고 할 수 있다.

타당도는 측정값과 실제값 사이의 일치도를 말하는 개념이고, 신뢰도는 측정값들 사이의 일치도를 말하는 개념이다.

(2) 타당도의 종류

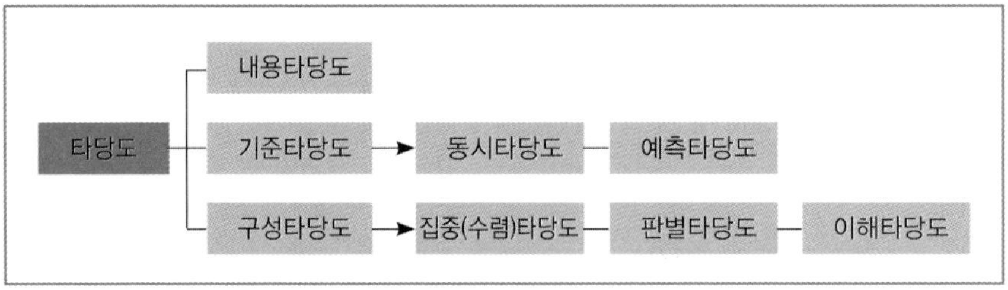

① 내용타당도(content validity)

이는 다른 용어로 액면타당도(face validity)라고 불리기도 한다. 즉 내용타당도란 측정도구에 포함된 설문문항들이나 관찰내용들이 측정하려고 하는 속성이나 개념을 얼마나 대표성 있게 포함하고 있는가에 대해 논리적으로 판단하는 것이다. 이를 위해 사용하는 개념에 대한 전문가, 측정도구 개발에 대한 전문가, 혹은 예비 측정대상자들을 통해 측정 내용들에 대한 타당도를 확인한다.

단점으로는 궁극적으로 전문가의 주관적 판단에 의존할 수밖에 없는 한계를 지닌다. 학교사회복지실천현장에서 초등학생을 대상으로 하는 부모양육태도에 대해 설문조사를 하였다. 하지만 초등학생도 저학년인 1학년부터 고학년인 6학년까지 언어의 이해도와 부모의 인지능력이 저학년과 고학년은 매우 차이가 난다. 이러한 경우에는 설문조사의 척도가 명확하더라도 부모양육태도를 측정하는 척도로 대상에 따라 타당도가 떨어질 수 있다.

② 준거(기준/관련)타당도(criterion validity)

내용타당도가 전문가의 주관적 판단에 따라 측정도구의 타당도를 따지는 것과 달리, 기준타당도는 보다 객관적인 외부의 기준에 으로 측정도구의 타당도를 평가하는 방법이다. 기준(준거)타당도에는 동시타당도(concurrent validity)와 예측타당도(predictive validity)가 있다.

내용타당도(content validity)가 주로 측정결과가 관심의 대상이 되는 어떤 특성을 적절히 측정하고 있냐에 관한 것이지만, 기준 타당도(criterion validity)는 측정결과가 하나 또는 그 이상의 준거에 체계적으로 관련된 정도를 의미하며 예측성(predictive evidence)과 공인(동시)성(concurrent evidence)을 통해 알아볼 수 있다.

가. 예측타당도(예측적 기준타당도, predictive validity)

측정도구가 장래의 사건을 예견하는 능력이 어느 정도인지에 따라 측정도구의 타당도를 평가하는 방법이다. 예를 들면 미술치료에서 청소년의 자아존중감을 사전에 검사한 결과 같게 나타났지만, 사후에 실험에 참여한 집단이 예상한 결과보다 오히려 더 낮게 나타났다면 치료의 효과를 가질 수 없는 치료방법으로 실험집단과 통제집단의 대상에 대한 예측을 전혀 하지 못하여 예측타당도가 낮다고 할 수 있다.

나. 동시타당도(동시발생적 기준타당도, concurrent validity)

예측타당도를 확인하려면 예견된 사건이 일어나는지를 확인하기 위해 일정 정도의 시간을 기다려야 한다. 그와 달리 동시타당도는 측정도구의 측정값을 외적인 기준과 동시적인 시점에서 비교하여 타당도를 평가하는 방법이다. 즉 타당도를 평가하고자 하는 측정도구로 측정한 값이 기준이 되는 다른 측정도구의 측정값 혹은 이미 존재하고 있는 측정도구와 비교하여 그 결과가 얼마나 일치하는가를 따짐으로써 측정도구의 타당도를 평가하는 방법을 말한다.

사회복지사의 임파워먼트를 측정하기 위해 만든 측정도구가 타당도가 있는지 알아보기 위해 타당도가 이미 검증된 다른 측정도구를 측정대상들에게 동시에 적용한 뒤 두 측정도구의 값을 비교하는 것은 동시타당도에 해당된다.

③ 구성타당도(construct validity)

구성타당도는 개념구성타당도, 구성체타당도, 구성개념타당도, 개념타당도 등으도 사용되며, 측정되는 개념이 전반적인 이론적 틀 안에서 다른 개념들과 실제적·논리적으로 적절한 관련성을 갖고 있는 정도를 검증하는 방법이다. 예를 들어 '임파워먼트' 척도를 개발했다면 이 척도의 타당도를 측정하려고 할 때, 만일 임파워먼트가 높은 집단이 조직효과성이 높게 나타난다면 임파워먼트가 낮은 집단은 조직효과성이 낮게 나타나야 할 것이다.

내용타당도는 전문가의 판단에 의거하여, 기준타당도는 외적인 기준에 의거하여 측정도구의 타당도를 평가하는 방식이라면 구성타당도는 이론적인 틀 속에서 타당도를 평가하는 것이 특징이다. 또한 구성타당도는 통계분석방법 중에서 요인분석은 통해 검토할 수 있다.

구성타당도를 평가하는 과정은 ① 척도가 이론적 기대와 일치여부를 검증하는 것(이를 이해타당도라고 한다)과 아울러 ② 척도가 집중타당도와 판별타당도를 둘 다 갖는지에 대한 평가를 포함하게 된다. 즉 구성타당도는 이해타당도, 집중타당도, 판별타당도로 구성되어 있는데, 이 세 가지의 타당도가 높아야 구성타당도가 높다고 말할 수 있다.

가. 수렴(집중)타당도(convergent validity)

A와 B라는 측정문항이 서로 동일한 개념을 측정하는 도구라면 동일한 대상을 측정했을 때 얻어진 측정값 간의 상관관계가 높아야 함을 의미한다.

수렴 타당도는 특정한 잠재변인 내 측정지표 간에는 수렴되어야 한다는 것이다. 즉 동일한 잠재변인을 측정하는 지표 간에는 높은 상관관계를 보여야 한다. 수렴 타당도를 검증하기 위한 첫 번째 방법은 표준화 요인부하량과 유의성을 확인하는 것이다. 수렴 타당도를 담보하기 위한 표준화 요인부하량의 최소 기준은 .500 이상이어야 하며, .7 이상 .95 이하인 경우 이상적이다.

나. 판별타당도(discriminant validity)

A와 B라는 측정도구가 서로 다른 개념을 측정하는 도구라면 동일한 대상을 측정했을 때 얻어진 측정값들 간의 상관관계가 낮아야 함을 의미한다.

판별 타당도를 확인하기 위한 추가적인 검증방법으로 평균추출분산[1]과 잠재변인 간 상관계수 비교 방법이 있다. 평균추출분산(average varianceextracted)은

---

1) $\text{평균추출분산}(AVE) = \dfrac{(\Sigma\text{표준화적재치}^2)}{(\Sigma\text{표준화적재치}^2) + ((\Sigma\text{측정오차})}$

잠재변수 내 공통분산 크기를 측정하는 지표를 말한다. 만약 각 요인의 평균추출분산이 서로 간 공유된 분산보다 클 경우 요인이 서로 다르다고 할 수 있다. 이러한 논리에 근거하여 특정 요인의 루트*평균추출분산 값이 해당 요인과 다른 모든 요인 간의 상관계수 절댓값보다 큰 경우 요인들이 서로 다르다고 해석한다.

다. 이해타당도(nomological validity)

측정도구가 특정 구성개념을 이론적 구성도에 따라 체계적, 논리적, 포괄적으로 이해하고 있는 정도를 의미한다. 여러 개념을 체계적으로 이용한 이론이나 측정도구가 이해타당도가 높다.

(3) 요인분석(factor analysis): 탐색적 요인분석과 확인적 요인분석

타당도 검토를 위해 청소년패널 데이터를 활용하여 학교생활에 대한 요인분석을 실시하는 방법을 살펴보면 다음과 같다.

탑메뉴〉 Analysis → Demension Redution → fator..

〈입력창〉

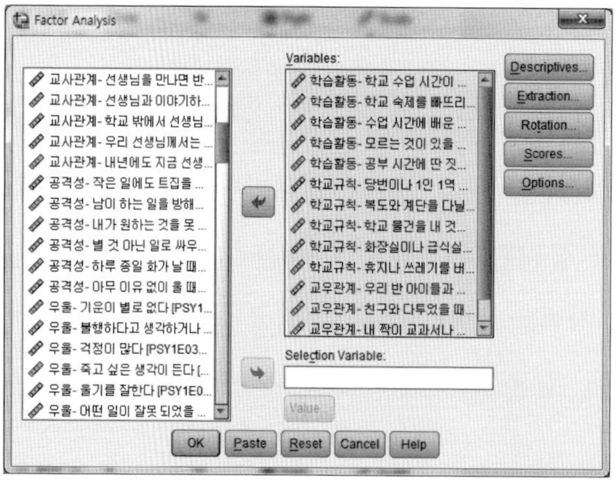

〈출력결과〉

설명된 총분산						
성분	초기 고유값			추출 제곱합 적재값		
	합계	% 분산	% 누적	합계	% 분산	% 누적
1	6.445	32.225	32.225	6.445	32.225	32.225
2	1.928	9.642	41.866	1.928	9.642	41.866
3	1.554	7.770	49.636	1.554	7.770	49.636
4	1.237	6.183	55.819	1.237	6.183	55.819
5	.996	4.978	60.797			
6	.797	3.984	64.781			
7	.763	3.813	68.594			
8	.638	3.192	71.787			
9	.621	3.104	74.891			
10	.605	3.026	77.917			
11	.572	2.858	80.775			
12	.526	2.630	83.405			
13	.510	2.552	85.957			
14	.500	2.501	88.459			
15	.485	2.423	90.881			
16	.427	2.134	93.015			
17	.418	2.091	95.105			
18	.366	1.830	96.936			
19	.333	1.664	98.600			
20	.280	1.400	100.000			

추출 방법: 주성분 분석.

성분행렬a				
	성분			
	1	2	3	4
EDU2D01w3 교사관계- 선생님을 만나면 반갑게 인사한다	.703	-.348	-.108	.013
EDU2D03w3 교사관계- 학교 밖에서 선생님을 만나면 반갑다	.679	-.471	-.240	.004
EDU2D04w3 교사관계- 우리 선생님께서는 나에게 친절하시다	.676	-.378	-.260	.032
EDU2D02w3 교사관계- 선생님과 이야기하는 것이 편하다	.670	-.468	-.205	.008
EDU2B03w3 학교규칙- 학교 물건을 내 것처럼 소중히 사용한다	.649	.319	-.159	-.321
EDU2A03w3 학습활동- 수업 시간에 배운 내용을 잘 알고 있다	.625	.240	.168	.380
EDU2A01w3 학습활동- 학교 수업 시간이 재미있다	.623	-.013	.050	.306
EDU2B01w3 학교규칙- 당번이나 1인 1역 등, 반에서 맡은 활동을 열심히 한다	.618	.244	.010	-.155
EDU2A02w3 학습활동- 학교 숙제를 빠뜨리지 않고 한다	.596	.310	.089	.305
EDU2B04w3 학교규칙- 화장실이나 급식실에서 차례를 잘 지킨다	.590	.410	-.148	-.280
EDU2A04w3 학습활동- 모르는 것이 있을 때 다른 사람(부모님이나 선생님 또는 친구들)에게 물어본다	.570	.135	.213	.318
EDU2D05w3 교사관계- 내년에도 지금 선생님께서 담임선생님을 해 주셨으면 좋겠다	.564	-.432	-.350	.006
EDU2C03w3 교우관계- 내 짝이 교과서나 준비물을 안 가져왔을 때 함께 보거나 빌려 준다	.562	-.039	.402	-.145
EDU2B05w3 학교규칙- 휴지나 쓰레기를 버릴 때 꼭 휴지통에 버린다	.560	.330	-.093	-.312
EDU2B02w3 학교규칙- 복도와 계단을 다닐 때 뛰지 않고 조용히 다닌다	.504	.360	-.198	-.381
EDU2C02w3 교우관계- 친구와 다투었을 때 먼저 사과한다	.456	-.069	.385	-.198
EDU2C01w3 교우관계- 우리 반 아이들과 잘 어울린다	.438	-.136	.587	.034
EDU2C05w3 교우관계- 놀이나 모둠활동을 할 때 친구들이 내 말을 잘 따라 준다	.477	-.125	.522	-.071
EDU2C04w3 교우관계- 친구가 하는 일을 방해한다	.167	.374	-.287	.381
EDU2A05w3 학습활동- 공부 시간에 딴짓을 한다	.342	.343	-.251	.379

요인추출 방법: 주성분 분석.

a. 추출된 4 성분

| 표 4-5 | 타당도의 개념정리

내용타당도 (content validity)	측정도구가 일반화 하려는 개념을 어느 정도로 잘 반영해 주고 있는가를 나타낸다. 내용타당도는 개념을 정의하고 문항을 찾고, 대표적 문항을 표집하는 사람의 기술과 판단에 달려있다. 예) 자유의 측정-소극적, 적극적
안면타당도 (face validity)	안면(액면)타당도는 무슨 도구를 측정하는가 뿐만 아니라 무엇이 나타났는가를 측정하는 것이다. 주로 경험을 가진 전문가의 관점을 체크하는 개념이다.
기준타당도 (criterion validity)	사용하고 있는 측정도구의 측정값과 기준이 되는 측정도구의 측정값과의 상관관계
동시적 타당도 (concurrent validity)	개인의 현재 위치나 상태를 정확하게 예견하여 서로 상이한 두 대상을 판별해 낼 수 있는 측정의 능력 정도를 말한다. 예) 심리치료를 필요로 하는 사람과 필요 없는 사람을 판별
예측적 타당도 (predictive validity)	현재의 상태로부터 미래의 차이를 예측해 내는 도구의 능력 정도를 나타냄. 예)적성검사의 측정치가 장래의 성공적인 직무수행을 예측해 내는 정도.
구성타당도 (construct validity)	구성체란 기존 지식의 어떤 측면을 설명하고 체계화시키기 위해 발전시킨 구성주의 관점의 이론이다. 구성타당도는 반응상의 개별적 차이를 설명하고 측정도구의 변량을 설명하는 구성체나 요인을 찾는 것과 관련되고 있다.
수렴적 타당도 (convergent validity)	동일한 구성체를 측정하려는 서로 다른 도구를 한 집단에 적용해 보면 유사한 반응이나 수치가 나와야 한다. 또한 한 도구를 상이한 상태에 있는 두 집단에 적용하면 역시 유사한 결과가 나와야 한다. 예) 다른 타입의 적성검사, 상이한 출처와 상이한 방법에서 얻은 증거가 구성체의 동일한 측정으로 귀결한다.
판별적 타당도 (discriminant validity)	한 도구가 이론으로 보아 상이해야 하는 다른 구성체와 관계가 있는지 없는지를 보는 것. 한 도구가 다른 도구가 측정한 방법 그대로 한 구성체를 측정하고, 이론적으로 상이해야 하는 다른 구성체와 관련되어 있지 않음이 나타난다면 이것은 판별적 타당도이다.
요인분석 (factor analysis)	어떤 문항이나 도구가 유사한가를 발견하고 유사한 문항과 도구의 집락 간에 존재하는 관계를 찾아봄으로써 많은 수의 문항이나 도구를 몇 개의 요인으로 줄임.

3) 신뢰도와 타당도와의 관계

정확한 측정을 위해서는 측정도구가 타당도와 신뢰도를 모두 확보해야 한다. 신뢰도와 타당도를 높이기 위해서는 개념을 명확히 정의하고, 조작적 정의를 명료하게 내려야 한다. 또한 가능하면 다항목을 측정하고, 사전 검사를 실시할 필요가 있으며, 측정자료가 연구목적에 합당한지 연구질문에 답을 제시할 수 있는지 확인해야 한다.

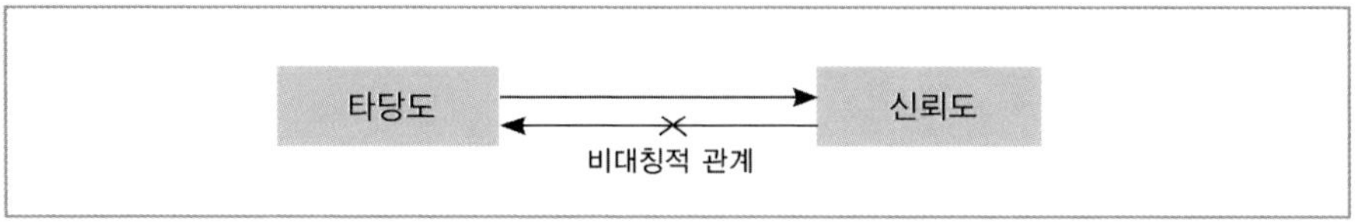

서로 간의 관계에 대한 설명을 해보면, 타당도가 높은 측정은 항상 신뢰도도 높으며, 타당도가 낮다고 해서 반드시 신뢰도도 낮은 것은 아니다. 신뢰도가 높다고 해서 반드시 타당도가 높은 것은 아니며, 신뢰도가 낮은 측정은 항상 타당도가 낮다. 물론 신뢰도가 낮고 타당도가 높은 측정은 있을 수 없다.

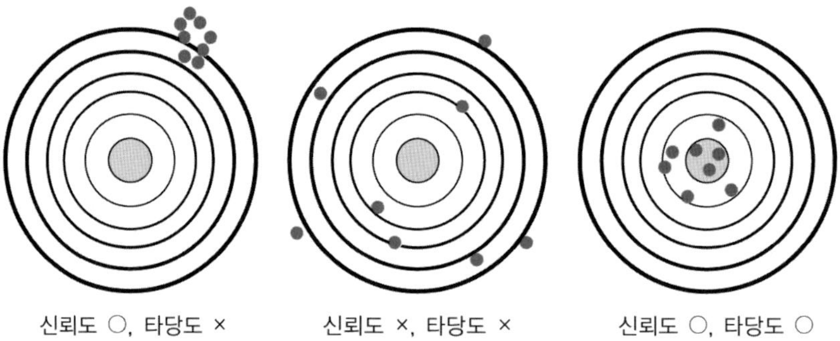

▌그림 4-4▐ 신뢰도와 타당도의 관계

6. 측정오류

사회과학에서 측정하려는 것은 주로 조사대상자의 태도, 행동, 특성 등에 관한 추상적인 개념들이 많은데, 이러한 추상적인 개념을 경험화하는 측정과정에서는 많은 오류가 발생할 수 있다.

1) 단계별 오류발생 원인

연구문제와 가설설정단계에서 모호한 개념의 형성과 불명확한 조작정 정의로부터 시작되며, 연구방법설계에서는 측정도구 내에 불명확하게 표현한 항목들이고 자료수집에서는 대표성이 결여된 표본수집 및 자료수집과정이다. 자료분석 시에는 코딩이나 컴퓨터 입력의 오류가 생길 수 있으며, 연구결과에서는 자료분석 과정에서 잘못된 해석을 하는 경우가 그 원인으로 볼 수 있다.

2) 측정오류

측정오류는 변수를 측정하는 과정에서 나타나는 오류로서 측정오차라고도 한다. 이는 신뢰도와 타당도의 문제며, 타당도는 체계적 오류와 신뢰도는 비체계적 오류와 관련되어 있다.

(1) 체계적 오류

변수에 일정하게 체계적으로 영향을 주어 측정결과가 모두 높아지거나 모두 낮아지게 되는 편향된 경향을 보이는 오류다.

① 인구통계학적, 사회경제적 특성으로 인한 오류

성별, 학력, 소득, 종교, 직업, 인종, 사회적 지위, 문화 등과 같이 인구통계학적 또는 사회경제적인 특성으로 인해 일정 방향으로 오류가 나타나는 경향을 말한다. 예로는 다문화관련 조사를 할 때 특정 지역에는 특정 종교가 많이 몰려있는 경우도 있다. 또한 응답자가 자기이익집단과 관련될수록 응답문항 중 유리한 답을 선택하는 경향도 가진다.

② 개인적 성향으로 인한 오류

관용의 오류(leniency error)는 무조건 긍정적인 입장을 취하며, 가혹의 오류(harsh error)는 무조건 부정적인 입장 취하는 것이고, 중앙집중 경향의 오류(central error)는 무조건 중립적인 입장, 대조의 오류(contrast error)는 자기 자신과 상반되는 것으로 다른 사람을 평가하려는 오류, 후광효과(halo effect)는 측정대상의 한 가지 속성에 강한 인상을 받아 그것으로 전체 속성을 평가하는 데 부당한 영향을 미치는 성향으로 나타난다.

③ 측정하려는 개념이 태도인지 행동인지 모호할 때 발생하는 오류

태도(attitude)를 측정하려는 것인지 행동(behavior)을 측정하려는 것인지 모호할 때, 즉 태도를 측정하면서 실제로는 행동을 예측한다거나, 반대로 행동을 측정하여 태도를 예측하는 것과 같은 경우 체계적인 측정오류가 발생할 수 있다. 설문조사에서 후원의사가 있는지를 묻는 것은 후원에 대한 태도를 묻는 것이지만 실제 후원하는지를 관찰한다면 이는 행동을 조사하는 것이다.

④ 편견에 따른 오류

자료수집과정에 편견(bias)이 개입될 때도 체계적 오류가 발생할 수 있다. 연구자 자신이 원하는 응답을 하도록 구성된 질문이 제시하는 경우, 연구자의 가설에 일치되는 방향으로 응답할 때마다 연구자가 호의적인 반응을 보이게 되는 경우, 혹은 조사대상자들의 실제 견해나 행동을 숨기고 다른 방식으로 응답하는 경우 등이 편향에 의해 체계적 오류가 발생할 수 있는 경우에 해당된다.

가. 고정반응에 의한 편향

고정반응(acquiescent response set)은 설문지에서 일정한 유형의 질문 문항들이 연속될 때 응답자들의 고정된 반응을 나타내는 것을 말한다. 고정반응을 일으킨 응답자는 개별 문제들을 일일이 생각해 보지 않고 내용에 상관없이 진술의 대부분이나 전부에 동의하거나 반대로 동의하지 않거나 하는 태도를 보인다. 사회복지실천현장에 유사한 만족도 조사와 외부 의뢰하는 이용자들의 설문형태가 그렇다.

나. 사회적 적절성의 편향

사회적 적절성 편향(social desirability bias)은 응답자들이 조사자의 의도에 맞춰 대답하거나 집단적 규범에 일치하는 응답을 하는 경우다. 이런 경우는 응답자 개인의 생각을 측정하기보다는 사회적으로 무엇이 바람직한가 하는 사회적 기대에 부응한 생각을 측정하는 결과를 낳는다.

다. 문화적 차이에 의한 편향

문화적 차이 편향(cultural gap bias)은 측정과정에 문화적 차이가 스며들어 측정의 체계적 오류를 일으키는 경우다. 어떤 문화집단에서는 자연스럽게 이해되는 사실도 다른 문화집단에서는 부자연스럽거나 잘 모르는 경우가 흔히 있다. 예를 들면, 농촌지역에서는 가부장적인 문화가 지배적일 수도 있지만, 대도시의 경우에는 합리적 문화가 더 강하게 나타날 수 있다.

(2) 비체계적 오류(무작위적 오류, non-systematic or random error)

오류의 값이 인위적이거나 편향된 것이 아니라 다양하게 분산되어 있어 무작위적으로 발생하는 오류다. 측정대상, 측정과정, 측정수단, 측정자 등에 일관성 없이 영향을 미침으로써 발생하는 오류다.

첫째, 측정자로 인한 오류로 건강, 사명감, 기분, 관심사 등과 같은 신체적·정신적 요인이며, 둘째, 측정대상자로 인한 오류는 긴장, 피로, 불안 등과 같은 신체적/정신적 요인이고, 셋째, 측정상황 요인으로 인한 오류는 측정장소, 측정시간, 좌석배열, 소음, 조명, 부모 참석 등이고, 넷째, 측정도구로 인한 오류는 측정도구에 대한 사전 교육이 충분하지 않을 때이다.

3) 비체계적인 오류를 줄이는 방법

비체계적 오류는 측정도구, 측정대상, 측정상황의 3가지 측면에서 모두 발생하는데 이것을 줄이기 위해서는 측정도구의 내용을 명확하게 하고, 측정항목 수를 가능한 한 늘려야하고(물론 너무 많은 경우에는 오히려 더 큰 오류가 발생), 측정자들의 측정방식이나 태도에 일관성이 있어야 한다.

조사대상자가 잘 모르거나 관심이 없는 내용에 대해서는 측정하지 않아야 하며, 동일한 질문이나 유사한 질문을 2회 이상 제기하여 일관성 있는 응답을 유도한다. 그리고 신뢰할 수 있는 측정도구를 사용하여 측정자에게 측정도구에 대한 교육과 훈련을 통해 사전준비를 철저히 한다.

알아두기

1. 측정의 수준에 따라 척도의 유형이 어떻게 구분되는가? 각 척도 유형은 어떤 특성을 가지고 있는가?

2. 측정에 있어 신뢰도와 타당도를 확보하기 위해서는 어떻게 해야 하는가?

기출문제

01. 측정의 오류에 관한 설명으로 옳은 것은? 15회 기출

① 편향에 의해 체계적 오류가 발생한다.
② 무작위 오류는 측정의 타당도를 저해한다.
③ 체계적 오류는 측정의 신뢰도를 저해한다.
④ 표준화된 측정 도구를 사용하더라도 체계적 오류를 줄일 수 없다.
⑤ 측정자, 측정 대상자 등에 일관성이 없어 생기는 오류를 체계적 오류라 한다.

정답 ①

해설 측정오류 중 체계적 오류는 태도와 행동을 뒤섞어 관찰할 때나 측정 과정에서 편향이 있을 때 발생한다. 체계적 오류를 발생시키는 편향에는 고정반응에 의한 편향, 사회적 바람직성에 의한 편향, 문화적 차이에 의한 편향이 있다. ②,③무작위 오류는 측정의 신뢰도를, 체계적 오류는 타당도를 저해한다. ④표준화된 측정 도구는 이미 신뢰도와 타당도를 확보한 것이므로 체계적 오류를 줄일 수 있다.⑤는 무작위 오류이다.

02. 척도 수준에 관한 설명으로 옳은 것은? 16회 기출

① 연령은 모든 척도 수준으로 분석이 가능하다.
② 표준화된 지능검사점수는 비율척도다.
③ 소득을 비율척도로 질문하면 다른 척도 수준으로 질문할 때보다 응답률이 높은 편이다.
④ 등간척도는 절대영점이 있다.
⑤ 서열척도는 비율척도로 변화가 가능하다.

정답 ①

해설 연령은 측정수준이 가장 높은 비율척도로 측정이 가능하다. 높은 측정수준의 척도는 그보다 낮은 측정수준으로의 전환이 가능하므로 명목, 서열, 등간 수준으로도 측정이 가능하다. 따라서 연령은 모든 척도 수준으로 분석이 가능하다고 할 수 있다.

03. 다음 변수의 측정수준을 고려하여 변수의 유형을 순서대로 나열한 것은? 18회 기출

- 장애유형 - 정신장애, 지체장애 등
- 장애등록 후 기간 - 개월 수
- 장애 등록 연령 - 나이
- 장애인의 건강 정도 = 상, 중, 하

① 비율변수, 비율변수, 서열변수, 명목변수
② 명목변수, 비율변수, 비율변수, 서열변수
③ 명목변수, 등간변수, 명목변수, 서열변수
④ 등간변수, 비율변수, 서열변수, 비율변수
⑤ 명목변수, 비율변수, 비율변수, 명목변수

정답 ②

해설
- 장애유형: 정신장애, 지체장애 등 장애의 특성에 따라 유형을 분리한 것으로 명목변수에 해당한다. 명목변수는 상호배타적인 특성을 갖는다.
- 장애등록 후 기간: 장애 등록 후 기간을 나타내는 개월 수는 절대 영점이 성립되는 비율변수에 해당한다. 비율변수의 숫자는 속성의 실제 양을 나타낸다.
- 장애 등록 연령: 장애 등록 연령을 나타내는 나이는 절대 영점이 성립되는 비율변수에 해당한다. 비율변수는 비율적 계산이 가능하다.
- 장애인의 건강 정도: 장애인의 건강 정도를 나타내는 상, 중, 하는 상호배타적인 특성과 함께 순서(서열)의 의미를 지니므로 서열변수에 해당한다. 서열변수는 서열 간 간격이 동일하지 않고 절대량의 크기를 나타내지 않는다.

04. 다음에서 설명하고 있는 타당도는? 18회 기출

측정되는 개념이 속한 이론 체계 내에서 다른 개념들과 논리적으로 어느 정도 관련성을 갖고 있는지를 경험적으로 검증하는 가장 수준이 높은 타당도

① 액면타당도 ② 기준타당도 ③ 동시타당도 ④ 구성타당도 ⑤ 예측타당도

정답 ④

해설 구성타당도는 특정되는 개념이 전반적인 이론적 틀 속에서 다른 개념들과 실제적 · 논리적으로 적절한 관련성을 갖고 있는 정도를 검증하는 방법이다. 구성타당도는 이론적 틀 속에서 타당도를 평가하는 것이 특징이며, 이해타당도, 집중타당도, 판별타당도로 구성되어 있다.

Chapter 05

표집

Social Welfare Research Theory

CHAPTER

05 표집

우리는 자주 다음과 같은 말을 듣는다. 이론과 실천현장은 다르며, 생활시설은 이용시설보다 힘들다. 이런 이야기는 우리 주변에서 흔히 들을 수 있는 이야기들이다. 하지만 이러한 이야기가 정확한 이야기인지는 알 수 없다. 왜냐하면 이들은 전부 다 만나보고 내린 결론이 아니기 때문이다.

그러나 여기서 우리는 모든 조건이 동일한 경우, 논리적이지 못하다고 이야기하는 사람이 만난 여성의 수가 논리적이라고 이야기하는 사람이 만난 여성의 숫자보다 많을 경우 전자의 이야기를 더 믿게 될 것이다. 그리고 또 논리적인 못하다고 이야기하는 사람이 많을수록 논리적이지 못하다고 하는 사람에 대한 평을 더 믿게 될 것이다. 또한 여성들이 가지고 있는 조건과 성격이 하나같이 똑같다고 하면 논리적이지 못하다고 하는 평을 하는 한 명의 여성을 만났다고 하더라도 믿을 수 있게 되는 것이다.

이와 같이 만나는 대상자의 수는 대단히 많은데 이를 모든 가능한 표본(all possible samples)이라고 하며, 이 모든 가능한 표본 중에서 서울사람의 성격을 잘 나타낼 수 있도록 표본을 뽑는 것을 표본추출(sampling) 또는 줄여서 표집(標集)이라고 하며 표본을 뽑는 방법을 표본추출의 방법 또는 형태라고 한다. 그리고 이들이 만난 10명의 A지역 사람들의 성격이 전체 A지역 사람들의 성격과 차이를 보일 때 이 차이를 표본오차(sampling error)라고 하며, 또한 측정하는 사람의 판단 잘못으로 측정이 잘못되는 오차를 비표본오차(non sampling error)라고 한다.

1. 표집과 표본설계

1) 표집의 개념

표집(sampling)이란 모집단을 잘 대표하는 표본을 만들기 위하여 모집단의 전체 대상으로부터 표본을 추출하는 과정이다. 어떤 표집 방법을 사용하느냐에 따라서 표본이 모집단의 대표성을 띠는지가 결정되므로 표집 방법에 주의해야 한다. 물론 전수조사가 가장 이상적이기는 하지만 현실적으로 높은 비용과 노력이 들기 때문에 전체 대상 중 표본을 선택하고 이 표본에 대한 자료를 바탕으로 모집단 전체의 특성을 추정하게 된다.

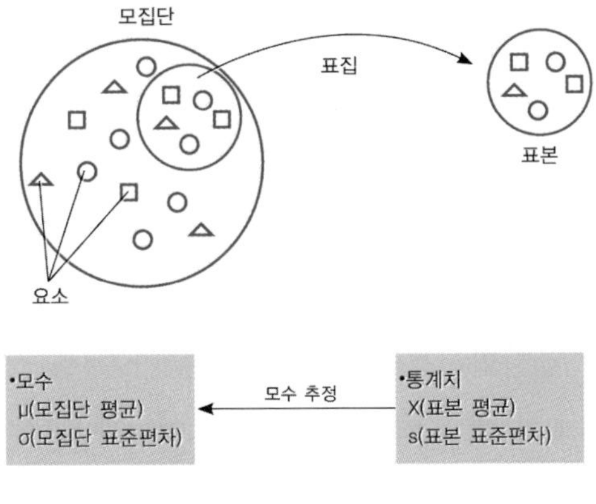

| 그림 5-1 | 표본추출 과정

2) 표집의 장단점

(1) 장점

표집의 장점으로는 첫째, 경제성이다. 전수조사보다 물적·인적 자원이 절감된다. 둘째, 신속성이다. 시간이 상대적으로 많이 걸리지 않기 때문에 연구가 지체되지 않고 조사기간 중 상황이 변할 수 있는 등의 단점을 극복할 수 있다. 셋째, 가능성이다. 모집단 전체를 파악할 수 없는 경우가 있고, 대상의 수가 너무 많아서 조사가 현실적으로 불가능할 수 있기에 표본을 사용할 수밖에 없다. 넷째, 정확성이다. 표집은 훈련된 면접자가 소수를 대상으로 조사하므로 다수를 대상으로 한 전수조사에 비해 자료수집 과정에서 발생할 수 있는 표본오차를 줄여 정확도를 높일 수 있다. 다섯째, 응답률이다. 응답자로부터 높은 응답률과 협조를 받아야 하는데, 대다수 응답률을 높이는 부분이 표집에서 중요한 요인이다. 여섯째, 조직적 반발의 방지를 할 수 있으며, 집단의 특수성을 고려하여 표본을 사용함으로써 많은 사람들의 감정을 상하게 하지 않을 수 있으며 감정이 상한 사람은 똑같은 질문을 접한 다른 응답자의 신원을 모르기 때문에 공통된 관심을 가지고 조직화될 가능성이 적다. 일곱째, 신뢰도이다. 전수조사를 하기 위해서는 상당수의 면접자 또는 조사자가 필요한데, 이러한 과정과 면접자와 응답자 간 신뢰도 문제가 발생할 가능성이 크기 때문에 고려해야 한다.

(2) 단점

표집의 단점으로는 모집단을 대표할 수 있는 표본을 찾기 어렵다. 표본은 모집단의 부분 집합으로서 대표성을 가져야 하는데, 표본이 모집단을 대표하지 못할 경우, 연구결과를 일반화하는 데 한계가 발생한다. 모집단의 크기가 작은 경우에는 표집의 큰 의미가 없다. 모집단이 작으면 모집단을 조사하면 되기 때문에 표집을 추출하여 조사하는 것이 의미가 없어지기에 표집을 하지 않고 조사를 진행하며, 표본설계가 복잡한 경우에는 시간과 비용이 더 소요될 수 있고, 조사가 진행된 후 표본설계가 잘못되게 되면 더 큰 오차가 발생할 수 있다.

3) 표집 관련 용어

(1) 요소/표집요소(sampling element)

자료나 정보를 수집하는 기본 단위로 분석 단위와 일치하는 경우가 많다. 요소들의 총합이 모집단이다. 예를 들어 복지관 특성화 프로그램 이용자에 대한 조사를 한다고 할 때 요소는 복지관 특성화 프로그램 이용자가 개인이고, 복지관 이용자 전체가 모집단이 된다. 물론 개인이거나 가족, 사회모임, 기업, 집단 등이 요소가 될 수 있다.

(2) 전대상(全對象, universe)

연구대상으로 정의된 사람 모두에 대한 이론적·가설적 집합체를 의미한다.

(3) 모집단(母集團, population)

연구대상인 전 대상 중에서 실제로 조사를 할 수 있는 현실적인 연구대상을 말한다. 즉 시간, 공간, 자격을 구체화하여 정의한다. 모집단 가운데 표본이 실제로 추출되는 모집단을 연구 모집단(study population) 또는 조사 모집단(survey population)이라고 한다. 예를 들면, 지역의 아동·청소년 욕구조사의 경우에 0세에서 24세까지가 등록 범주에 포함된다.

(4) 표집틀/표본프레임(sampling frame)

표본이 실제 추출되는 연구대상 모집단의 목록이다. 예를 들면 대학교 학생들 중 일부를 표본으로 추출한다면 학생들의 출석부나 학생명부 등이 표집틀이 될 수 있다.

(5) 표집단위/표본추출단위(sampling unit)

표본이 추출되는 각 단계에서 표본으로 추출되는 요소들의 단위이며, 일반적으로 표집단위는 분석단위와 일치하지만, 표집방법에 따라 일치하지 않을 수 있다. 예를 들면, 확률표집방법 중에서 집락표집은 분석단위와 표집단위가 일치하지 않는다.

(6) 관찰단위(observation unit)

정보를 직접 수집하는 요소 또는 요소의 총합체를 말하는 것으로 자료수집 단위라고도 한다. 대부분은 분석단위와 관찰단위가 일치하지만, 항상 그런 것은 아니다. 예를 들어 아동복지시설의 아동에 대한 조사를 위해 시설의 보육교사를 대상으로 면접조사를 하는 경우, 분석단위는 아동이지만 관찰단위는 보육교사가 된다. 따라서 분석단위와 관찰단위가 일치할 경우, 연구자의 업무는 상대적으로 쉽지만, 그렇지 않을 경우, 어떻게 정보를 수집할 것인가에 대해서 반응성 조사의 한계점이 나타날 수 있다. 이는 관찰영역에서 제대로 내용을 살펴보아야 한다.

(7) 모수(parameter)

모집단의 변수를 요약하여 기술한 수치이며, 전수조사가 이뤄졌다면 각 변수의 빈도나 평균 등과 같은 수치는 곧 모수다. 하지만 대부분의 사회조사연구는 전수조사가 아니라 표본조사를 사용하기 때문에 모수는 표본의 수치(이것을 통계치라고 부른다)를 통해 예측된다. 예를 들어 표본의 나이(연령) 분포를 통해 모집단의 나이 분포를 예측하는 것이다. 따라서 표본조사인 경우에는 표본이 얼마나 모집단을 잘 대표하는지가 중요하다.

(8) 통계치(statistics)

표본에서 변수의 특성을 요약하여 기술한 수치이며, 연구자는 표본조사를 통해 구한 통계치를 바탕으로 모수를 추정한다.

(9) 표본오차(sampling error)

통계치가 모수와 정확히 일치하지 않고 그 주위에 분산되어 있는 정도를 말하며 표집오차라고도 한다. 연구자는 표본 자체의 통계치보다는 궁극적으로 이를 통해 모집단의 특성을 추정하는 데 관심을 가진다. 하지만 아무리 대표성 있는 표본을 추출했다고 하더라도 한 번의 표본이 모수를 정확히 나타내기는 힘들기 때문에 표집오차가 발생하게 된다. 따라서 확률이론에 근거하여 표집방법에 따른 표집오차를 추정해 볼 수 있다.

(10) 신뢰수준과 신뢰구간(confidence levels and confidence intervals)

신뢰수준과 신뢰구간은 표본의 통계치가 모수로부터 어느 정도 차이가 나는지를 보여줄 때 사용되는 개념이다. 신뢰수준은 표본의 결과를 통해 추정하려는 모수가 어느 정도 신뢰성을 갖는지의 정도이며, 신뢰구간은 모집단의 모수가 일정한 확률을 가지고 갖게 될 값의 범위이다.

신뢰구간은 표본데이터 $X=(X_1, X_2, \cdot\cdot\cdot, Xn)$에서 구성되는 통계량 신뢰구간(X)로부터 미지모수 θ을 추정하는 경우에 θ가 어떤 확률 a로 들어간다고 지정되는 구간. a=0.95의 경우 95% 신뢰구간, a=0.99의 경우 99% 신뢰구간이라고 불린다. 가장 빈번하게 나타나는 신뢰구간으로서는 표본평균 신뢰구간로부터 모평균(母平均) μ를 추정하는 경우로 모집단의 모분산(母分散) σ^2를 알고 있다면, μ의 95% 신뢰구간으로 나누어진다.

4) 표본설계의 과정

표본설계의 과정은 연구대상이 되는 모집단을 확정하고 적당한 표집틀을 선정한 후 표집의 방법과 표본의 크기를 결정하고 실제로 표본을 추출하는 과정을 거친다.

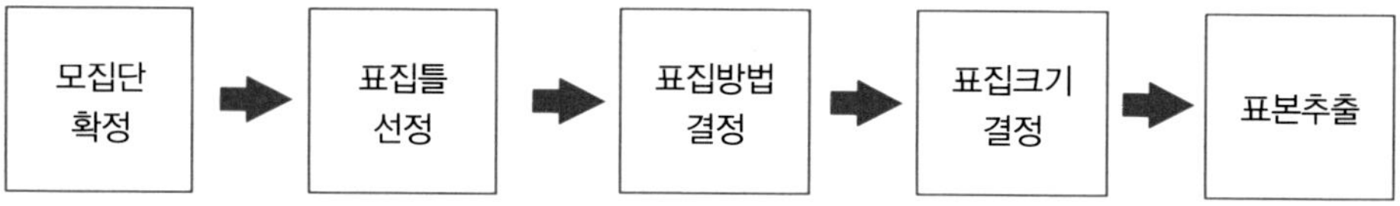

▎그림 5-2 ▎ 표본설계의 과정

첫째, 모집단의 확정이다. 연구목적에 부합되는 자료를 얻기 위해서는 가능한 한 모집단의 규정이 필요한데 이를 위해서는 연구대상, 표집단위, 범위, 시간의 네 가지 요소를 명확히 해야 한다. 연구대상을 선정하는 일은 연구주제를 선정하는 것만큼 쉽지 않은 과정이며, 어느 시점에 조사를 하느냐에 따라 연구의 진행이 이루어질 수도 있고 그렇지 않을 수도 있다.

▎표 5-1 ▎ 조사의 주요내용

연구대상	사회복지사자격증 소지자
표집단위	사회복지시설 근무 사회복지사
범위	전국
시간	20**년 00월 00일 ~ 00월 00일(3주 이내)

둘째, 표집틀 선정이다. 표집틀은 모집단의 구성요소 목록을 의미한다. 적합한 표집틀이란, 모집단의 구성요소 모두를 포함하면서 어떠한 요소도 이중으로 포함되지 않는 목록이다. 종합사회복지관에서 이용자들의 연락처를 정리한 기록부 혹은 프로그램 참여자들의 목록을 말한다.

셋째, 표집방법 결정이다. 표집틀이 선정되면, 어떤 방법으로 모집단을 대표할 수 있는 표본을 확보할 것인지에 대한 검토가 있어야 한다. 확률표집방법과 비확률표집방법이 있다.

넷째, 표본의 크기 결정이다. 적절한 표본의 크기는 신뢰구간 접근법과 통계적 기법에 의해 결정될 수 있으나 실제상으로는 표집방법, 모집단의 성격, 시간과 비용, 연구자 및 조사원의 능력 등을 고려하여 결정한다. 사회복지실천현장에서는 대다수 적은 수의 이용인원이거나 구군 단위의 지역주민의 욕구조사를 하는 수준으로 보면 최대 400~500명 사이 규모이다.

다섯째, 표본추출이다. 결정된 표집방법으로 표본을 수집하면 된다. 이러한 과정이 표본을 추출하는 마지막 과정으로 보인다.

2. 표집방법

조사설계방법에서 표집의 유형은 확률포집방법과 비확률표집방법으로 나누어진다. 확률표집방법에는 단순무작위표집, 체계적 표집, 층화표집, 집락표집 등이 있고, 비확률표집방법에는 임의표집, 유의표집, 할당표집, 눈덩이표집 등이 있다.

1) 확률표집방법

모집단의 각 표집단위가 모두 추출될 기회를 가지고 있고, 각 단위가 추출될 확률을 정확히 알고 무작위 방법에 기초하여 표집하면 이를 확률포집이라고 하고 이 방법으로 추출된 표본을 확률표본이라고 한다. 확률표집방법은 통계치로

부터 모수치를 정확히 추정하는 방법을 제시한다.

(1) 단순무작위표집법(simple random sampling)

단순무작위표집은 기본적인 확률표집방법으로 의식적인 조작이 전혀 없이 표본을 추출하는 방법이다. 무작위 표본에서 전 대상은 표본으로 선택될 확률이 동일하다. 이 표본은 가능한 모든 집단들이 선택될 가능성이 동일한 표본이며, 무작위표집의 절차는 표집틀에서 각 사람이나 표집단위에 번호를 할당하여 조사자가 일정한 유형 없이 단순히 무작위로 뽑는 것이다. 그러나 개인의 성향에 따라 순수하게 무작위하기는 쉽지 않다. 그래서 보편적으로 사용하는 방법이 난수표를 이용하거나 통계프로그램에서도 무작위를 설정하여 해당 대상자를 선정한다.

단순무작위표집법의 장점은 첫째, 모집단의 모든 요소가 동일하고, 독립적인 추출기회를 가지므로 적어도 이론적으로 추출된 표본이 모집단을 잘 대표하게 된다. 따라서 표본추출의 편의(bias)가 들어갈 가능성이 매우 낮다. 둘째, 다른 표집방법에 비해 모집단에 대한 사전지식이 필요하지 않다. 셋째, 표본오차의 계산이 용이하다. 넷째, 층화표집과 같은 다른 확률표집에 비해 모집단의 모수나 특성을 잘 분류함으로써 모든 오차를 줄일 수 있다. 다섯째, 확률표집 중 가장 적용이 용이하고, 다른 확률표집 방법과 결합하여 사용할 수 있다.

단순무작위표본법의 단점은, 첫째, 조사자가 모집단에 대하여 가지고 있는 지식을 충분히 활용할 수 없다. 둘째, 동일한 크기의 표본일 경우, 층화표집보다 표본오차가 클 가능성이 크다. 즉 표본오차는 어느 정도의 표본의 이질성에 의존하는데 층화표집에서의 각층은 주요 특성에 있어서 단순무작위표집보다 상대적으로 동질적이기 때문이다. 셋째, 모집단에서 그 수가 적은 요소는 표본으로 추출될 보장이 없어, 비교적 표본의 규모가 커야 한다는 문제점이 있다.

(2) 체계적/계통표집법(systematic sampling)

표집틀인 모집단 목록에서 일정한 순서에 따라 매 k번째 요소를 표본으로 추출하는 방법이다. 일련번호를 붙인 표집틀을 마련하고 모집단 총수를 요구되는 표본수로 나눠 표집간격(k)을 구하며 첫 번째 표집간격 안에 들어 있는 숫자 가운데 하나를 무작위로 선택하여 추출된 최초의 표본으로 삼고 나머지 표본들은 기계적으로 정해진 표집간격(k)에 따라 추출한다. 체계적 표집방법에서는 표집틀에 패턴과 맥락 유형이 존재하는지를 살펴보아야 할 것이다.

(3) 층화표집법(stratified sampling)

층화표집방법은 가장 많이 이용되고 있는 표집방법 중 하나로, 모집단 전체에서 표본을 추출하는 것이 아니라 모집단의 요소들을 '계층들(strata)'이라 불리는 중복되지 않는 집단들로 분리하고 각각의 계층 내에서 단순무작위표집방법이나 체계적 표집방법으로 적절한 수의 표본을 뽑는 방법이다. 이때 계층들 내에서는 집단내의 동질성을 확보해야 하는데, 층화표집법은 동질적인 집단 내의 표집오차가 이질적인 집단의 표집오차보다 더 적다는 확률분포논리에 기초하고 있기 때문이다.

층화표집(stratified random sampling)은 모집단을 보다 동질적인 몇 개의 층(strata)으로 나누고, 이때 각 층(strata) 간은 이질적이어야 하며, 이러한 각 층으로부터 단순무작위표집을 하는 표집방법이다. 이 방법은 모집단의 모수를 추정하는데 있어 일정한 정확성을 보다 적은 비용으로 정확하게 확보할 수 있으며, 대다수의 사회복지실천현장에서 쓰이는 표집방법 중 하나이다.

또한 층화추출에서는 모집단을 여러 개의 서로 중복되지 않는 층으로 나누어서 각층에서 단순무작위추출을 통해 표본을 추출하는 방법이다. 층화는 층화(무작위)출법의 효율을 결정하는 가장 중요한 작업으로, 모집단 내 상이하고 이질적인 원소들을 동질적이고 유사한 원소들로 묶은 여러 개의 부 모집단으로 층화한 후, 각 층으로부터 확률 추출을 하는 방법이다. 예를 들어 광역도시 사회적 기업 커피점의 평균 판매액을 추정하고자 할 경우, 조사대상에는 소규모나 중간 규모의 커피점이 대부분이고 대규모 커피점은 그에 비해 많지 않다. 만약 모집단에서 단순무작위로 표본을 추출한다면 대규모의 커피점은 표본에서 누락될 가능성이 높음으로 시내 모든 커피점을 대, 중, 소의 층으로 층화하여 각 층에서 표본을 추출한다면 이러한 누락은 막을 수 있다.

이러한 층화추출이 널리 사용되는 이유는 첫째로, 단순무작위추출을 시행할 경우 모집단의 영향을 미칠 수 있는 표본이 누락되어 모집단을 대표하기 힘들다. 두 번째로, 일반적으로 층화추출이 단순무작위표집법 보다 효율이 높다. 세 번째로, 층화된 부분 집단의 특성을 잘 알 수 있다. 마지막으로, 조사 관리가 편리하고 조사비용도 절감할 수 있다. 다른 예를 들면, 지역주민 욕구조사에서 우리 지역의 성별로 몇 명씩 표본을 선정하여 이러한 성별이라는 변수에서 생기는 표본오차는 없앨 수 있는 것이다.

그리고 층화추출에서 고려사항으로는 첫째, 표본의 크기 결정이다. 표본의 크기는 조사의 정밀도와 신뢰도는 물론 조사에 투입되는 시간과 인력, 예산에도 영향을 끼치므로 적절하게 결정해야 한다. 둘째, 층화변수의 선정이다. 모집단을 몇 개의 층으로 나누려고 할 때 각 추출단위가 어느 층에 속하는지를 구분하기 위해 기준으로 사용되는 변수를 말한다. 셋째, 층별 표본배정이다. 적은 비용으로 가능한 한 작은 분산을 갖는 효율적인 추정량을 찾아내고자 효율적으로 표본을 배정해주어야 한다. 넷째, 층수와 층의 크기 결정이다. 층수가 증가하면 층화의 효과가 증가하지만 층수를 무한하게 증가시킬 수 없다. 다섯째, 층의 경계 설정이다. 층의 경계를 정하는 것은 표본추출방법과 층의 수, 층별 표본배정이 결정 되었을 때 분산을 최소로 하게 층별 경계를 설정해야 한다.

층화표집방법의 종류로는 일정하게 비율을 두고 표집하는 비례층화표집(proportional stratified sampling), 비율을 고려하지 않고 층을 나누는 비비례 층화표집(disproportional stratified sampling) 그리고 최적분해 비비례 층화표집(optimum allocation disproportionate stratified sampling) 방법 등이 있다.

① 비례층화표집

비례층화표집(proportional stratified sampling)은 모집단에서 각 층이 점하는 비례에 따라 각 층의 크기를 할당하여 추출하는 방법이다. 이 방법을 사용하는 목적은 전체의 대표치를 구하는데 있다. 따라서 장점은 모집단을 적절히 대표하는 표본을 추출할 수 있으며, 모집단의 특성을 파악하기에 용이하다. 그러나 층이 여러 개가 되면 비례적으로 추출하기 쉽지 않고, 각 층의 비교가 어렵다는 단점이 있다. 예를 들면, 주민욕구조사에서 지역별로 비율을 설정하고 지역주민이 70%가 남자이고, 30%가 여자인 경우, 층화가 성별에 의한 경우에도 남자 70%, 여자 30%가 되도록 표본을 추출하는 방법이다.

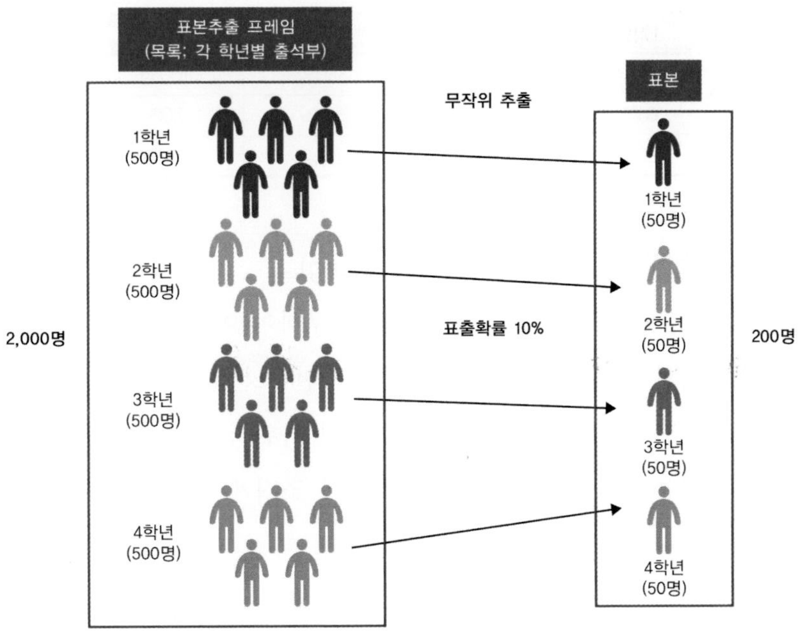

	1학년	2학년	3학년	4학년	5학년
인원	300명	200명	350명	100명	50명
비율	10%	10%	10%	10%	10%
표본크기	30명	20명	35명	10명	5명

② 비비례층화표집

비비례 층화표집(disproportional stratified sampling) 방법은 각 층에서 각 층의 크기와는 상관없이 같은 수의 표본을 추출하는 방법으로서, 각층의 비교가 쉬우며 실험집단과 통제집단을 나눌 때 사용되고 또한 경제적인 장점이 있다. 단점으로서는 모집단의 특성을 파악하기 어렵고 현지조사인 경우 같은 크기로 층을 뽑을 수 없다는 점이다. 예를 들면 주민욕구조사에서 지역별 인구, 성별의 관련 변수가 있지만 지역별로 각각 30%씩 표집하고 그 속에서 또 남자 50%, 여자 50%로 모집단의 특성과 상관없이 표집을 하는 것이다.

	1학년	2학년	3학년	4학년	5학년
인원	300명	200명	350명	100명	50명
비율	6.7%	10%	5.7%	20%	40%
표본크기	20명	20명	20명	20명	20명

(4) 집락표집법/군집표집법(cluster sampling)

모집단을 여러 개의 집락 또는 집단들을 구분하여 이들 집락이나 집단 중 일부를 선택하고, 선택된 집락 또는 집단 안에서만 표본을 무작위 추출하는 방법이다. 주로 대규모의 조사에서는 상위집락에서 하위 집락으로 이동하면서 표본단위들을 추출하는 경우가 많고, 행정구역이나 조직체제상 분류된 단위들을 집락으로 많이 사용한다.

장점으로는 단순무작위표집으로만 추출하면 표본에 뽑힌 요소들이 지리적으로 분산될 경우가 있기 때문에, 몇 개의 대표적인 집락에서 집중 표집하여 시간과 비용을 절약할 수 있다. 단점으로는 하나의 단일한 표본이 아니라 각 표본 내에 표집오류가 발생할 가능성이 있다.

2) 비확률표집방법

완전한 확률적 표집법이 아닌, 모든 표집방법은 비확률적 표집방법(nonprobability sampling)이다. 확률표집이 이론적인 원칙에서 볼 때 대표성의 확보와 오차의 추정가능성 등 이상적인 것만은 틀림없다. 그러나 실제 연구조사의 상황에선 확률표집에 불가능하거나 비현실적일 때가 자주 있다. 우선 모집단 자체의 범위를 한정시킬 수 없는 상황이 있다. 예를 들면, 스트레스경험자, 알코올 중독자, 실업자 등 모집단의 한계가 분명하더라도 목록이나 명부를 구하지 못하든가 작성할 수 없는 수가 많다.

표집틀(sampling frame)을 갖지 못하면 확률적인 표집은 불가능하게 된다. 게다가 확률원칙에 충실하면 할수록 비용과 시간, 인력이 더 많이 필요한 것이 현실적인 상황이다. 따라서 현실적으로 확률표집이 불필요, 혹은 불가능할 수 있다. 이에 대처하기 위한 대안들로서 비확률표집의 설계들을 구성하는 경우가 있다. 비확률표집법을 사용하게 되면 표본에 포함될 확률을 알 수 없고 표집오차를 추정할 수 없다. 비확률표본은 조사자가 조사문제에 관련된 자료를 가능한 한 많이 수집하는데 목적을 가진 탐색적 조사연구에 적합한 방법이며 표집단위가 특정 현상의 극단적 상태를 나타내고 있거나 연구되는 현상을 관찰 또는 경험하는 것이 관건이 되는 위치에 있거나 하는 경우에 유용한 것이다.

그리고 주로 모집단으로부터 선택될 확률이 미리 알려지지 않은 경우 사용한다. 이론적으로는 대표성과 오차의 추정가능성 등 확률표집이 보다 이상적이지만, 모집단 자체의 범위를 한정할 수 없거나, 시간, 비용, 인력이 충분치 못한 겨우 확률표집에 대한 대안으로서 비확률표집법을 사용한다. 이는 각 단위가 표본에 포함될 확률을 알 수 없고 표본오차를 산정할 수 없다. 반면 장점은 표집절차가 복합하지 않으며 비용이 훨씬 적게 든다는 것이다. 통계의 복잡성이 없으며 활용 가능한 응답자를 즉석에서 활용할 수 있는 장점도 있다. 그러나 어떤 사람이 선택될 확률이 알려지지 않았기 때문에 표본이 모집단을 대표하고 있다고 말할 수 없다. 또 연구의 일반화에도 제한점이 있다.

(1) 편의표집법(convenience sampling)

비확률적이지만 그냥 편하게 접근할 수 있는 표집으로 임의표집법이라고도 부른다. 임의표집(accidental, availability, haphazard sampling)은 표본의 확보가 상대적으로 쉽고, 편리한 표집단위를 표본으로 추출하는 것으로 우발적 표집이다. 즉 조사에 필요한 정해진 크기의 표본을 선정할 때까지 조사자가 있는 그대로 요소(사례)를 추출하는 방법이다. 임의표집법, 우발적 표집법, 가용표집법이라고도 하며, 모집단에 대한 정보가 전혀 없는 경우, 모집단의 구성요소들 간의 차이가 없다고 판단될 때 표본 선정의 편리성에 기준을 두고 조사자 임의대로 표본을 추출하는 방법이다.

모든 표본추출법 중 비용과 시간 면에서 가장 효율적이다. 반면, 표본의 대표성 문제와 표집의 편의가 문제가 발생할 수 있다. 예를 들면, 대학 내에서 조사를 할 경우 강의실 주변에서 만난 학생을 대상으로 표본조사를 하는 것이다.

(2) 유의표집법(purposive sampling)

유의표집(purpose sampling)은 조사하고자 하는 모집단의 특성을 전형적으로 나타내는 사례(표적집단)를 표본으로 선정하는 방법이다. 따라서 이를 전형조사라고도 하고 판단표집(judgemental sampling) 혹은 의도적 표집이라고 한다. 조사자가 조사문제와 모집단에 대한 지식이 충분할 경우, 유용하게 쓰일 수 있다.

예를 들면, 자기효능감과 조직효과성과의 관계에 대한 조사연구에서 조사자가 조직에 대한 불만을 느끼고 있는 사회복지사들에게 대해서만 표본으로 선정하게 되는 것이다.

이것은 건전한 판단과 적절한 전략에 따라 표본을 선정하면 확률표집방법에 의한 표본과 비교할 수 있을 정도의 정보를 획득할 수 있고 또 사례의 선정상 방생하는 판단의 오차(error of judgement)는 서로 줄일 수 있다는 전제에서 출발한다. 장점으로는 사회복지실천현장에서 접근하기 어려운 대상자를 선정하거나 그 대상자의 독창성으로 인해 접근하는 경우(독거노인, 노숙자, 정신장애인 등)에는 유의표집이 중요한 방법이다.

(3) 할당표집법(quota sampling)

모집단의 속성 중 조사내용에 영향을 주는 요소를 정해서 이를 기준으로 몇 개의 범주로 구분하고 각 범주에 해당하는 표본을 모집단에서 차지하는 범주의 비율에 따라 할당하고 각 범주로부터 할당된 수의 표본을 임의적으로 추출하는 것이다. 할당표집은 비확률표집이지만 가능한 한 모집단을 대표하는 표본을 얻고자 하는 방법이다. 할당표집법은 층화표집법과 유사하지만 할당된 표본의 수를 무작위표집이 아닌 임의표집한다는 점에서 층화표집과 다르다.

(4) 눈덩이표집법(snowball sampling)

소수의 표본으로부터 점차 표본을 늘려가는 표집방법으로 질적 연구에서 많이 사용되는 접근방법이다. 누적표집법, 연쇄의뢰표집법이라고도 한다. 눈덩이를 굴리는 것과 같이 처음에는 연구에 필요한 특성을 갖춘 소수의 표본을 찾고, 그 표본을 통해서 다른 사람을 소개받아 점차로 표본의 수를 늘려가는 표집방법이다. 주로 약물중독, 도박중독, 알코올중독 등과 같이 일탈적인 대상을 연구하거나 노숙인, 이주노동자, 불법이민자, 가출청소년 등 모집단의 구성원을 찾기 어려운 대상을 연구하는 경우에 사용하며, 양적인 연구보다는 질적인 조사연구

혹은 현장연구에서 많이 사용된다.2

김영숙과 이근무(2008)는 "탈성매매 여성들의 생애사연구: 그 끝없는 탈주에 대하여"라는 연구에서 연구참여자선정방법을 눈덩이표집(snowball sampling)방법으로 선정했다. 그는 연구자와 평소 알고 지내는 성매매여성 출신 기독교 교회 전도사를 만나 연구의 목적과 취지를 설명한 후 연구참여자 소개를 부탁했고 그녀를 통해 한사람의 성매매 경험이 있는 여성들을 소개받고 또 그를 통해 참여자를 소개받는 식으로 선정했다. 이렇게 해서 8개월간 총 13명의 연구참여자를 발굴했다. 이 13명의 잠재적 연구참여자들 중 연구자들이 미리 선정한 기준, 즉 자발적으로 성매매에서 탈출했고 성매매에서 탈출한 후 5년 이상이 경과되었고 성매매와 관계없는 직종에 종사하고 있을 것 이라는 기준에 충족되는 7명의 연구참여자를 최종적으로 선정했다. 탈성매매여성들은 탈출의 유형과 사회적응기간 그리고 연령 등에서 여러 유형이 있을 수 있지만 연구에서는 탈성매매 이후의 생애사를 집중적으로 살펴보고자 하였기에 5년 이상이라는 기준을 미리 설정해서 대상자를 선정한 방법이다.

| 표 5-2 | 확률표집방법과 비확률표집방법의 비교

기준	확률표집방법	비확률표집방법
종류	단순무작위표집, 체계적 표집, 층화표집, 집락표집	편의표집, 유의표집, 눈덩이표집, 할당표집
연구대상이 표본으로 추출될 확률	동등함, 알려져 있을 때	동등하지 않음, 알려져 있지 않음
표집(표본추출)	무작위 표집	인위 표집
모수지 추정 가능성	추정 가능	추정 불가능
오차 측정 가능성	측정 가능	측정 불가능
시간과 비용	많이 소요	절약
모집단의 규모와 성격	명확히 규정	불명확 또는 불가능

3. 표본의 크기와 표본 오차

1) 표본의 대표성

대표성(representativeness)은 추출된 표본의 특성이 모집단의 집합적 특성과 일치하는 정도에 의해 평가된다. 표본의 대표성 정도는 표본을 연구한 결과가 모집단 전체를 연구한 결과와 같음을 합리적으로 주장할 수 있는 근거를 제공한다.

2) 표본의 크기

보통 비확률표집에서는 표본의 크기에 대한 논의를 많이 한다. 먼저 그 개념 정리를 해보면 표본의 크기는 모집단으로부터 추출한 표집단위의 총 개수다. 표본의 수는 모집단의 크기와 동질성 여부에 의해 좌우된다. 모집단의 크기가 매우 작을 경우에는 전수조사가 적절하며, 동질적인 개체로 구성되어 있다면 어느 요소를 택하여 표본으로 하더라도 좋다. 단순무작위표집의 경우 다른 조건이 동일하다면 모집단이 크고 이질적일수록 표본의 수도 커야 한다. 하지만 타당한 표본설계에 따라 선정된 표본이라면 그 규모가 반드시 크지 않더라도 모집단을 효율적으로 대표할 수 있기에 다양한 상황을 고려해야 한다.

첫째, 표본크기의 이론적 결정요인으로 표본크기는 통계적 기법에 의해 최적 표본의 수를 파악하는 이론적 요인과 조사의 적절성(adequacy)과 관련된 표본의 크기를 실제로 결정하는 결정요인이 존재한다.

둘째, 표본크기의 실제적 결정요인은 표본추출방법, 모집단의 성격, 시간과 비용, 연구자 및 조사원의 능력 등이 있으며, 이를 고려하여 결정해야 한다. 구체적으로 모집단의 동질성 정도, 표집방법 및 조사방법의 유형, 분석범주 및 변수의 수, 이론에 기초한 표본설계, 소요 비용, 시간, 인력이다.

물론 표본의 크기를 결정하는 데 가장 큰 영향을 미치는 요인은 표집에 소요되는 시간과 비용과 인력이다. 모든 조사가 중요하지만 그 시간과 비용을 따지지 않을 수 없다. 이러한 요인들은 설문지 작성의 기술과 면접원들의 태도 등에 따라 차이가 나타날 수 있다.

▌표 5-3▐ 신뢰수준 95%와 오차에 따른 표본 크기

모집단의 크기	오차 5%	오차 3%	오차 1%
100	79	91	99
500	217	340	475
1,000	278	516	609
5,000	357	879	3,288
10,000	370	964	4,899
50,000	381	1,045	8,056
100,000	383	1,056	8,762
500,000	384	1,065	9,423
1,000,000	384	1,066	9,513
2,000,000	384	1,067	9,558

3) 표본오차

표본오차는 모집단 값과 표본의 값 간의 차이를 말한다. 실질적인 의미에서는 모집단 전체의 값을 알 수 없기 때문에 표본으로부터 얻어진 값을 토대로 연구자가 정한 일정한 신뢰수준(95% 또는 99%)에서 나타날 수 있는 오차의 범위를 추정하게 된다. 여론조사 결과를 살펴보면 "전국의 성인남녀 1,000명에게 조사한 결과 사회복지 의식수준에 대한 이해도는 40%인데 이 조사의 오차는 신뢰수준 95%에서 ±3%이다"라고 명시되어 있는 경우를 볼 수 있다. 이때의 ±3%는 모집단인 전체 국민의 관심도를 가지고 계산한 것이 아니라 표본의 값들을 가지고 추정한 확률적인 의미로, 모집단과 표본 간의 차이를 의미하며 이것이 표본오차다.

4) 정규분포와 표준편차

정규분포는 19세기의 가장 위대한 수학자인 가우스(C. F. Gauss, 1777-1855)에 의해 새롭게 해석되었다. 가우스는 관측에 따른 오차의 정도가 대체로 평균값 주변에서 발생한다는 점에 착안하여, 정규분포에 따른 확률 밀도 함수와 동일한 산식을 얻을 수 있었다. 이것은 관측 오차 역시 정규분포를 따른다는 것으로, 이후 실험으로 구한 관측값에서 참값을 추정해내는 근본적인 원리로 자리 잡게 된다. 이런 점에서 종(bell) 모양 곡선을 오차곡선(error curve)이라고 한다.

확률론과 통계학에서의 개념을 살펴보면, 정규분포(正規分布, normal distribution) 또는 가우스 분포(Gauß分布, Gaussian distribution)는 연속 확률 분포의 하나이다. 정규분포는 수집된 자료의 분포를 근사하는 데에 자주 사용되며, 이것은 중심극한정리에 의하여 독립적인 확률변수들의 평균은 정규분포에 가까워지는 성질이 있기 때문이다.

정규분포는 평균과 표준편차에 의해 그 모양이 결정된다. 정규분포의 확률밀도는 다음과 같다. 정규분포곡선은 좌우 대칭이며 하나의 꼭지점을 가진다. 또한 평균을 중심으로 대칭인 종 모양으로 그려진다. 정규분포는 중앙치에 사례수가 모여 있고, 양극단으로 갈수록 X축에 무한히 접근하지만, X축에 닿지는 않는다. 또한 분포의 평균과 표준편차가 어떤 값을 갖더라도, 정규곡선과 X축 사이의 전체 면적은 1이다.

정규분포는 통계학에서 가장 중요한 확률분포 중 하나로, 연속 확률분포에 속한다. 주요 특징으로는 종 모양 곡선이며, 평균, 중앙값, 최빈값이 모두 동일하며, 표준 정규분포는 평균이 0이고 표준편차가 1인 정규분포이다.

표준편차는 데이터가 평균으로부터 얼마나 퍼져 있는지를 나타내는 통계적 척도이며, 표준편차가 작을수록 데이터가 평균에 가까이 모여 있고, 표준편차가 클수록 데이터가 평균에서 멀리 퍼져 있는 경우를 말한다.

정규분포에서 표준편차는 데이터의 분포 폭을 결정하는 중요한 요소인데, 68-95-99.7 원리로 평균 ±1 표준편차 범위 내에 전체 데이터의 약 68%가 위치하고, 평균 ±2 표준편차 범위는 약 95%가 위치하며, 평균 ±3 표준편차 범위는 전체 데이터의 약 99.7%가 위치한다고 볼 수 있다.

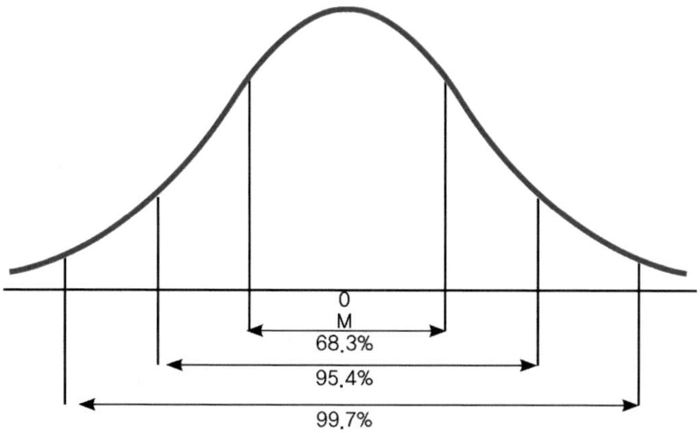

┃그림 5-3┃ 정상분포곡선

알아두기

1. 표본추출의 장점과 단점은 무엇인가?

2. 확률표집방법과 비확률표집방법은 어떻게 비교할 수 있는가?

기출문제

01. 표본추출에 관한 설명으로 옳지 않은 것은? 14회 기출

① 개인과 집단은 물론 조직도 표본추출의 요소가 될 수 있다.
② 표본추출단위와 분석단위가 일치하지 않을 수 있다.
③ 전수조사에서는 모수와 통계치 구분이 불필요하다.
④ 표본의 대표성은 표본오차와 정비례한다.
⑤ 양적 연구에서 표본의 크기가 클수록 유의미한 결과는 얻는 데 유리하다.

정답 ④

해설 표본의 대표성과 표본오차는 정비례하지 않는다. 오히려 표본의 대표성이 증가하면 표본오차는 감소한다.

02. 다음에 해당하는 표집방법은? 18회 기출

빈곤노인을 위한 새로운 사회복지서비스 개발을 위해 사회복지관의 노인 사례관리 담당자에게 의뢰하여 자신의 욕구를 잘 표현할 수 있는 빈곤노인을 조사대상으로 선정하였다.

① 층화표집
② 할당표집
③ 의도적 표집
④ 우발적 표집
⑤ 체계적 표집

정답 ③

해설 노인 사례관리 담당자에게 의뢰하여 자신의 욕구를 잘 표현할 수 있는 빈곤노인을 조사대상으로 선정하였다고 한 것은 조사대상을 전문가의 판단으로 조사의 목적과 의도에 맞게 선정하였다는 것을 의미하는데 이를 의도적 표집이라고 한다. 유의표집, 판단표집이라고도 한다.

03. 표본크기에 관한 설명으로 옳지 않은 것은? 19회 기출

① 표본의 크기가 클수록 시간과 비용이 많이 든다.
② 신뢰수준을 높이려면 표본의 크기도 커져야 한다.
③ 표본의 크기가 증가하면 표본오차도 커진다.
④ 모집단이 이질적인 경우에는 표본의 크기를 늘려야 한다.
⑤ 같은 표본추출방법을 사용한다면 표본의 크기가 클수록 대표성은 커진다.

정답 ③

해설 표본크기가 증가하면 표본의 대표성이 높아지고 따라서 표본오차(표집오차)는 작아진다.

04. 표본의 대표성에 관한 설명으로 옳지 않은 것은? 17회 기출

① 무작위로 추출된 표본의 크기는 대표성과 관계가 있다.
② 층화표본추출은 단순무작위 표본추출보다 대표성이 높은 표본을 추출하는 방법으로 알려져 있다.
③ 표본의 대표성은 표본의 질을 판단하는 주요 기준이다.
④ 동일확률선정법으로 추출된 표본은 모집단을 완벽하게 대표한다.
⑤ 모집단의 동질성은 표본의 대표성과 관계가 있다.

정답 ④

해설 동일확률선정법이란 모집단을 구성하는 각 요소들이 표본으로 추출된 확률이 동일한 상태에서 표본을 추출하는 방법을 말한다. 동일확률선정법으로 추출된 표본이더라도 모집단을 완벽하게 대표할 수는 없다.

Chapter 06

조사설계

CHAPTER

06 조사설계

1. 조사설계의 개요

1) 조사설계의 개념

사회복지조사에서 설계란 다양한 연구방법론의 적용하는 것으로, 초보 연구자에게는 힘든 일이다. 한 영역에서 설계를 하고 단계적으로 발전시켜 나가는 것은 가능하지만, 최근 사회복지 관련 학회에서는 다양한 방법론의 발달과 논문의 독창성을 강조하고 있기 때문에, 매우 다양한 연구설계가 활용되고 있다. 이런 상황에서 사회복지실천현장의 전문가들은 '어떠한 조사설계를 해야 하는가?' 딜레마에 빠질 수밖에 없다.

따라서 조사설계를 대다수 현장에서는 심각하게 고려하지 않고, 기존의 흐름과 맥락에 맞는 조사설계 혹은 좋은 모델이 되는 논문의 방식을 따라가는 형태를 답습하게 된다. 무엇인가 세련된 방법보다는 연구의 목적과 방식에 맞는 조사설계가 중요한데 쉽지는 않다.

조사설계(research design)의 용어도 연구설계, 연구디자인, 조사계획 등으로 다양하게 번역되는데 일반적으로 조사목적을 달성하기 위한 논리적 전략, 조사를 수행하고 통제하기 위한 계획, 조사문제에 대한 해답을 얻거나 가설검증을 위해 자료를 수집하고 분석하는 계획, 조사문제에 대한 타당한 해답을 얻기 위한 기획의 전 과정이다. 즉 조사설계는 조사문제의 답을 얻기 위한 조사연구의 계획, 구조, 전략 등을 포괄하는 것으로서 조사의 전반적인 과정을 의미한다. 또한 조사설계에서는 단일사례부터 다수의 사례가 있는데, 여기서는 단일사례에 관한 내용은 별도로 장을 구성하고 있으며, 다수의 사례를 중심으로 그 내용을 설명한다.

2) 조사설계의 목적

조사설계의 목적은 연구자에게 타당성이 있고 객관적이며 정확하고 경제적으로 조사문제의 해답을 제공하는 것이다. 가설상의 조사질문을 신뢰할 수 있고 타당한 해답을 구할 수 있도록 만들며, 변수 간의 관계가 검증될 수 있도록 할뿐만 아니라 관찰이나 분석의 방향, 통계분석의 방법을 제시하는 것이다.

그리고 그 필요성으로는 조사설계는 건축에 있어서 설계도면에 비유할 수 있다. 즉 좋은 설계도면이 있어야 좋은 건축을 할 수 있는 것과 마찬가지로 조사에서 조사설계는 매우 중요한 역할을 한다. 이는 조사가 계획적이고 체계적으로 수행될 수 있도록 하며, 효과적이고 효율적인 프로그램이나 정책대안을 형성하는 기초가 되고, 조사문제와 관련된 가설을 논리적이고 경험적으로 검증할 수 있는 방법을 포함해야 한다.

2. 인과관계의 기준

1) 실험조사연구와 인과관계

실험조사연구(experimental research)는 실험을 통해 자료를 수집하고 분석하는 연구이다. 따라서 실험조사연구는 반드시 실험을 그 수단으로 필요로 한다. 이러한 실험조사 연구는 연구대상인 변수들 사이의 인과관계를 알고자 하는 연구방법이다. 따라서 어떠한 경우에 인과관계가 성립하는가를 이해하는 것이 조사설계의 기본이 된다.

인과관계란 어떤 변수가 원인(cause)으로 작용해서 다른 변수에 영향을 미치는 결과로서 나타나는 관계를 의미한다. 많은 학자들은 우주와 사물, 그리고 인간의 궁극적인 원인(ultimate-cause)을 찾으려고 애써왔으며, 현대의 자연과학, 사회과학에서도 어떤 현상을 일으키는 원인을 찾아 현상을 설명하고 나아가 앞으로의 변화 방향에 대한 예측을 시도하고 있다.

최근 사회복지조사는 대부분 인과관계의 검증을 통해 이뤄진다고 볼 수 있다. 사회현상과 사회구성원의 문제를 발견하고 그 원인과 결과 관계를 규명함으로써 사회복지조사의 목적인 정책수립 또는 실천이론을 형성할 수 있다.

사회과학에서 사용하는 인과관계는 일반적인 의미의 인과관계와는 다소 차이가 있다. 사회과학의 인과관계는 결정론적 아니라 확률적으로 표현된다. 종속변수에 영향을 미칠 수 있는 독립변수는 특정한 것 이외에도 여러 가지가 있을 수 있으며, 더욱이 이러한 여러 독립변수들의 영향을 통제할 수도 없으므로 인과관계를 명확하고도 결정론적으로 밝히기 어렵기 때문이다.

예를 들어, 경제가 나빠지면서 자살률이 높아지는 현상을 관찰했다고 해서 경제 하락이 자살률의 원인이라고 단정 짓기는 어렵다. 자살 충동을 높이는 다른 문화적·사회적 요인들, 예를 들어 인터넷 발전에 의한 자살 충동의 교류, 자살을 개인의 명예를 지키는 수단으로 여기는 분위기의 확산 등 다른 여러 가지 요인들이 자살에 영향을 미치기 때문에 어느 것이 결정적인 원인인지는 밝히기 쉽지 않다. 그래서 사회과학에서는 명확하고 결론적인 표현보다는 확률적인 표현을 많이 사용한다. 많은 경우 인과관계는 과학적인 조사방법에 의해서 수집된 자료들을 바탕으로 논리적으로 추론하여 확률적으로 표현한다.

2) 인과관계의 전제조건

사회과학에서 인과관계가 성립되기 위해서는 다음과 같은 요건들이 충족해야 한다.

첫째, 공변성(covariation)으로 두 변수가 함께 변화함을 보여주는 것으로 인과관계검증에 필요한 일차적 선행요건인데, 한 변수가 변화할 때 다른 변수도 같이 변화하는 것을 보여주는 것이다. 따라서 두 변수 사이에 공변성이 있음을 보여주기 위해서는 한 변수가 변화할 때 다른 변수에서도 변화되어야 할 것이다.

종합사회복지관에서 직원의 자기효능감과 조직효과성 수준에서는 어떤 관련성이 있는데, 자기효능감이 높은 사회복지사는 대체로 조직효과성이 높고, 낮은 사회복지사는 대체로 낮은 것으로 나타났다는 것은 서로 변인 간에 공변성이 존재한다는 것이다.

둘째, 시간적 우선성으로 한 변수에 변화가 발생해도 다른 변수에서도 변화가 관찰된다는 공변성만으로 관계입증이 어렵다. 추가적으로 시간적인 우선성이 있어야 하는데, 원인이 결과보다 시간적으로 우선해야 한다. 날씨가 추울 때 다운점퍼가 소비가 급증한다. 즉 날씨가 추운 것이 원인이라면 소비가 급증하는 것보다 시간적으로 앞서야 할 것이다.

셋째, 외부설명의 통제로 두 가지 이외에 제3의 영향을 주는 변수를 통제할 필요가 있다. 통제란 두 변수 간에 나타나는 공변관계가 제3의 변수에 의해 나타나는지를 확인하고 이를 통제하는 것이다. 즉 사회복지사의 자기효능감과 조직효과성 간에 제3의 요인인 급여수준을 통제하지 않은 이상 인과관계를 가지고 있다고 할 수 없다. 그 이외에 개방체계 전제, 확률적 결론, 원인의 조작화, 비대칭적 관계를 통해 고려해 볼 수 있다.

3. 조사설계의 내적 타당도와 외적타당도

1) 내적타당도와 외적타당도의 개념

'조사설계를 잘 했다'는 말은 조사론 용어로 '조사설계가 타당하다' 혹은 '조사설계의 타당도가 높다'의 의미로 표현된다. 조사설계를 타당하게 하려면 두 가지 차원을 고려해야 한다. 조사설계를 통해 ① 가설에서 세운 독립변수와 종속변수 간 인과관계를 증명할 수 있어야 하며(종속변수의 변화가 독립변수의 변화 때문에 발생한 것인지 확인할 수 있어야 하며), ② 그렇게 확인된 결과는 조사대상의 범위를 넘어서 일반화시킬 수 있어야 한다. 이 두 가지 차원을 각각 조사설계의 내적타당도와 외적타당도라고 표현한다. 다시 말해 조사설계의 결과가 타당성을 확보하기 위해서는 조사대상의 범위 '내'에서도 인과관계를 잘 보여주어야 하며, 나아가 조사대상의 범위 '외'까지도 그 결과를 일반화시킬 수 있어야 한다.

첫째, 조사설계의 내적 타당도(internal validity)란, 연구결과가 제시한 각 변수 사이의 인과관계를 추론해 보았을 때, 한쪽의 변수가 다른 한쪽의 변수의 원인이 되는지를 확신할 수 있는 정도를 말한다. 조사설계에서는 내적 타당도와 외적 타당도 가운데 우선적으로 내적 타당도를 높이는 것이 중요하며, 연구의 내적 타당도는 그 연구가 내적 타당도의 다양한 저해요인을 얼마나 적절하게 통제하였는지에 따라 결정된다.

둘째, 조사설계의 외적 타당도(external validity)란 연구결과가 기술된 인과관계가 그 연구의 조건을 넘어서 일반화될 수 있는 정도를 의미한다. 내적 타당도의 핵심이 '인과관계'와 '일치도'라면 외적 타당도는 '일반화'와 '객관화'가 핵심이다.

2) 내적 타당도 저해요인과 통제방법

(1) 내적타당도 저해요인

조사설계의 내적 타당도를 저해하는 요인들은 크게 내적 요인과 외적 요인으로 구분된다. 대부분은 내적 요인으로 분류되고 선택의 편의(편향적 선별)만 외적 요인으로 구분된다. 간혹 내적 타당도를 저해하는 외적 요인을 외적 타당도 저해요인으로 혼동하는 경우가 발생하므로 이를 명확히 구분해야 한다.

① 우연한 사건/역사(history)

사전-사후 검사 사이에 발생하는 통제 불가능한 사건을 의미한다. 집단프로그램을 실시하면 청소년들의 학업스트레스가 줄어들 것이다. 실험집단에만 이 프로그램을 실시한 결과 청소년들의 학업스트레스가 현저히 줄었다. 그러나 이 효과는 집단 활동의 영향일 수도 있지만 프로그램 실시 기간 동안 실시한 교내 축제(학술제)의 영향일 수도 있다.

② 시간적 경과 또는 성숙(passage of time or maturation)

사람은 조사연구의 대상이든 아니든 간에 계속 성장 및 변화하고 있으며, 그 변화는 조사결과에 영향을 미치게 된다. 이는 조사기간 중에 조사집단의 특성이 변화함에 따라 종속변수에 영향을 미치는 경우를 말한다. 즉, 연구기간 중에 발생하는 개인의 신체적·심리적 성숙을 의미한다. 아동의 발달과정에서 심리치료사들의 개입 때문에 아동이 성장하였는지 아니면 아동의 자연적 발달과정인지 시간적 경과에 따라 다를 수 있다.

③ 테스트효과/측정효과/검사(testing)

사전검사가 사후검사에 영향을 미치게 되어 변수 간의 변화를 초래한다. 사전검사에 대한 기억 또는 민감성으로 인해, 사전검사 후 의식 또는 무의식적 노력을 통해서 사후검사의 타당도를 저해할 수 있다. 실직자 재훈련 과정이 실직자들의 자격증취득 시험점수를 향상시키는 데 도움이 되는지를 알아보기 위해 실시 전후에 유사한 검사를 실시하였다. 그 결과, 훈련 후 시험성적이 향상된 것으로 나왔다면 훈련의 결과일 수도 있지만, 시험 문제에 익숙해진 결과일 수도 있기 때문에 훈련 없이 시험만 두 번 치른 사람은 훈련에 참가하지 않고도 높은 점수를 얻을 수도 있다.

④ 도구(instrumentation)

위의 검사효과를 통제하기 위해 사전-사후 검사 시 서로 다른 척도를 사용하거나 신뢰도가 낮은 척도를 사용할 경우 전후의 차이가 진정한 변화인지 알 수 없다. 예를 들면, 실직자 재훈련과정이 실직자들의 자격증취득 시험점수를 향상시키는 데 도움이 되는지 알아보기 위해 실시 전후에 유사한 시험을 실시하였다. 사전검사에서는 난이도가 높은 문제를 출제하고 사후검사에서는 난이도가 낮은 문제를 출제하면 시험점수의 향상은 검사도구 때문인지 훈련 참여 때문인지 판단하기 어렵다.

⑤ 통계적 회귀(statistical regression)

종속변수의 값이 가장 높거나 가장 낮은 극단적인 사람들을 실험집단으로 선택했을 경우 사후검사에는 독립변수의 효과가 없더라도 높은 집단은 낮아지고 낮은 집단은 높아지는 현상이 나타난다. 초등학교 방과후 교실에서 학업성적이 지극히 낮은 아동들만 대상으로 했다면 사후검사에서 나타난 학업성적의 향상은 프로그램의 영향일 수도 있지만, 더 이상 학업성적이 낮아질 수 없는 극단의 아동들을 실험집단으로 했기 때문일 가능성이 있다.

⑥ 실험대상자 상실(experimental mortality or attrition)

실험과정에서 일부 실험대상자가 이사, 사망, 질병, 싫증 등의 사유로 탈락하는 경우 조사대상의 표본의 수가 줄어들면서 타당성이 낮은 실험결과가 나타날 수 있다. 프로그램의 효과성을 입증하기 위해 실험집단과 통제집단으로 나눠 연구를 진행했을 때, 만일 실험집단에서 자신의 문제가 전혀 개선되지 않는다고 느껴 프로그램 중도에 참여를 중단한 사람들이 발생한다면 실험집단에는 프로그램이 효과가 있다고 느끼는 사람들만 남을 것이다. 이때 사전-사후 검사에서 두 집단의 차이가 정말 독립변수에 의한 것인지는 정확하지 않다.

⑦ 인과관계 방향의 모호성(ambiguous temporal precedence)

독립변수와 종속변수의 관계에서 종종 시간-순서가 모호한 경우가 있다. 즉, 두 변수 간에 어느 것이 원인인지 불확실해서 인과관계의 방향을 결정하는 데 어려움이 있을 수 있다. 예를 들면, 임금이 올랐기 때문에 일을 열심히 하는지 또는 일을 열심히 했기 때문에 월급이 오른 것인지 명확하지 않은 경우가 있다.

⑧ 개입(치료)의 확산 또는 모방(diffusion or imitation)

실험집단에서 실시한 프로그램이나 특정한 자극들에 의해서 실험집단의 사람들이 효과를 얻게 되고, 그 효과들이 다른 집단의 사람들(통제집단)에게 전파되어 두 집단 간의 차이가 약해져서 비교가 어려워질 수 있다. 한 복지관에서 전혀 색다른 노인 여가선용 프로그램을 개발하여 이를 몇 년 동안 실시하였다. 최근에 이 프로그램이 생활만족도에 미치는 효과성을 알아보기 위해 다른 복지관의 노인집단과 비교해 보니 조사결과, 다른 복지관의 노인들과 별 차이가 없게 나타났다. 이때 다른 복지관들도 새로운 프로그램을 뒤따라 도입해서 확산 또는 모방의 효과로 두 집단의 차이가 줄어들었을 가능성이 높다.

⑨ 편향된 선별(선택의 편의/선정성의 편견, selection bias)

앞서 살펴본 내적 요인들이 실험을 진행하는 도중에 발생하여 내적 타당도 즉 독립변수와 종속변수 간 인과관계 판단을 어렵게 만드는 요인인 것과 달리, 편향된 선별은 실험연구 설계의 실행과정과 관계없이 발생하는 요인으로 실험을 시작하기 전 실험대상자를 실험집단과 통제집단으로 나눌 때 발생하는 내적 타당도 저해요인이다. 즉 실험 실행 이전에 실험집단과 통제집단을 나눌 때 문제되는 요인을 말한다.

편향된 선별/선택의 편의/선정상의 편견(selection biases)이란 조사대상을 실험집단이나 통제집단으로 나눌 때 종속변수에 영향을 미칠 수 있는 요인이 어느 한 집단으로 편향되는 경우를 말한다. 자기 선택에 의해 실험집단에 속하게 되는 경우도 특정 속성이 실험집단에서 두드러지게 되는 편향된 선별의 문제를 낳을 수 있다. 예를 들어 실험집단에는 프로그램 신청자를 배치하고 통제집단에는 프로그램 비신청자를 배치하는 경우, 이미 실험집단에는 변화에 대한 의지나 적극성이 더 높은 사람들이 편향되는 것이므로 이렇듯 자기 선택에 의해 실험집단에 배치되는 것 역시 편향된 선별로 인한 내적 타당도의 문제를 낳는 것이다. 또한 아동학대 방지프로그램의 효과성을 알아보기 위해서 자발적으로 프로그램에 참여한 사람들 집단과 참여하지 않은 사람들의 집단을 비교해 보았다고 하자.

프로그램 참여자들의 점수가 더 높다고 해도 이것은 프로그램의 효과라고 할 수 없다. 이것은 원래 프로그램에 참여한 사람들이 학대에 대한 의식이 높아서 개선의 정도가 다르게 나타났다고 볼 수 있다.

⑩ 선택과의 상호작용

앞의 편향된 선별/선택의 편의(selection bias)가 있을 때 잘못된 선택과 역사 또는 성장과 상호작용이 문제되기도 한다. 아동들 가운데 남아를 통제집단으로 여아를 실험집단으로 구분하여 조기영어 프로그램을 실시한 후, 사후검사를 하였을 때 여아들이 효과가 높은 것으로 나타났다면 이는 상대적으로 선천적인 언어습득 능력이 높은 여아들을 선택한 결과일 수도 있다. 이는 편향된 선별(선택)과 성숙의 효과가 상호작용한 결과이다.

(2) 내적타당도를 높이는 방법

내적 타당도를 높이기 위해서는 내적 타당도 저해요인들이 실험 과정에 개입되지 않도록 적절히 통제해야 한다. 먼저, 내적 타당도를 저해하는 내적 요인들은 대부분 실험집단과 병행해서 통제집단을 설정함으로써 제거할 수 있다. 통제집단을 실험집단과 유사한 속성으로 무작위화(무작위 할당)하면 내적 요인의 영향을 두 집단이 비슷하게 받음으로써 역사, 성장, 검사, 도구, 통계적 회귀 등의 영향을 같은 정도로 받게 된다. 그리고 내적 타당도를 저해하는 외적 요인들은 무작위 할당, 배합, 혹은 사후에 통계적으로 통제하는 방법 등을 통해 제거(통제)할 수 있다.

첫째 무작위 할당(random assignment)/무작위화(randomization)/난선화이다. 연구대상자들을 실험집단 및 통제집단에 무작위로 배치하는 방법으로 실험집단과 통제집단이 동질적인 집단이 될 가능성을 높이는 가장 효과적인 방법이다. 즉 내적 타당도 저해요인들(이는 독립변수와 종속변수 간 관계에 영향을 미쳐 둘 간의 인과관계를 헷갈리게 만드는 제3의 변수, 즉 외생변수라고 보아도 무방하다)을 통제하는 가장 효과적인 방법이다.

둘째, 배합/짝짓기(matching)로 연구주제에 영향을 미칠 것이라고 여겨지는 속성이 실험집단과 통제집단에서 모두 동일(유사)하도록 구성하는 방법이다. 배합에는 정밀배합과 빈도분포배합 방법의 두 가지가 있다. 정밀배합은 한 가지 이상의 변수(특성)에 있어서 같은 값을 가지는 두 명의 연구대상을 선택하여 하나는 실험집단에 다른 하나는 통제집단에 배치함으로써 특정 변수의 영향을 같게 하는 것이다. 빈도분포배합은 통제하려는 변수값의 평균치를 실험집단과 통제집단에 있어 동일하게 만드는 방법으로 평균연령, 평균학력, 평균소득, 남녀비율 등에 있어서 실험집단과 통제집단이 동일하도록(차이가 없게) 하는 것이며, 정밀배합보다 상대적으로 이용하기 쉬운 방법이지만, 이 방법도 통제해야 할 변수나 특성이 많아지게 되면 대상자들을 선택하여 두 집단의 평균이 같도록 배치하는 것이 쉽지 않다.

따라서 배합은 무작위 할당과 병행해서 사용할 경우, 내적 타당도를 더욱 높일 수 있다. 예를 들어 연구대상이 중학생 10명, 고등학생 10명이며 중학생 중에는 남학생이 4명, 여학생이 6명이고 고등학생 중에는 남학생이 6명, 여학생이 4명이라고 하자. 20명 전체를 무작위 확률표본 추출의 방법(제비뽑기, 난수표)으로 실험집단과 통제집단으로 나눌 수도 있지만, '중 · 고생', '남녀'라는 속성이보다 고르게 분포하기 위해서는 아래 그림과 같이 연구와 관련 있는 특성들로 구성한 할당행렬(quota matrix)을 만들고 각 특성이 동일한 사람들을 무작위로 두 집단에 배정할 수도 있다.

셋째, 통계적 통제(statistical control)로 일종의 사후통제방법이다. 실험(또는 조사)이 이루어진 후에 통제를 한다. 통제해야 할 변수들을 독립변수로 간주하여 실험설계에 포함시키고 실험을 실시한 후 결과를 분석함에 있어 통계적으로 그 영향을 통제한다. 배합과 무작위 할당과는 달리 실험설계 자체에서 통제를 시도하는 것이 아닌, 통계적 방법으로 외부요인을 배제하는 방법이다. 실험설계에서는 배합과 무작위 할당으로도 해결할 수 없는 외부 요인들의 가능성을 통계적 방법을 활용하여 통제한다.

3) 외적 타당도 저해요인과 통제방법

조사설계에서 외적 타당도 저해요인으로는 첫째, 표본의 대표성이다. 연구결과를 실제 상황에 일반화할 수 있으려면 연구대상이 모집단을 대표할 수 있어야 한다. 연구대상, 즉 표본의 대표성이 떨어지면 외적 타당도도 낮아질 수밖에 없다.

둘째, 연구환경과 절차이다. 표본뿐만 아니라 연구의 환경이나 절차들도 모집단의 일반적인 상황과 유사해야 실험결과를 일반화할 수 있다. 다시 말해 연구환경과 절차가 일반적인 상황과 동떨어지면 외적 타당도가 떨어지게 된다. 내적 타당도를 높이기 위해 철저히 통제된 시험을 하게 되는 경우 내적 타당도는 높아지는 대신, 모집단의 일반적인 상황과는 다르기 때문에 외적 타당도가 떨어질 수 있다.

셋째, 실험조사에 대한 반응성이다. 조사대상자가 자신이 실험에 참여하고 있다는 것을 의식해서 자연스러운 평소 상황과는 다른 행동 반응을 보인다면 일반인구에서는 나타나지 않는 결과가 나타날 수 있다. 이렇게 실험이 수행되는 동안에 피실험자들이 자신에게 기울이는 특별한 관찰과 관심에 대해 반응하는 것을 반응효과/반동형성 또는 호손효과(hawthorne effect)라 하는데, 이러한 반응성 또한 외적 타당도를 떨어뜨린다.

넷째, 가실험효과이다. 반응성의 또 다른 형태로 가실험효과/위약효과/플라시보효과(placebo effect)라고 한다. 이는 특정 개입이나 실험이 이루어지지 않았거나 변화를 일으키지 않는 것이었음에도 불구하고 연구대상이 어떤 특별한 치료나 특별한 관심을 받고 있다고 인식하면 스스로 심리적으로 반응해서 변화를 불러일으키는 것을 말한다. 이러한 가실험효과 역시 외적 타당도를 떨어뜨리는 요인으로 작용한다.

그리고 외적 타당도를 높이는 방법으로는 확률표집방법으로 연구대상을 선정하거나 표본크기를 크게 함으로써 표본의 대표성을 높이거나 가실험효과(플라시보효과)를 제거하기 위해 가실험 통제집단 설계 등의 방법을 사용할 수 있다.

4. 실험조사설계의 내용

연구문제가 선정되고 이에 따른 가설을 세운 후 가설에 포함된 개념과 변수를 정의하면 그 다음에는 설정된 가설을 어떻게 실제로 검증할 수 있는지 그 방법을 계획해야 한다. 사회문제를 설정하고 가설검증 방법을 계획하는 것을 조사설계라고 한다.

가설은 두 가지 이상의 변수 간 관계로 표현되기 때문에 조사설계에서 중요한 것은 연구대상이 되는 변수(특히 독립변수)를 조작하는 것과 가설에 표현된 변수 이외의 변수들의 영향을 통제해서 알고자 하는 변수들 사이의 관계만을 가능한 정확히 알아내는 것이다.

인과관계를 규명하는 가장 좋은 방법은 실험이다. 따라서 조사설계의 유형은 얼마나 실험에 가까운 방식으로 조사설계를 하였는지에 따라 순수실험조사설계, 유사실험설계, 전실험설계, 비실험설계의 네 가지로 크게 구분된다. 각각의 유형을 이해하기 위해서는 '실험'이 무엇이며 어떤 요소로 구성되는지를 먼저 이해할 필요가 있다.

1) 실험조사연구의 의의

실험은 가능한 한 다른 변수들(외생변수)은 영향을 주지 않도록 환경을 만들고 그 속에서 독립변수와 종속변수의 인과관계를 알고자 하는 방법이다. 일반적으로 두 집단으로 나누어 한 집단에는 독립변수를 도입하고(실험집단), 다른 집단(통제집단)에는 도입하지 않은 상태에서 두 집단 사이의 비교를 통해서 독립변수가 종속변수에게 주는 효과를 평가한다.

실험조사연구는 실험을 통해 자료를 수집하고 분석하는 연구이다. 실험은 자연과학에서의 실험을 연상하면 된다. 가능한 한 다른 변수들(외생변수들)이 영향을 미치지 않는 환경을 만들어 독립변수와 종속변수의 인과관계를 알고자 하는 것이 대표적인 실험이다.

자연과학에서의 주로 실험실 내에서 이뤄지지만 사회과학은 실험실보다는 자연적인 상황에서 이루어지는 현지실험의 경우가 더 많다. 사회과학 실험도 자연과학의 원리를 적용하여 그와 유사한 방법으로 진행하기는 한다. 사회과학이나 의학, 약학 등에서 이뤄지는 실험은 일반적으로 두 집단으로 나눠 한 집단에는 독립변수를 도입하고(실험집단), 다른 집단(통제집단)에는 독립변수를 도입하지 않은 상태에서 두 집단 사이를 비교함으로써 독립변수가 종속변수에게 주는 효과를 평가한다. 이때, 실험에서 실험집단에게만 독립변수가 발생하도록 하는 것을 처치, 조작, 중재라고 한다.

실험조사연구의 예를 들면 이야기치료의 기법을 활용한 초등학교 저학년의 학교폭력 예방 프로그램 개발에서 학교폭력에 대한 허용적 태도, 피해 혹은 가해자에 대한 태도, 대처태도를 실험집단과 통제집단으로 나누어 사전사후검사를 한 경우가 있다.

▌표 6-1▐ 이야기치료개입을 통한 초등생의 학교폭력 태도 하위요인별 기술 통계량

하위요인	집단	사전		사후	
		M	SD	M	SD
허용적 태도	실험	13.12	2.77	9.19	2.09
	통제	12.09	2.69	12.36	2.66
피해, 가해자에 대한 태도	실험	9.00	2.20	6.72	2.32
	통제	8.36	2.00	8.58	1.90
대처 태도	실험	6.54	2.48	3.78	2.17
	통제	6.42	2.08	6.94	2.28

2) 실험의 특징

실험은 효율적이고 효과적으로 변수를 조작하고 통제하려는 것이다. 독립변수의 분산을 최대화하고 외생변수를 통제하고 오차분산을 최소화하기 위한 연구다. 여러 변수 간의 인과관계(원인-결과)를 파악하고자 한다. 보다 체계적이고 정밀하게 인과관계를 파악하고, 독립변수를 의식적으로 조작한다는 측면에서는 실태조사와 다르다. 앞으로 일어날 변수관계에 대한 파악으로서 미래지향적이고, 문헌조사, 경험조사, 사례조사 등과 같은 사후연구와 구별된다. 사후연구는 이미 발생한 변수과계를 파악하는 것이라는 점에서 과거지향적이고, 변수를 조작할 수 없다. 변수의 조작과 통제가 이뤄진다는 점에서 현지연구와 구별된다. 현지연구는 현장에서 자연조건 아래에서 이뤄진다는 장점이 있으나 관찰에 있어 변수의 통제가 불가능하다.

▌표 6-2▐ 실험조사연구와 서베이조사의 비교

실험조사연구	서베이조사
• 의식적으로 하나 이상의 독립변수를 조작하여 일정한 연구집단을 노출시킴으로써 종속변수의 변화상태를 관찰하는 방법 • 변수들 간의 인과관계를 밝히기 위하여 변수를	• 설문지, 면접, 전화 등을 이용하여 연구문제와 관련된 질문에 답하게 하여 실증적인 자료를 수집-분석하는 방법 • 변수의 조작이나 통제가 불가능하므로 변수들 간의

조작하고 외생변수를 통제 • 인과관계를 탐색하기 위해 미래적 상황을 사전적으로 탐색하는 연구며, 변수 간의 발생순서나 독립변수의 영향을 명확히 규정할 수 있다. • 연구대상자의 수가 적어 양적으로 많은 정보를 얻기는 어렵다. • 장기간에 걸쳐 수행될 수 있으므로 시계열적인 자료의 획득이 가능하다. • 실험실 실험의 경우 현실성이 부족하지만 현지실험은 현실을 적절히 반영할 수 있다. • 한 번에 세 개 이상의 독립변수를 조작하기 어렵기 때문에 다양한 변수에 관한 자료를 얻기 어렵고 연구주제도 단편적이다.	관계규명에 내적 타당도가 결여될 가능성이 있다. • 인과관계를 탐색하기 위해 사후적 연구(결과를 관찰하고 원인을 탐색)를 수행하기 때문에 변수 간의 관계를 명확히 규정할 수 없다. • 많은 사람들로부터 양적으로 많은 정보를 얻을 수 있다. • 횡단조사를 시행하고 종료하기 때문에 시계열적인 정보를 얻기 어렵다. • 현실적인 상황에서 이뤄지기 때문에 현실을 반영하는 자료를 제공할 수 있다. • 연관성 있는 여러 변수들에 관한 자료를 한 번의 조사를 통해서 얻을 수 있고 다양한 주제에 대해 연구할 수 있다.

3) 실험조사연구의 장단점

실험조사의 장점으로는 명확한 인과관계 규명으로 연구자의 의도에 따라 독립변수를 조작하면서 효과를 관찰할 수 있다. 그리고 엄격한 통제가 가능한 순수실험의 경우 최대의 통제를 적용하기 때문에 내적 타당도가 매우 높다. 조사에 대한 종단적 분석이 가능하고, 장기간 연구가 가능하며, 연구자가 연구방향을 조정하는 것이 가능하며, 실험조건을 임의로 설정하여 원하는 방향으로 진행할 수 있다. 마지막으로 실험조사는 반복적 연구가능하고, 실험상황을 다시 조성하게 되면 반복적으로 동일하거나 유사한 연구를 다시 수행할 수 있어 연구의 보편성과 일반성을 높일 수 있다.

단점으로는 인위적 환경의 조성이다. 실험환경이 인위적이므로 현실성이 결여될 수 있으며, 대상자가 실험자의 기대에 따라 의도적으로 행동함으로써 실험결과에 영향을 미칠 수 있고, 표본 크기의 문제로 사회과학의 연구는 주로 집단을 대상으로 하기 때문에, 집단의 크기가 클수록 실험실 연구는 어렵고, 적으면 신뢰성의 확보가 어려워 그 만큼 외생변수의 영향도 많이 받게 된다.

또한 표집된 연구대상의 모집단의 특성과 이질적인 경우가 많은 비대표성의 문제와 과중한 비용문제로 다른 연구에 비해 비용이 많이 든다.

실험조사는 가치와 윤리적인 문제를 제대로 다룰 수 없기 때문에 인간 행태문제와 관련된 실험의 연구결과는 항상 제한이 있고, 적용범위가 제한적으로 이루어져 엄격한 실험적 상황의 수립으로 인한 변수의 통제와 조작이 불가능한 대상이 많다. 마지막으로 적용가능성의 문제인데 복잡한 사회문제를 실험이라는 방법으로 규명하는 데 한계가 있고, 자연과학 분야에서 이뤄지는 고도의 과학성을 사회과학 분야에도 확보할 수 있는가의 문제도 있다.

4) 실험조사설계의 기본요소

실험조사설계는 가능한 내적 타당도(종속변수의 변화가 독립변수에 어느 정도 의존하는지)를 위협하는 요인들을 제거해서 인과관계를 보다 높이고자 하는 설계방법이다. 즉 원인과 결과의 관계를 설명하기 위해 외부의 요인을 차단하는 것으로 인과성을 기본적으로 나타낸다.

실험의 기본적인 구성은 ① 실험대상을 실험집단과 통제집단에 무작위 할당하고, ② 독립변수(사회복지실천에서는 일반적으로 프로그램 또는 개입방법)를 실험집단에 도입하며, 통제집단에는 도입하지 않고, ③ 실험집단과 통제집단이 종속변수에서 보이는 변화를 비교하는 것이다.

(1) 종속변수의 비교(comparison)

비교란 실험집단과 통제집단 간의 종속변수를 비교하거나 실험 전후에 검사를 통해서 종속변수에 차이가 있는지 알아보는 것이다. 비교 방법을 통해 두 변수가 상관관계(공변관계)에 있는지를 알 수 있다. 예를 들어 아동의 자아존중감의 향상프로그램이 어느 정도 변화가 있었는지를 확인하는 방법이다.

(2) 독립변수의 조작(manipulation)

독립변수의 조작이란 연구의 초점이 되는 현상 가운데 원인이 되는 변수인 독립변수를 실험자가 인위적으로 변화시키는 것을 말한다. 즉 연구자가 의도적으로 한 집단에는 독립변수를 발생시키고 다른 집단에는 발생하지 않도록 한 후, 독립변수의 조작이 종속변수에 미치는 영향을 관찰하는 것을 의미한다. 예를 들면, 아동의 자아존중감 프로그램을 참여한 집단과 참여하지 않은 집단의 차이를 살펴보는 것이다.

(3) 외생변수의 통제(control)

외생변수란 종속변수에 영향을 미칠 수 있는 변수로서 이 영향을 제거하지 못하면 독립변수와 종속변수 사이의 인과관계를 정확히 파악하는 데 문제가 생기게 된다. 다시 말해 종속변수의 변화가 나타나더라도 이것이 제3의 변수들에 의한 것이라면 인과관계를 왜곡해서 이해하게 되므로 두 변수 이외의 변수들의 영향을 제거해야 하는데, 이것을 외생변수의 통제라고 한다.

(4) 실험대상의 무작위화(randomization)

실험설계에서 독립변수가 도입되기 이전의 두 집단(실험집단과 통제집단)은 가능한 한 집단이 동질적 일수록 실험의 내적 타당도가 높아진다. 따라서 연구대상을 두 집단으로 나눌 때는 가능한 한 두 집단의 차이를 줄이기 위해 무작위 할당/난선화(random assignment)가 필요하다. 무작위화는 연구대상을 확률적 할당(assignment)을 통해 두 집단으로 나눔으로써 두 집단의 속성을 비슷하게 만들고자 하는 것이다. 연구대상의 크기가 충분히 크다면 무작위화를 통해서 두 집단의 속성은 상당히 비슷해질 가능성이 높다. 연구대상의 특성과 연구의 상황에 따라 짝짓기/배합(matching)의 방법을 사용하여 두 집단의 차이를 줄일 수 도 있다.

5. 실험조사설계의 유형

1) 순수실험설계

(1) 순수실험설계 특징

순수실험설계는 그냥 실험설계라고 쓰이기도 하고 교재에 다라 진실실험설계라고 번역되기도 한다. 이 설계는 실험의 기본 요소인 무작위 할당, 통제집단, 독립변수의 조작, 종속변수에 대한 사전-사후검사 및 비교 등을 모두 갖추고 있어 내적 타당도 저해요인들을 최대한 통제한 설계유형이다. 즉 연구대상을 무작위로 실험집단과 통제집단에 배치하고 실험집단에만 독립변수를 도입한 후 양 집단의 종속변수의 변화를 비교한다.

(2) 순수실험설계 유형

① 통제집단 사전사후검사 설계/통제집단 전후비교 설계(pretest-posttest control group design)

인과관계추정을 위한 가장 전형적인 방법이다. 연구대상을 실험집단과 통제집단에 무작위로 배치하고 실험집단에 독립변수의 실험처치하기 전에 두 집단에 사전검사를 실시하며, 실험처리를 한 후 두 집단에 사후검사를 실시하여 두 결과 간의 차이를 비교한다. 전반적으로 내적 타당도 저해요인을 통제할 수 있어 내적 타당도가 높다고 볼 수 있다.

사전검사에 의한 검사효과(시험효과, 주시험효과)의 영향을 받을 수 있으며, 사전검사와 실험처치가 상호작용을 일으켜 생기는 상호작용시험효과로 인해 실험결과를 다른 상황에 일반화시키기 어려운 외적 타당도의 문제가 나타날 수 있다.

상호작용시험효과란, 실험대상자가 사전 측정 후 실험처치를 받아들이는 강도가 달라지는 것을 말한다. 예를 들어 스트레스 완화 프로그램의 효과를 알기 위해 스트레스를 사전 측정했다고 하자. 측정대상자들이 사전 측정과정에서 자신의 스트레스가 심각하다는 것을 자각하게 되면 스트레스완화 프로그램에 더 적극적으로 참여할 것이고, 이러면 스트레스가 경감될 가능성이 높아지는데, 과연 스트레스 경감이 프로그램 때문인지 사전 측정의 영향인지를 구분할 수 없다. 따라서 이 프로그램을 스트레스 완화에 효과적인 프로그램이라고 일반화시키기 어려울 것이다.

R			
	실험집단 O_1	×	O_2
	통제집단 O_3		O_4

D_1(실험집단의 사전사후검사비교) = (O_2 − O_1)
D_2(비교집단의 사전사후검사비교) = (O_4 − O_3)
실험처치효과 = D_1 − D_2

X: 실험대상에 대한 개입, 처치
R: 무작위할당에 의한 실험집단 및 통제집단의 구분
O: 관찰 혹은 측정
D: 사전사후검사의 차이
★ 왼쪽에서 오른쪽의 방향은 시간의 흐름을 표시하며, 수평선에 있는 변수는 대상이 동일함을 표시하며, 수직선에는 동일한 시간대에 발생함을 표시한다.
집단을 분리하는 선으로는 실선은 무작위할당에 의한 구성(R로 표시)이며, 점선은 비교집단이 무작위할당이외의 방법으로 구성된 것이다.

② 통제집단 사후검사 설계/통제집단 후 비교 설계(posttest-only control group design)

통제집단 사전사후검사 설계는 사전검사를 실시하지 않는 방법이다. 연구대상에 대한 무작위 할당이 이미 실험집단과 통제집단을 동질화시킬 수 있다고 가정하고 사후검사만을 통해서 집단 간의 차이를 비교한다.

사전검사를 실시하지 않으므로 검사효과(시험효과, 주시험효과)와 상호작용시험효과가 발생하지 않아, 내적 타당도 문제나 상호작용시험효과로 인한 외적 타당도 문제를 감소시킬 수 있다. 실험집단과 통제집단을 사용함으로써 동일한 외적인 상황을 경험하고 같은 속도로 성숙해지기 때문에 내적 타당도 저해요인을 통제할 수 있다. 물론 두 집단의 무작위 할당으로 선택의 편의도 통제할 수 있고, 만일 두 집단이 완전하게 동일하다면 이론적으로 우수한 설계이나 사전검사를 하지 않음으로써 최초의 상태를 정확히 파악할 수 없는 단점이 있다.

R	실험집단	×	O_1
	통제집단		O_2

실험처치효과 = $O_1 - O_2$

③ 솔로몬 4집단 설계

솔로몬 집단설계는 실험설계에서 가장 많은 집단을 가진 설계방식으로 통제집단 사전사후검사 설계와 통제집단 사후검사 설계를 합친 것이다.

사전검사로 인한 주시험효과 영향을 통제하기 위해 통제집단 사전사후검사 설계에 사전검사를 실시하지 않는 또 다른 실험집단과 통제집단을 추가한 설계다. 집단이 많아서 내적 타당도가 가장 높은 설계이며 주시험효과, 기타 외생변수로 인한 효과를 배제하여 개입의 순수한 주효과를 밝힐 수 있다는 큰 장점이 있다. 단점으로는 4개의 집단을 무작위로 선정하는 어려움과 복잡성, 비용적 문제 등으로 인해 현실적으로 이용하는 데 어려움이 있다.

R	실험집단	O_1	×	O_2
	통제집단	O_3		O_4
	실험집단		×	O_5
	통제집단			O_6

$O_2 - O_1$ = 주시험효과 + 상호작용시험효과 + 주효과 + 기타변수효과
$O_4 - O_3$ = 주시험효과 + 기타변수효과
$O_5 - 1/2(O_1 + O_2)$ = 주효과 + 기타변수효과
$O_6 - 1/2(O_1 + O_3)$ = 기타변수효과

④ 요인설계

독립변수가 두 개 이상일 때 적용되는 설계이며, 각 변수에 따라 실험집단과 통제집단을 설정하고 개별 독립변수-종속변수, 두 개 이상의 독립변수-종속변수의 인과관계를 검증하는 방법이다.

두 개 이상의 독립변수가 상호작용하면서 종속변수에 미치는 영향을 파악할 수 있고, 조사결과의 일반화(외적 타당도)가 높은 장점이 있으며, 고려해야 할 독립변수가 많은 경우, 시간과 비용 면에서 효율적이지 못하다는 단점이 있다.

⑤ 가실험 통제집단 설계(플라시보 통제집단 설계)

통제집단 사전사후검사 설계, 통제집단 사후검사설계에 가실험효과(위약효과)를 측정할 수 있는 집단을 추가적으로 결합해 만든 설계다. 가실험이란 실제적인 내용은 없으나 실험처치를 받는 것처럼 만들어진 실험처치다. 예를 들어, 신약의 효과를 실험할 때 약효는 없고 모양만 약과 유사한 것을 먹도록 하는 것이다.

플라시보 통제집단 설계는 통제집단을 하나만 두는 실험설계보다 내적 타당도와 외적 타당도 저해 요인을 더 잘 통제할 수 있다.

R	실험집단	X	O_1	실험효과 $E=O_1-O_2$
	통제집단		O_2	플라시보효과 $E_p=O_3-O_2$
	플라시보통제집단	X_P	O_3	순수실험 효과 $E-E_p=O_1-O_3$

2) 유사실험설계

(1) 유사실험설계의 특징

유사실험설계는 의사실험설계 혹은 준실험설계라고도 한다. 이 설계는 실험설계의 기본요소인 무작위 할당, 통제집단, 독립변수의 조작, 사전-사후검사 중 한두 가지가 결여된 설계이다.

내적 타당도에서는 실험설계보다 조금 떨어지지만, 순수실험설계를 위해 인위적인 통제와 조작을 한다는 것이 현실적으로는 어렵다는 한계가 있어 실제 연구에서는 유사실험설계를 더 많이 이용한다. 또한 순수실험설계보다 현실적인 측면을 고려하기 때문에 엄격히 통제된 상태에서 이루어진 조사결과보다 일반화가 용이하다. 즉 순수실험설계에 비해 내적 타당도는 떨어지지만 외적 타당도는 높은 경우가 많다.

(2) 유사실험설계의 유형

① 단순시계열 설계/시간연속 설계

실험(독립)변수를 노출(적용)하기 전후에 일정 기간을 두고 정기적으로 몇 차례의 결과변수를 측정하는 방법이다. 통제집단을 별도로 두지 않고 그 대신 실험처치로 인한 효과 확인을 위해 동일집단 내 여러 번에 걸쳐 실시된 사전검사를 통해서 확인한다. 비교적 높은 내적 타당성을 가지고 있지만 통제집단을 사용하지 않기 때문에 우연한 사건들의 영향일 가능성을 배제하지 못한다.

독립변수의 효과성은 사전검사 측정치의 합과 사후검사 측정치의 합을 비교하거나 각각의 평균치를 비교해서 계산한다. 예를 들면, 장애인 근로자 전용 공장인 '자립원'에 근무하는 장애인 근로자 가운데 임의로 15명을 선택하여 장애인 근로자의 직장 적응을 위한 사회훈련(독립변수)을 실시하고, 훈련 실시 전후 각 4회씩 관찰하였다. 관찰값은 매번 관찰 때마다 장애인 근로자 15명의 평균치로 기록하였다. 훈련 실시 전에 비해 장애인 근로자의 직장만족도(종속변수)는 현저히 향상되었다. 따라서 사회기술훈련은 장애인 근로자의 직장만족도를 증가시킨다고 말할 수 있다.

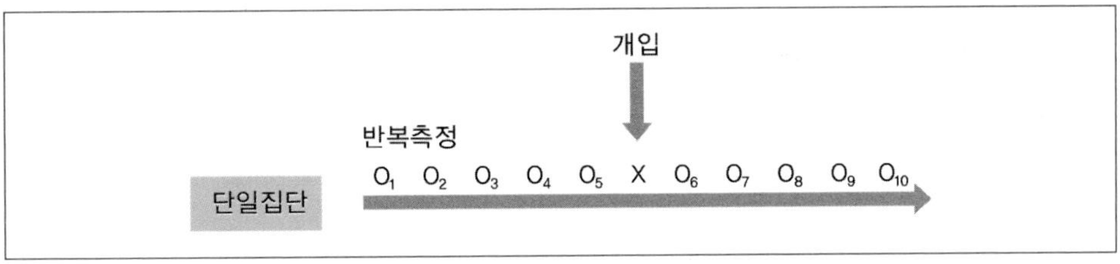

② 복수 시계열 설계

복수시계열 설계는 단수시계열 설계의 우연한 사건 등에 의한 내적 타당도의 문제점을 개선하기 위해 단순시계열 설계에 통제집단을 추가한 것이다. 비슷한 특성을 지닌 두 집단을 선택하여 실험집단에 대해서는 실험변수를 도입하기 전에 여러 번 관찰하고 실험변수를 도입한 후 다시 여러 번 관찰한다. 통제집단에 대해서는 실험변수를 도입하지 않고 실험집단의 측정시기에 맞춰 계속 관찰하여 종속변수의 변화상태를 비교하는 것이다.

이는 무작위로 배치되지 않았기 때문에 통제집단의 초기상태가 실험집단과 동일하지 않을 가능성이 크다. 또한 이 설계는 실험집단과 통제집단이 모두 사용되었으므로 내적 타당도 저해요인은 통제할 수 있으나 임의적 할당으로 선택의 편의가 발생하고 우연한 사건, 성숙, 검사도구 등의 요인과 상호작용을 일으켜 시험효과를 나타낼 수 있어 외적 타당도가 저해될 소지가 있다. 그리고 두 집단 간의 교류 등을 통제하지 못해 실험집단의 결과가 통제집단으로 모방되거나 확산되는 효과 등을 제거하지 못하는 단점도 있다.

실험집단	$O_1\ O_2\ O_3\ O_4$	×	$O_5\ O_6\ O_7\ O_8$
통제집단	$O_1\ O_2\ O_3\ O_4$		$O_5\ O_6\ O_7\ O_8$

시계열조사 표기

③ 분리표본 사전사후검사 설계

이 설계는 실험집단과 통제집단에 사전-사후검사를 동시에 실시할 수 없어서 통제집단에 사전검사 후독립변수가 도입되는 것을 배제할 수 없는 상황에서 채택하는 설계다.

분리표본 사전사후검사 설계에서는 실험집단에 대해 사전검사를 실시하지 않고 독립변수를 도입한 후 사후검사를 실시한다. 통제집단에 대해서는 사전검사만 실시한다. 또한 무작위화 방법으로 집단을 나눴지만 사전검사나 사후검사가 동시에 이뤄지지 않고 통제집단에서 독립변수를 연구자가 의식적으로 배제할 수 없는 점 등이 실험조사와 다르다.

R	통제집단	O_1	(×)	
	실험집단		×	O_2

실험처치의 효과 = $O_2 - O_1$

④ 비동일 통제집단 설계(Nonequivalent Control Group Design)

고전적 실험설계와 유사하지만, 무작위할당에 의해 실험집단과 통제집단 배분이 되지 않으며, 일반적으로 통제집단이 무작위할당에 의해 구성되기 어려운 경우, 실험집단의 구성원과 가장 유사한 성격을 가지고 있다고 가정되는 집단을 임의로 선정하여 두 집단을 비교하는 방식이다. 두 집단 초기상태의 동질성을 확신할 수 없으며, 선택적 편의의 발생하고 O_1과 O_3 간 동질성부터 확인한 후

검사요인(내적 타당도), 실험상황에 대한 민감성(외적 타당도)을 확보해야 한다.

실험집단	O_1	×	O_2
통제집단	O_3		O_4

실험처치의 효과 = $D_1 - D_2$ $D_1 = O_2 - O_1$

$D_2 = O_4 - O_3$

3) 전실험설계

전실험설계는 원시실험설계 혹은 선실험설계라고도 한다. 이 설계는 무작위 할당으로 연구대상자를 나누지 않고, 비교집단(통제집단)이 선정되지 않거나 선정되더라도 동질성이 없으며, 독립변수의 조작에 의한 변화 관찰이 한두 번 정도로 제한된 설계다. 따라서 내적 타당도와 외적 타당도 저해요인을 거의 통제하지 못한다.

① 일회사례설계

어떤 단일 집단에 실험처치를 하고 그 후에 그 집단의 종속변수의 특성을 검사하여 결과를 평가하는 방법이다. 이는 비교 관찰도 없이 단 한번으로 독립변수의 효과를 판단해야 하므로 인과관계를 추론하는 데 문제가 있다. 일회사례연구는 탐색적 목적으로 수행되는 경우에는 유용할 수 있다.

×	O_1

② 단일집단사전사후검사 설계

조사대상자에 대해서 사전검사를 실시하고 독립변수를 도입한 후 사후검사를 실시하여 인과관계를 추정하는 설계이다. 내·외적 타당도 저해요인들이 작용할 수 있기 때문에 인과관계를 추론하거나, 다른 대상 또는 상황에까지 일반화하는 데 한계가 있다.

O_1	×	O_2
실험처치의 효과 = $O_2 - O_1$		

③ 정태적 집단비교 설계(고정집단 비교설계)

실험집단과 통제집단을 임의적으로 선정하고 실험집단은 독립변수를 도입한 후 사후검사를, 통제집단을 독립변수를 도입하지 않고 사후검사를 실시한다. 이 방법은 통제집단 사후검사 설계에서 무작위 할당만 제외된 형태다. 그리고 실험집단과 통제집단이 무작위로 할당된 것이 아니라 배합 등의 방법에 의해 동질적인 특성의 집단으로 선정되지만 무작위 할당이 아니므로 선택적 편의가 독립변수 조작과 상호작용을 할 수 있다.

또한 종속변수의 변화는 처음부터 다른 이질적인 두 집단의 특성 차이에 의한 것인지 아니면 실험처치에 의한 것인지를 판단하기가 어렵다. 따라서 내적 타당도와 외적 타당도가 낮아진다.

실험집단	×	O_1
통제집단		O_2
실험처치의 효과 = $O_2 - O_1$		

4) 비실험설계

대다수의 설계방법으로 실험적인 연구방법을 사용할 수 없는 상황에서 실시되는 실험설계다(독립변수의 조작도 불가능하고 대상 선정도 불가능할 경우). 현실적인 한계와 용이성 때문에 사회과학 전반에 있어서 실제로 비실험연구가 많이 이용되고 있다. 그러나 비실험연구는 독립변수를 조작할 수 없는 점, 연구대상을 난선화 할 수 없는 점, 부적절한 해석을 하게 될 위험성이 있다는 점 등의 단점이 있다. 사회복지실천영역에서는 대다수의 연구들이 실험설계를 하기에는 시간적 한계점도 적용되고 있으며, 현실적 여건 기반이 어렵기에 이러한 비실험설계를 진행할 수밖에 없다.

첫째, 일원적 설계(univariate design) 혹은 일차원적 설계는 특정 사건이나 현상의 발생, 인구집단의 특성, 개인-집단적 경험 등을 기술할 때 사용된다. 그리고 단 한 번의 관찰로서 조사하여 관찰값을 파악하는 데 이용된다. 사회복지시설 평가 혹은 지역사회복지계획에서 지역주민의 욕구를 기반으로 하기 위해서 욕구조사를 실시하였을 때 그 기반이 되는 설계이다.

둘째, 상관관계 설계(correlational design)로 교차분석적 설계(cross-sectional design)라고도 하는데 독립변수로 간주될 수 있는 하나의 변수와 종속변수로 간주될 수 있는 하나의 변수의 속성을 분류하거나 교차시켜 통계적 기법을 통하여 상관관계를 추정하는 방법이다.

셋째, 종단적 연구설계(longitudinal research design)로 앞의 경우는 한 시점을 관찰하는 횡단적 연구인 반면 경향연구 설계, 동년배집단연구 설계, 패널연구 설계 등은 여러 시점에 걸쳐 관찰하는 종단적 연구설계에 해당된다.

알아두기

1. 실험설계의 기본조건은 무엇이며, 실험설계를 구분하고 비교하는 기준은 무엇인가?

2. 실험설계의 유형에는 어떤 것이 있는가?

3. 내적타당성과 외적타당성을 저해하는 것은 무엇인가?

기출문제

01. 실험설계의 내적 타당도에 관한 설명으로 옳은 것을 모두 고른 것은? 18회 기출

> ㄱ. 우연한 사건은 내적타당도에 부정적 영향을 미칠 수 있다.
> ㄴ. 사전점수가 매우 높은 집단을 선정하면 내적타당도를 저해한다.
> ㄷ. 내적타당도가 높은 연구 결과는 일반화 가능성이 높다

① ㄱ ② ㄴ ③ ㄱ, ㄴ ④ ㄴ, ㄷ ⑤ ㄱ, ㄴ, ㄷ

정답 ③

해설 ㄴ의 '사전점수가 매우 집단'은 통계적 회귀요인이 개입했음을 의미한다. 우연한 사건(외부사건 혹은 역사요인), 통계적 회귀는 내적타당도를 ㄹ저해하는 요인이다. 내적 타당도가 높다고 해서 외적타당도(일반화 가능성)가 높은 것은 아니므로 ㄷ은 옳지 않다.

02. 다음 연구 설계에 관한 설명으로 옳지 않은 것은? 18회 기출

> 노인복지관의 노노케어 프로그램 자원봉사자 40명을 무작위로 골라 20명씩 두 집단으로 배치하고, 한 집단에는 자원봉사 교육을 실시하고 다른 집단에는 아무런 개입을 하지 않았다. 10주 후 두 집단 간 자원봉사 만족도를 비교 · 분석하였다.

① 사전 조사를 실시하지 않아 내적 타당도를 저해하지 않는다.
② 무작위 선정으로 내적 타당도를 저해하지 않는다.
③ 통제집단을 확보하기 어려울 때 사용할 수 있는 설계이다.
④ 사전검사를 하지 않아도 집단 긴 차이를 어느 정도 통제할 수 있다.
⑤ 통제집단 전후 비교에 비해 설계가 간단하여 사회조사에서 많이 활용한다.

정답 ③

해설 주어진 사례는 통제집단 사후검사로서 큰 어려움 없이 통제집단을 확보할 수 있다. 무작위로 두 집단을 나누어 한 집단에는 자원봉사 교육을 실시하고 다른 집단에는 아무런 개입을 하지 않았는데, 아무런 개입을 하지 않은 이 집단이 통제 집단이 된다.

03. 인과관계를 성립시키기 위한 요건에 해당하는 것을 모두 고른 것은? 17회 기출

ㄱ. 독립변수가 종속변수를 시간적으로 앞서야 한다.
ㄴ. 독립변수와 종속변수가 일정한 방식으로 같이 변해야 한다.
ㄷ. 독립변수와 종속변수의 관계가 허위적 관계이어야 한다.

① ㄱ ② ㄱ, ㄴ ③ ㄱ, ㄷ ④ ㄴ, ㄷ ⑤ ㄱ, ㄴ, ㄷ

정답 ②

해설 인과관계 성립의 3대 요건은 다음과 같다.

- 공변성 : 두 변수 사이에 상관관계가 있어야 한다. 즉, 립변수와 종속변수가 일정한 방식으로 같이 변하는 관계를 보여야 한다.
- 시간적 우선성 : 독립변수가 종속변수를 시간적으로 앞서야 한다.
- 통제성 : 종속변수에 영향을 미칠 수 있는 외생변수를 통제했을 때에도 두 변수 간 관계가 유지되어야 한다. 즉, 두 변수의 관계가 허위적 관계가 아니어야 한다.

04. 실험설계가 적합한 상황은? 12회 기출

① 지역사회 욕구를 파악하기 위해 서베이하고자 할 때
② 무료급식 서비스를 받은 노인의 변화를 분석하고자 할 때
③ 국제결혼가족의 이혼율을 파악하고자 할 때
④ 지역아동센터의 지리적 접근성을 분석하고자 할 때
⑤ 정신장애인의 인권 민감도를 측정하고자 할 때

정답 ②

해설 실험은 인과관계를 규명하는 가장 좋은 조사 방법이다. 인과관계 규명을 목적으로 하는 연구는 설명적 조사이며, 여기에서는 영향을 미치는 독립변수와 영향을 받아 변화하는 종속변수가 포함된다. ②는 무료급식 서비스를 받은 노인의 변화를 분석하고자 하는 데 목적이 있으므로 설명적 조사이며, 이런 경우 실험설계가 적합하다.
제시된 사례 중 ①, ③, ④, ⑤는 특정 현상 자체를 이해하고 파악하는 것이 목적인 기술적 조사이다.

Chapter 07

자료수집방법

CHAPTER

07 자료수집방법

1. 서베이 방법의 개요

1) 서베이 방법의 개념과 장단점

서베이 방법은 연구자가 모집단으로부터 추출된 표본을 대상으로 계획된 주제와 관련된 질문문항 혹은 면접절차를 사용하여 실증적인 데이터를 얻고, 얻어낸 데이터를 통계적 절차를 통해 가공, 분석하는 조사방법을 말한다. 즉, 표본에 대해 설문조사를 실시하는 것을 서베이(survey)라고 한다.

서베이 방법은 사회복지학문의 영역을 확산시키는 역할과 사회복지실천현장의 과학성을 증명하는 데 중요한 역할을 하였으나, 사회과학영역의 다양한 연구방법론의 접근으로 인하여 대상의 접근과 방법 등에 해결해 나가야할 다양한 문제점을 가지고 있다. 서베이 방법은 일정한 시점에서 다수의 조사대상자로부터 직접 자료를 수집하는 방법을 말한다. 구체적으로 어떤 수단을 활용하여 자료를 수집하느냐에 따라 우편조사, 면접조사, 온라인조사 등으로 분류할 수 있다. 우편조사는 과거에 많이 쓰여지는 방법이며, 면접조사와 온라인을 통한 서베이 방법에서 가장 많이 사용되는 방법으로 빠르게 그 기술들이 발전되고 있다.

서베이 방법의 장점으로는 대규모 모집단으로부터 적은 비용으로 정보를 얻을 수 있다. 규모가 큰 모집단의 특성을 조사하는 데 큰 장점으로 유용하다. 또한 현시점에서 이뤄지기 때문에 현재의 상태를 정확하게 반영하는 자료를 획득할 수 있다. 동일한 자료를 이용하여 다양한 주제에 관해 연구할 수 있으며, 자료 범위가 넓어 일반화 수준이 높다. 즉 수백 명에게 설문지를 사용함으로써 객관적으로 측정할 수 있으며, 비교적 장소에 제한이 적은 편이다.

단점으로는 응답자의 내부 심리상태를 알 수 없으므로 현상적인 결과가 나타나기 쉽다. 외생변수의 통제가 불가능하기 때문에 변수들 간의 인과관계를 규명함에 있어 내적 타당도의 한계를 가진다. 그리고 횡단연구로 현 시점에서 끝나는 경우가 많아 시계열적인 종단연구로서의 접근이 어렵다.

서베이 조사에도 전문적인 면접원의 조사 지식과 기술이 필요하며, 설문지는 모든 응답자들을 대상으로 구성하기 때문에 소수의 특수한 집단을 대상으로 하는 설문문항은 제외되거나 기타로 포함될 수 있다. 서베이는 분석단위가 개인이기 때문에 광범위한 사회적 맥락을 다루기 어렵고, 연구설계에 따라 계획하고 진행되기 때문에 현장연구에서 일어나는 독특한 상황에는 접근이 어렵다. 특히, 횡단조사를 적용한 서베이에서 지난 과거 행동에 대한 회상 또는 미래의 기대를 측정할 경우, 개인의 심리나 외부 상황으로 부터의 영향을 받을 가능성이 높다.

2) 설문지의 작성방법

설문지의 작성방법은 다양하게 접근할 수 있으나 먼저, 설문지를 이용하는 주요한 이유는 조사결과의 비교가능성을 높일 수 있다. 그리고 빠른 시간 내에 핵심적인 정보만 선별하여 객관적이고 정확한 정보를 얻을 수 있기 때문이다. 불필요한 내용은 설문지에서 삭제할 수 있고, 응답자가 무기명으로 응답을 기록하는 경우 솔직한 응답이 가능하며, 응답의 용이성과 정확성을 높일 수 있다.

둘째, 설문지는 공식적으로 언어적 표현을 통해 응답자에게 질문을 하기 위한 도구로서, 응답자에게 전달되어 그들 자신이 조사자의 도움 없이 기입-작성하는 것이 일반적이며 주요한 방법이다.

셋째, 설문지 자체를 단순히 구성하는 것보다는 연구의 전반적인 내용과 과정을 전반적으로 고려하여 구성해야 한다. 연구결과의 타당성이 저해되는 가장 중요한 원인 중 하나가, 연구의 전반적인 상황을 고려하지 않고 설문지를 구성한 경우이다. 특히, 이미 조사를 진행한 후에는 조사설계를 재구성하거나 연구의 방향을 조정하는 것은 현실적으로 매우 힘들다.

설문지 작성을 위해서는 측정하고자 하는 개념을 명확하게 정의하고, 이를 현상과 연결시켜 줄 수 있도록 적합한 조작적 정의해야 한다. 타당도와 신뢰도가 높은 기존의 조사도구를 사용하거나, 엄격한 기준에 따라 새로운 설문지를 개발해야 한다.

넷째, 설문지의 구성요소로는 응답자에 대한 협조요청(조사자나 조사기관의 소개, 조사취지설명, 개인적 응답항목에 대한 비밀보장), 식별자료(일련번호, 응답자 이름, 조사자 이름, 조사일시 등), 지시사항(혼자서 응답할 수 있도록 상세한 응답 방법을 기록), 문항(필요한 정보를 획득하기 위한 가장 중요한 부분), 응답자의 분류를 위한 자료(학력, 연령, 성별, 주거, 종교, 직업 등 인구통계학적 혹은 사회경제적 자료로 질문할 때에는 응답자의 인격이나 프라이버시가 침해되지 않도록 주의해야 함)이다.

(1) 설문지 작성과정

첫째, 설문지 작성의 목적과 적용범위 확정해야 한다. 조사하고자 하는 연구목적을 설정하고 이러한 목적 달성을 위해 질문내용을 사실, 의견과 태도, 감정과 느낌, 행위의 표준, 과거의 행위, 질문에 대한 내용을 결정해야 할 것이다.

둘째, 질문의 형태와 응답범주 형식 선정을 해야 한다.

셋째, 질문의 어구구성 및 문항배열을 해야 한다.

넷째, 설문지의 외형 결정한다. 설문응답에 적극적인 협조를 구할 수 있도록 질문지의 형태를 잘 결정해야 한다.

다섯째, 사전검사(사전조사, pretest)를 실시한다. 본 조사를 수행하기 전에 동일한 절차와 방법으로 일정한 수의 사람들을 대상으로 질문지가 잘 구성되었는지 시험하는 것이다. 사전검사는 반드시 한 번 이상 해야 하고 연구할 표집대상을 제외한 다른 사람으로 구성하되 20~30명 정도가 적절하다. 물론 예비조사(pilot study)와는 다르나 차이점으로는 예비조사는 탐색적 조사의 성격을 띤 현지조사이며, 예비조사는 질문지 작성의 사전단계에서 이루어지고, 사전검사는 예비조사보다 훨씬 잘 갖춰진 형식이며, 모든 절차가 본 조사 때와 똑같은 방법으로 진행된다.

구분	내용
본조사(main test)	최종 설문지를 인쇄하여 응답자에게 조사
사전/시험조사(per-test)	설문지를 최종 인쇄하기 전에 설문지의 완성도를 높이기 위해 일단의 사람들에게 미리 조사
예비조사(pilot-test)	연구에 대한 아이디어 및 최초 설문문항을 개발하기 위하여 전문가들에게 조사

여섯째, 최종 편집 및 인쇄를 진행하면 된다. 설문문항이 많을 수 있기 때문에 적당량의 페이지와 종이의 질을 고려하여야 한다.

① 질문의 형태

개방형 질문 (주관식 질문)	정의	• 응답범주가 상세히 구체화 되지 않은 채 질문만 던지는 형태다.
	장점	• 어떤 상황에 대한 기본적 쟁점이 무엇인지 탐색하려고 할 때 유용하다. • 응답자의 감정을 개인적으로 진술하는 데 압력을 가하지 않는다.
	단점	• 응답률이 낮다는 것과 외적 타당성 감소한다. – 개방형 질문이 많으면 설문지가 길어지고 대답할 동기를 감소시킨다. • 응답자에게 심리적 부담을 준다. – 글로써 표현 가능 능력을 요구하기 때문에 심리적 부담을 준다. • 측정오차의 문제인 내적 타당도의 문제가 있다. – 한 가지 질문에 대한 여러 가지 답이 동일한 범주에 속하는지 여부를 판단하는 과정에서 오류발생 가능성을 배제하지 못한다.
폐쇄형 질문 (객관식 질문)	정의	• 질문문항과 미리 범주화된 일정한 수의 응답범주를 제시하여 응답자로 하여금 선택하도록 하는 질문이다. 예) 아니요 또는 찬성의 정도, 응답범주 목록에서 선택 등의 형식이다.
	장점	• 신뢰성 있는 응답의 확보 가능하다. • 소득수준과 같이 구체적으로 밝히기 어려워하는 질문에 유용하다.
	단점	• 응답을 범주로 묶음으로써 중요한 자료를 얻지 못하게 된다.

② 응답범주의 형식

이분형 질문과 이분형 응답방식	폐쇄형 질문의 한 형태로서 "예–아니요", "찬성–반대"와 같이 간단한 찬반양론을 묻는 질문에 적당한 방법이다. "모르겠다"와 같은 중간 응답을 제공할 수 있다.
선다형 질문과 선다형 응답방식	세 개 이상의 응답변주 가운데 하나를 선택하도록 하는 질문으로 보통 3~5개의 선택항목으로 구성된다. "기타"라는 범주도 포함시켜야 하는데 "기타"란에도 구체적으로 답을 기입하도록 하는 것이 좋다. 예) 사회적 문제를 해결하기 위한 책임은 누구에게 있다고 생각하십니까? 1. 정부 2. 개인 3. 모르겠다 4. 지역사회 5. 기타( )
척도법	양적이고 연속성을 가진 내용으로 구성된 선다형 응답방식이다. 가능한 한 동일한 영역에서 연속성을 갖도록 하고 높은 것에서 낮은 것으로, 좋은 것에서 나쁜 것으로 또는 그와 반대로 질서 있게 열거한다. 예) 귀대학 환경의 장애인 편의시설에 어느 정도 만족하고 계십니까? 1. 크게 만족 2. 만족 3.모르겠다. 4. 불만 5. 크게 불만
서열형 질문	일련의 응답범주들에 대한 중요성, 선호나 우선순위 등에 따른 순서에 따라 응답하도록 하는 질문이다. 예) 학교생활에서 가운데 가장 중요하다고 생각하는 우선수위를 표시하세요. (1=가장 중요, 3=보통 중요, 5=가장 중요하지 않음) 학점취득( ) 방학생활( ) 봉사활동( ) 친구사귀기( ) 기타( )

<table>
<tr><td>평정형 질문</td><td>강도를 달리하여 서열화된 응답범주들 중 하나를 선택하게 하는 것이다.
예) 의료보험을 민영화하는 거에 대해 어떻게 생각하십니까?
1. 적극 찬성 3. 중립 5. 절대 반대</td></tr>
<tr><td>행렬식 질문</td><td>동일한 응답항목들을 가진 질문들을 체계적으로 묶어서 하나의 질문세트를 만드는 것으로 평정형 질문의 응용형태다.
예) 귀하가 다니는 대학환경은 어떻습니까?
<table>
<tr><th>문항</th><th>매우 그렇다 5</th><th>그렇다 4</th><th>중립 3</th><th>그렇지 않다 2</th><th>전혀 그렇지 않다 1</th></tr>
<tr><td>1. 강의실의 환경이 좋다.</td><td></td><td></td><td></td><td></td><td></td></tr>
<tr><td>2. 캠퍼스가 쾌적하다</td><td></td><td></td><td></td><td></td><td></td></tr>
<tr><td>3. 의자가 편안하다</td><td></td><td></td><td></td><td></td><td></td></tr>
</table>
</td></tr>
</table>

3) 질문의 어구구성 및 문항배열

(1) 질문의 어구구성

첫째, 질문문항은 명확해야 한다. 한 문항에 두 가지 이상의 질문이 포함되어 애매모호함을 가중시키는 쌍열질문은 피해야 한다. 일정 수준 이상의 교육이 필요한 사람만이 이해할 수 있거나 사투리와 같은 특수한 언어의 사용에도 주의한다.

둘째, 가급적 짧게 질문한다. 긴 질문은 무응답의 가능성이 높기 때문에 금방 이해할 수 있도록 짧고 쉬운 문장으로 질문한다.

셋째, 언어구성을 적절한 수준에서 유지한다. 용어의 난이도, 언어의 형식, 속어, 구어의 사용 등 응답자의 능력과 특성을 고려하여 적절하게 구성하고 유지한다.

넷째, 사실적인 질문이어야 한다. 개념과 응답범주가 명확하도록 질문을 구체적이고 경험적인 용어로 사용한다.

다섯째, 유도질문을 조심한다. 확률을 인위적으로 높이려는 의도를 없애거나 최소화해야 한다.

여섯째, 직접 질문과 간접질문을 적절히 사용한다. 사실적 내용을 알기 위한 질문은 직접 질문으로, 응답자의 가치, 의식, 과거의 경험 등 밝히기 꺼리는 질문은 간접 질문이 효과적이다. 직접질문의 예로는 "귀하의 성별은?", "귀하는 ○

○○을 경험하신 적이 있습니까?"이며, 간접질문은 "귀하에게 만일 ○○이 일어난다면 귀하는 어떻게 하시겠습니까?"이다.

일곱째, 부정적 문항은 피한다. '사회복지에 대한 정부의 예산을 줄여서는 안된다'에서 보다는 '국가는 사회복지예산을 상향 조정해야한다.'라고 표현하는 것이 좋다.

여덟째, 기타 질문은 긍정적이거나 부정적인 어느 한 방향으로 치우쳐서는 안되며, 응답 구성에 있어서도 찬반 응답의 선택 수가 균형 잡히도록 해야 한다. 시간의 흐름에 따른 문항 배열은 오래된 것, 최근의 것 또는 오래된 것 순으로 한다. 그리고 한 문항에 두 가지 이상의 내용이 포함되는 이중 질문은 가능한 피한다.

(2) 질문의 문항배열

설문조사할 때 문항 배열로 적당한 것은 응답하기 쉬운 질문을 먼저 하며, 민감한 질문이나 개방형 질문은 뒷부분에 배치한다. 설문내용의 질문은 논리적으로 배열하고, 일정한 유형의 응답경향이 조성되지 않도록 문항을 배치하거나 일반적인 것을 먼저 묻고 추가 심층적인 질문은 뒤에 묻는다. 마지막으로 설문지에는 표지, 응답지침, 면접자의 명칭과 설문지의 사전부호화(id) 등이 포함된다.

2. 서베이(설문조사)의 유형

설문조사의 유형에는 면접조사, 온라인조사, 우편조사 등이 있지만 조사자가 가장 적합한 방법을 쓰는 것을 권유한다.

1) 면접조사

(1) 면접조사의 성격

면접조사는 연구에 필요한 자료를 얻기 위해 면접자와 피면접자가 질문과 응답의 대화를 통해 자료를 수집하는 반응성 연구방법이다. 면접은 변수를 확인하고 가설을 도출하기 위한 탐색적 조사나 설문지 등 다른 자료 수집방법의 타당성 여부를 검토하거나 예견하지 못한 결과를 추적하는 데 사용하기도 한다. 면접조사의 성패 여부는 이러한 상호작용의 어떤 측면을 어떻게 접근하는가에 달려있다.

첫째, 상호작용과 응답자의 열성이다. 면접은 대화를 통한 상호작용을 의미하는 것으로 피면접자의 열성이 연구에 기여한다.

둘째, 면접자와 피면접자는 질문과 응답의 의미를 명확히 파악해야 한다. 상대방의 행동이나 질문이 무엇을 의미하는지 인식할 수 있는 능력이 있어야 한다.

셋째, 융통성 있는 면접의 운영이 필요하다. 면접의 흐름을 중단하지 않는 범위에서 질문 순서 등은 융통성 있게 변경할 수 있다.

넷째, 피면접자의 접근에 대한 라포형성이다. 면접과정에서 일정 시점이 지나면 피면접자의 경계나 의심이 자연스럽게 풀리고 동화된다.

① 면접조사의 장점

면접조사의 장점으로 먼저 융통성을 들 수 있는데, 응답자와 면접 분위기에 맞춰 정확한 답변을 얻을 수 있고, 재질문이나 추가질문도 가능하며, 보다 복잡한 질문을 사용할 수도 있다. 또한 응답률에 있어서 면접은 회수가 필요 없고 문맹자의 경우도 쉽게 접근 가능하며 응답자들이 서면보다 구두로 대답하는 것을 선호한다는 점에서 질문지에 비해 응답률이 높다. 면접 중의 비언어적 행위를 관찰하는 것도 가능하므로 응답의 타당성을 평가할 수 있으며, 면접이 면접자와 응답자 간에 비밀스럽게 수행되고 면접의 환경을 표준화할 수 있다. 응답자가 규칙을 벗어나거나 질문구조를 훼손하는 것을 막을 수 있고, 무의식적인 응답을 기록할 수 있으며 이는 더 많은 정보를 제공한다.

② 면접조사의 단점

면접조사의 단점으로는 면접요원의 훈련과 감독, 자료의 정리에 있어 많은 비용이 투자된다는 점을 들 수 있다. 경우에 따라 면접자가 장거리 여행을 할 수 있으며, 자료정리, 분류, 부호화하는 데 시간이 많이 소요되기도 하고, 면접자가 응답자의 응답을 잘 이해하지 못하거나 잘못 기재할 가능성이 있다. 또한 일반적인 조사나 기록, 대답에 있어 오랫동안 생각할 시간을 주기 어려운 점이 있으며, 응답자가 피곤해하거나 다른 요인들 때문에 면접에 집중하지 못할 수 있다. 그리고 면접자가 응답자의 성명을 비롯하여 인적사항을 모두 알고 있으므로 응답자의 익명성을 보장함에 있어 어려움이 따른다. 응답자에 따라 질문을 다르게 표현하는 것과 같이 융통성을 발휘할 수는 있으나, 표준화된 질문어법이 부족하여 응답자의 해답을 비교하는 것이 어려울 수 있고, 응답자가 여러 지역에 분산되어 있는 경우 이들의 면접을 진행하는데 애로사항이 있을 수 있다.

(2) 면접조사의 종류

① 구조화에 따른 분류: 구조화 면접, 반구조화 면접, 비구조화 면접

면접의 종류에는 첫째, 구조화된 면접으로 질문문항, 순서 내용이 정해져 있는 표준화된 면접으로 개방형과 폐쇄형질문이 모두 가능하다. 둘째, 반구조화된 면접으로 질문의 주요 내용만 정해져 있는 면접이며, 셋째, 비구조화된 면접으로 연구문제 범위만 정하고 내용은 정하지 않은 면접이 있다.

가. 구조화된 면접

내용	• 면접조사표가 질문문항, 질문의 순서, 어조까지 정확히 제시한다. • 임의로 질문을 바꾸거나 새로운 문제를 도입하는 등의 수정을 할 수 없다. • 표준화된 면접이라고 한다.
장점	• 부호화가 용이하다. • 면접결과가 비교 가능하다. • 일관성과 신뢰성이 있다. • 질문의 언어구성에서 오는 오류를 최소화할 수 있다. • 비교적 훈련이 덜 된 면접자에게 활용할 수 있다.
단점	• 피면접자의 특성이나 분위기에 따라 면접이 융통성 있게 수행되지 못한다. • 응답을 확대하거나 탐색할 수 있는 면접자의 자율성이 없다. • 시간과 경비가 많이 소요된다. • 응답지외 지식을 충분히 이끌어낼 수 있는 융통성이 없기 때문에 타당도는 높지 않다.

나. 반구조화된 면접(준구조화된 면접)

내용	• 구조화 면접과 비구조화 면접의 장점을 살리고 단점을 보완한 방법이다. • 일정한 수의 주요한 질문은 구조화 면접으로 나머지는 비구조화 면접으로 실시한다. • 면접조사표 대신 면접지침을 사용한다. • 구조화된 면접보다 더 숙련된 면접자를 필요로 한다. • 어느 정도 융통성을 발휘하며 면접하는 방법이다. • 부수질문과 같은 방법을 흔히 사용한다.

다. 비구조화된 면접

내용	• 연구문제의 범위만 결정하고 질문의 순서나 내용은 미리 정하지 않는다. • 개방형의 질문이 많으며 응답자의 내적 감정과 생각을 밝히는 데 사용한다. • 숙련된 면접자를 필요로 한다. • 면접조사표나 면접지침을 사용하지 않는다. • 비지시적, 비표준화된 면접이라고도 한다.
장점	• 융통성이 있다. • 의미의 표준화가 가능하다(의미의 동일화 달성). • 형식에 얽매이지 않으므로 보다 많은 자료를 얻을 수 있다(높은 타당도).
단점	• 면접결과의 정리와 분류, 부호화에 시간, 인력, 비용이 소요된다. • 동일한 내용의 질문이 반복되면 응답내용이 달라질 수 있다(비일관성, 신뢰도 낮음). • 가설검증이나 인과관계 규명이 부적당하다.

② 면접조사의 기타유형

가. 전화면접조사

전화면접의 장점은 신속성, 저비용, 면접자의 영향을 받지 않으면서 응답할 수 있다는 점과, 민감한 이슈에 대해서도 솔직한 답변을 들을 수 있으며, 대인면접에 비해 익명성이 존재한다는 점이다. 단점으로는 첫째, 표집의 문제로서 전화기가 없는 경우, 전화번호가 전화번호부에 기재되지 않았거나 오기되었을 경우와 둘째, 응답자의 동기가 약한 점으로 언제든지 전화기를 놓을 수 있다는 점과 셋째, 응답자의 상황을 통제할 수 없는 점 등이다.

나. 집단면접조사

의도적으로 조성된 집단에서 발생하는 역동성을 통하여 집단 구성원들이 보여주는 다양한 모습들에 관해 자료를 수집하는 방법이다. 비구조화된 면접조사 방법을 주로 사용한다. 면접대상자들을 한자리에 부러 모아 놓고, 응답요령을 알려준 후 질문하고 응답하도록 한다.

다. 특수대상(아동과 장애인)의 면접

아동과 장애인의 면접일 경우, 언어적 표현이 불충분하므로 장난감이나 인형을 통한 놀이, 그림, 장애인을 위한 도구 등을 이용하는 방법이 있다. 면접자는 중립적인 역할을 유지해야 하며 아동의 상상력이 크기 때문에 어떠한 암시도 주어서는 안 되고, 장애인이 가진 특성을 이해해야 한다.

2) 인터넷조사/전자서베이

인터넷조사는 인터넷에 컴퓨터가 연결된 상태에서 이뤄지는 조사다. 이 조사는 일반 면접보다 시간적, 공간적으로 비용절감의 효과가 있다. 그 유형으로는 회원조사(member survey), 방문조사, 전자우편조사, 전자설문조사 등이 있다.

특징적으로는 비용 면에서 효율적인 조사연구 방법이며, 수집기간은 다른 방법에 비하면 단기적이고, 자료의 정리기간은 매우 단축적이며, 인터넷이 접근가능한 지역이 중심적이다. 물론 설문지의 구성은 설문길이가 15~30분 내에 마무리될 수 있도록 한다. 질문 내용에 따라 구역화, 분할형 질문을 효과적으로 사용함으로써 응답자들이 정해진 순서대로 응답하도록 유도하고, 개방형 질문의 사용이 좋은 결과를 얻을 수 있다. 그리고 시각적 자료의 활용(그림, 사진, 동영상 등)이 가능하며 이것이 온라인조사 중의 강점이다.

단점으로는 표집들이 갖춰야 할 조건인 표집요소의 표집확률의 계산가능성, 효율성 등을 확보하는 것이 불가능하기 때문에 표집틀 편의현상이 나타날 수 있고, 응답률의 정확한 계산이 어렵다. 응답편의는 다른 조사에 비해 가능성이 높은데 주로 응답자의 기술적 특성에 의해 생겨난다.

그리고 인터넷조사와 유사한 온라인조사 유형인 휴대전화 RDD(Random Digit Dialing, 임의전화걸기)로 안전행정부에 따르면 공공기관이 설치한 CCTV(Closed Circuit Television)가 전국에 약 46만 대에 이른다고 한다. 이는 중앙행정기관과 지방자치단체가 범죄예방, 시설안전, 교통단속, 교통정보수집 목적으로 설치한 것만 집계한 것으로, 민간시설에 설치된 CCTV까지 포함하면 그 수는 훨씬 더 많을 것이다. 이렇게 점점 늘어나는 CCTV 때문에 선량한 시민들까지 잠재적인 범죄자로 간주돼 감시 대상이 되는 점과 개인 사생활 노출 우려 등의 문제점도 제기되고 있다. 또한 강남 3구에 CCTV 설치가 집중되는 등 지역 간 차별 논란도 있다. 한국갤럽이 우리 국민들은 현재 거주 지역의 치안 상태에 대해 어떻게 생각하고 있는지, CCTV 추가 설치에 대해서는 어떤 의견인지 알아보기 위해 먼저 '동네 주변에 혼자 밤길 걷기가 두려운 곳이 있습니까?'를 질문하였고 73%가 없다고 답하였다.

| 표 7-1 | 조사개요의 예

- 조사기간: 2013년 10월 21~24일(4일간) - 표본추출: 휴대전화 RDD 표본 프레임에서 무작위 추출 - 응답방식: 전화조사원 인터뷰 - 조사대상: 전국 만 19세 이상 남녀 1,214명 - 표본오차: ±2.8%포인트(95% 신뢰수준) - 응답률: 16%(총 통화 7,713명 중 1,214명 응답 완료) - 의뢰처: 한국갤럽 자체조사

3) 우편조사

우편조사(mail survey)는 우편의 기능이 퇴색되어 가는 현재에 많이 사용되지 않고 있으나 과거에는 대다수 우편조사를 통한 설문조사를 진행하였기에 중요한 영역으로 구분되어 왔다. 우편 설문방법으로, 설문지를 우편으로 우송한 후 응답을 받는 조사방법이다. 우편조사는 응답 간의 비대면적 관계를 통해 자료를 수집하는 방법이다.

① 우편조사의 장점

우편조사의 장점은 먼저 비용의 절약을 들 수 있는데, 설문지 작성과 복사, 발송, 반송, 처리 분석에 따른 비용이 상대적으로 적으며 최소의 노력과 경비로 광범위한 지역과 대상을 표본으로 삼을 수 있다. 또한 시간의 절약으로 우편설문은 동시에 모든 응답자들에게 보낼 수 있으며, 응답자가 편리할 때 설문지를 완성할 수 있다. 또한 응답자가 자신의 신분을 알리는 면접이 없기 때문에 공개하기 어려운 응답도 가능하며, 표준화된 어법의 사용으로 모든 응답자들이 똑같은 어법에 노출되기 때문에 응답을 보다 쉽게 비교할 수 있다. 면접자가 응답자에 대한 편견을 가질 기회가 없고, 응답자가 자신의 기록을 참고하고 동료에게 물어보거나 응답하기 전에 미리 관련된 조사를 할 수 있는 시간이 있으므로 정확한 정보를 토대로 응답할 수 있다. 지리적으로도 널리 퍼져 있는 응답자들에게 모두 접근할 수 있다.

② 우편조사의 단점

우편조사의 단점으로 융통성의 결여를 들 수 있는데, 응답자가 질문을 잘못 이해하고 있더라도 교정되기가 어려우며, 회수율이 낮은 점이 가장 큰 단점이라 하겠다. 이동이 빈번한 사람으로부터는 응답을 받기가 힘들며 글로 응답하는 것을 더 부담스러워 할 수도 있고 비언어적 행동을 면접자가 관찰할 수 없다. 또한 응답 환경을 통제할 수 없으므로 응답자 자신이 직접 응답하지 않고 다른 사람이 대신하는 경우가 발생할 수 있으며, 질문 문항 중 일부에만 응답하는 경우도 있다. 응답자가 무의식적으로 응답하고 다시 고칠 경우 처음의 무의식적 응답은 알 수가 없고, 설문지가 완성되는 시간 또한 통제할 수 없다. 마지막으로 질문지의 구성을 복잡하게 하기가 힘들다는 단점이 있다.

우편조사의 가장 큰 단점이 낮은 회수율이므로, 이를 높이기 위한 전략을 다양하게 세울 수 있다.

3. 관찰법

관찰은 국어사전에서 사물이나 현상을 주의하여 자세히 살펴봄이라고 적혀있으며, 유의어로는 주시, 관측, 조사라고 한다. 관찰은 응답자가 행동을 통해 나타내는 태도나 의견 등을 조사하고 분석하는 것이다. 조사대상의 특성, 언어적 또는 비언어적 행동 등을 지켜보는 방법으로 현장연구(field research)라고 불린다.

이 방법은 사회복지실천현장에 매우 적합성 높은 방법으로 질적 연구방법과

도 연관성을 가지고 있다. 관찰법은 관찰대상, 관찰결과의 기록, 관찰의 정확성 확보, 관찰자와 비관찰자의 관계형성에 유의해야 한다.

또한 인간은 일상생활을 통하여 주의에서 발생하고 있는 일들을 늘 관찰하고 있다. 관찰(observaton)이란 주위에서 일어나는 일들에 대한 지식을 얻는 가장 기본적인 방법으로서 시각, 청각과 같은 감각 기관을 통하여 현상을 인식하는 기초적인 방법인 것이다. 보통 관찰은 평범한 일상생활에서 요구되고 있는 지식을 얻는데도 필요하지만 과학적인 조사연구를 할 때에는 유용한 자료수집 방법이 된다. 따라서 여기서 말하는 관찰은 과학적 조사에서 필요로 하는 사실이나 자료를 직접 질문에 의하지 않고 간접적으로 보거나 들어서 얻는 방법이다.

과학적 관찰이란 일정한 조사목적에 도움을 주고, 체계적으로 계획되며, 그 결과 또는 체계적으로 기록하고, 타당도와 신뢰도에 관한 검증과 통제가 가능해야 한다는 것이다. 자료의 수집방법에는 관찰방법 이외에도 면접, 설문지, 투사법 그리고 원자료를 분석하는 이차적 자료분석 등이 있는데 이들은 모두 일정한 한계와 단점이 있기 때문에 보다 정확하게 조사대상을 파악하고 충실한 자료를 얻기 위해서는 여러 가지 조사방법을 혼합해서 활용하는 것이 바람직하다.

1) 관찰법의 장단점

(1) 관찰법의 장점

첫째, 비언어적 행동에 관한 자료수집이 용이하다. 직접 관찰을 통해 응답자의 비언어적 행동을 파악하는 데 다른 조사방법보다 뛰어나다. 특히 영유아나 발달장애를 지닌 경우에 언어적 표현이 부족한 경우 더욱 효과적이다.

둘째, 종단적 분석이 가능하다. 면접이나 실험은 시간에 의존하지만 관찰은 자연적 상태에서 조사를 수행하기 때문에 장기간에 걸친 조사가 가능하다.

셋째, 조사의 현장성 및 즉시성이다. 응답자의 행위가 일어나는 현장에서 즉

시, 사실을 포착할 수 있고, 보다 진실된 모습을 포착할 수 있다.

넷째, 응답과정의 오류 최소화이다. 응답자의 태도나 선호 정도, 협력 정도에 따라 조사에 영향을 받지 않고 행동으로 나타난 것을 관찰하기 때문에 응답과정의 오류를 줄일 수 있다.

다섯째, 연구대상의 태도가 모호한 경우 유용하며, 특정 질문에 대해 응답자가 자신의 태도나 감정을 정확히 모르거나 질문에 대한 정확한 인지가 없을 때 효과적이다. 또한 무의식적 행동이 측정가능한데, 응답자에게 일상적이거나 의례적이어서 무의식적으로 이뤄지는 행동에 대한 측정이 매우 용이하다.

여섯째, 연구대상이 비협조적일 경우 유용하다. 면접을 거부하거나 비협조적일 때에도 관찰을 통해 자료를 수집할 수 있다. 따라서 개인이나 집단의 정보를 얻는 방법으로 적절하며, 가족이나 집단구성원 간 의사소통의 형태를 연구하는 방법으로 적절하다.

(2) 관찰법의 단점

첫째, 관찰의 대상이 되는 행위를 현장에서 보존해야 하므로 그러한 행위가 발생할 때까지 기다려야 한다는 점이다. 예를 들어 투표에 대한 태도를 관찰하려고 할 경우 투표행위가 이루어질 때까지 기다려야 하는 것이다.

둘째, 성질상 관찰이 곤란하거나 외부로 표현되기가 곤란한 문제가 있는 점이다. 부부문제에 관한 것이 그 예이다.

셋째, 관찰자의 선호나 마음의 준비, 관심의 여하, 지식의 범위 등에 의해서 선택적 관찰을 하게 됨으로써 객관적으로 중요한 사실을 빠뜨리는 경우가 생긴다는 점이다. 예를 들면, 공무원의 근무성적평가에서 평가자가 혈연이나 지연에 관심을 두고 업적이나 근무태도는 소홀히 관찰하는 경우이다.

넷째, 전부를 동시에 관찰하지 못한다는 한계성이다. 이러한 한계는 인간의 감각기능의 한계, 시간적, 공간적 한계, 지적능력의 한계 등에 의해서 생기는 것이다. 예를 들면 근무성적평가에서 평가자가 모든 평가 대상자의 능력을 한꺼번에 관찰할 수 없는 것이라든가, 일정지역에서 발생되고 있는 관찰이 지역적으로 또는 시간적으로 어렵다는 점을 들 수 있겠다.

다섯째, 관찰한 사실만을 기록할 때는 별로 문제가 안 되나 관찰한 사실을 해석하는 경우에는 그것이 관찰자마다 다른 해석을 하게 되어 객관성이 없다는 점이다.

여섯째, 관찰 당시의 특수성 때문에 관찰대상이 그때에만 특수한 행위를 하였다면 이를 식별하지 못하고 기록하는 오류를 범하는 경우가 있다는 점이다. 예를 들며, 대학에 대한 교육평가를 실시할 경우, 평가실시 당시에 학사운영과 관리가 원활한 것으로 기록되었지만 이러한 관찰만으로는 조사결과를 일반화시킬 수 없는 약점이 있는 것이다.

일곱째, 현장성이 약점이 되는 경우로 어떠한 종류의 사실이나 행위는 너무나 평범한 것이기 때문에 조사자의 주의에서 벗어나는 경우가 가끔 있다. 그리하여 미숙한 관찰자는 그러한 사실의 기록을 등한시하는 것이다. 예를 들면, 한 마을에 전통적으로 내려오는 관습이 외국의 민속학자에게는 인류문화사적 측면에서 귀중한 자료이지만, 그 마을에서는 이러한 사실이 너무도 흔하고 일상적이기 때문에 중요한 사실로서 인정받지 못하는 경우가 많은 것이다.

2) 관찰법의 유형

관찰법의 유형으로는 여러 유형의 관찰형태로 나누어 볼 수 있다. 먼저 구성을 나누어 볼 수 있는 구조적 관찰과 비구조적 관찰, 형태가 실험실내부의 상황을 고려하고 있는지의 차이로 자연적 관찰과 인위적 관찰, 대상자의 참여로 직접 관찰과 간접 관찰이 있다.

직접 관찰은 조사대상자를 직접 보고 관찰하는 방법으로 행동이 실제로 일어난 때에 관찰하는 방법이므로 시간과 비용이 많이 드는 단점이 있으며, 간접 관찰은 과거 행동의 결과로 나타난 문헌이나 물리적인 흔적을 관찰하는 방법(조사대상자의 흔적을 관찰)으로 적은 비용으로 손쉽게 자료를 수집할 수 있다.

그 예로는 마모측정으로 물건의 마모 정도를 기초로 관찰(책이 닳은 흔적, 전시회 작품), 첨증측정으로 물건이 쌓여진 정도를 기초로 관찰(빈집의 우편물, 지역자원재고조사)이 있다. 즉, 사회복지사가 이용자들의 욕구를 조사하기 위해 이용시간동안 관찰하여 욕구를 조사하는 것은 직접관찰이며, 간접 관찰은 이용자가 거의 이용하지 않는 프로그램이 무엇인지를 파악해서 욕구를 파악하는 방법이다.

| 표 7-2 | 관찰의 구조

관찰대상에 접근하는 기법의구조화	관찰환경의 통제	
	자연스러운 상황	인위적 상황
비구조적	전혀 구조화하지 않은 현지상황에서의 관찰 (참여관찰법)	실험실 상황에 대한 구조화하지 않는 접근의 관찰 (비구조적 실험실내 관찰법)
구조적	현지연구에서 관찰방법을 체계화시킨 경우 (자연스러운 상황 속의 자연스러운 행동에 대한 체계적 관찰, 반구조적 관찰법)	실험실 상황에서 완전히 구조화한 방법으로 접근하는 경우 (구조적 방법)

3) 관찰의 종류

관찰의 종류는 참여관찰, 준참여관찰, 비참여관찰로 그 유형을 구분하고 있는데 참여관찰은 조사자의 신분을 밝히지 않고 관찰대상인 집단의 일부가 되어 사회적 과정에 완전히 참여하면서 동시에 관찰하는 방법이며, 준참여관찰은 생활의 일부에만 참여하고 조사대상자는 관찰을 받고 있음을 알고 있다. 비참여관찰은 조사자의 신분을 밝히고 관찰하고 주로 조직적인 관찰이 많이 사용된다.

다른 유형으로는 공개적 관찰과 비공개적 관찰, 인간의 관찰과 기계적 관찰 등으로 구분하여 볼 수 있으며, 관찰도구인 스마트폰과 캠카메라의 발전으로 녹화의 기능이 매우 발전하여 그 활용가치가 높게 평가되고 있다. 일종의 파놉티콘의 기능처럼 현대사회에서 나타나는 또 하나의 과학의 산물이자 그 역기능을 보여주고 있다. 절차, 조직성에 따라 비조직적 관찰과 조직적 관찰법 그리고 참여자의 참여정도에 따라 참여관찰, 준참여관찰, 비참여관찰로 구분할 수 있다.

(1) 참여관찰

참여관찰(participant observation)은 관찰대상의 내부에 들어가서 그 구성원의 일부가 되어 공동생활에 참여하면서 관찰하는 방법으로서 관찰대상의 자연성과 유기적 전체성을 보장하게 된다. 자연성과 유기적 전체성이란 피관찰자의 행동에 관찰자의 개입으로 인한 영향을 받지 않도록 하는 것으로 즉 관찰자가 없을 때 피관찰자가 나타내는 형태라고 할 수 있다. 이것은 단순히 관찰대상의 집단에 들어가서 관찰하는 것이 아니라 그 집단의 구성원의 하나가 되어 분산을 갖고 역할을 수행하면서 관찰하는 방법이다. 예를 들면, 죄인문제연구, 실제 죄수노릇, 인류학자들이 원주민들과 같이 살면서 행태를 조사하는 것 등을 들 수 있다.

참여관찰은 어떤 특수한 행동의 동기나 사람들 간의 미묘한 감정관계 등 외부로 나타나지 않는 사실까지 직접 경험할 수 있고 또 관찰대상을 자연적인 상태에서 파악할 수 있는 장점을 가지고 있다. 그러나 참여관찰에는 이러한 장점과 더불어 단점이 있다.

단점으로는 관찰활동에 있어 관찰대상의 구성원으로서의 가장 하는 일이 어렵다는 점이다. 예를 들면, 사회의 이질적 집단이 한계집단(marginal group), 즉 갱조직, 성매매여성집단 등 침투하기 힘든 구성원들에 대한 관찰이 어렵다.

관찰자가 일단 관찰대상집단에 들어갔다 할지라도 관찰자가 그 집단에서 어떤 업무를 수행하면서 관찰해야 하므로 관찰활동이 제약을 받게 된다는 점이다. 특히 집단의 특수성을 모두 경험하려면 적극적이고 깊이 있는 참여를 해야 하는데 그렇게 되면 집단성원으로서의 임무수행에 지나치게 신경 쓰게 되어 충실한 관찰을 저해할 우려가 있다.

따라서 참여관찰을 하더라도 참여자(구성원)로서의 역할과 관찰자로서의 역할 간의 갈등을 조화시킬 수 있도록 해야 할 것이다. 다른 조직 구성원들과의 접촉 관계로 인하여 관찰자 자신도 모르는 사이에 감정적 작용을 받아 관찰에 있어 객관성을 잃기 쉬우며 또 집단생활에 익숙해질 경우 외부 사람들을 보면 쉽게 즉시 알아 볼 수 있는 집단의 생태나 특성을 무시하기 쉽다. 참여관찰은 관찰자의 주관이 개입될 가능성이 많기 때문에 관찰방법과 그 관찰에서 얻은 자료의 표준화가 곤란하여, 다른 연구 관찰자에 의한 동일한 연구가 반복적으로 이루어지기 극히 힘들게 되는 것이다.

(2) 준참여관찰

준참여관찰(quasi-participant observation)은 참여관찰처럼 관찰대상의 생활 전부에 참여하는 것이 아니고 생활의 일부에만 참여하는 관찰방법이다. 이 방법에서는 피관찰자 자신이 관찰을 받고 있다는 것을 알고 있으며, 중고등학교에 교생실습을 나간 대학생들의 경우, 실습생은 학교의 분위기나 선생으로서 하여야 할 업무를 직접 경험하는 것이 목적이기 때문에 학교 교직원의 일상생활에 완전히 참여할 필요는 없으며, 이때 교직원도 관찰자인 실습생들이 자신의 일을 관찰하고 있다는 것을 알고 있지만 일상 업무를 처리하는 데는 지장을 받지 않는 것이다.

(3) 비참여관찰

비참여관찰(non-participant observation)은 조사자라는 신분을 밝히고 관찰하는 방법이므로 주로 조직적인 관찰에 많이 사용된다. 청소년 집단활동을 실시하는 동안 집단활동의 역동성을 파악하기 위한 조사자가 조사자임을 밝히고 집단활동에 아무런 참여와 관여함 없이 관찰만 실시하는 경우를 들 수 있다.

이러한 비참여관찰의 장단점을 참여관찰의 그것과 반대된다. 즉 장점은 관찰을 조직적인 방법으로 할 수 있고, 자료처리에 있어서도 준거화가 쉽다는 점이다. 단점은 관찰을 받고 있다는 사실을 피관찰자가 알기 때문에 어떤 현상에 대해서는 그 동기나 원인을 정확하게 파악하는 것이 곤란할 때가 있다. 따라서 비참여관찰은 사람의 수라든가 서류의 종류 등을 관찰하는 경우에 많이 사용되며, 이와 같은 단점을 보완하기 위해서 과학적 기구를 사용하기도 한다.

4) 관찰의 내용

관찰자는 자료수집에 앞서 관찰목록을 작성하게 되는데, 관찰목록의 내용으로는 연구대상(인구통계학적, 사회경제적 특성)과 환경적 배경(어떤 행위는 격려하고 어떤 행위는 억제하는가?), 목적(참여목적, 긍정적인가 부정적인가?), 사회적 행위(연구대상자가 무엇을 하고 어떻게 누구와 하느냐?), 빈도와 지속도(얼마나 자주 일어나고 계속되었는가?)이다.

비교적 관찰은 상세하게 구조화된 관찰의 틀을 가지고 관찰할 수 있어야 하며, 언어적 지표, 언어외적 지표, 신체적 움직임의 지표, 공간적 지표가 있어야 하고, 관찰한 것을 어떻게 기록할 것인가도 매우 중요하다.

즉, 관찰의 결론적 핵심은 영상의 기록 혹은 녹음 그리고 글로 쓰는 내용의 기록이다. 관찰에 선행되어야 할 내용으로 매일 기록하고 보존하는 능력이 필요하다. 물론 관찰 관찰법의 신뢰도와 타당도도 검토되어야 한다. 측정과 마찬가지로 관찰에서의 타당도란 '관찰대상의 속성을 얼마나 잘 관찰하였는가'이고, 신뢰도는 '대상을 여러 번 관찰하거나 여러 사람이 관찰했을 때 일관된 결과가 나오는 정도'를 말한다. 그 요인으로 관찰대상, 관찰기구, 관찰자 등이 필요하며, 관찰한 후 결과를 비교하여 편견을 제거하고 기록을 철저히 하고, 제3자의 검토를 받는 것이 필요하다.

▌표 7-3▐ 관찰과 조사의 차이점

조사	관찰
• 사용자들은 그들이 모르는 것들에 대해 기술적으로 가능한지 질의하지 않는다. • 사용자들은 일반적으로 질의자에게 행동이 상당부분 의존적이다. • 사용자들은 그들이 바라고 요구하는 방향으로 대답한다. • 사용자들은 제품이나 서비스를 사용중이 아니면 그들의 무형적인 측면에 대해 회상하는 경향이 적다. • 사용자의 상상력이 그들의 경험에 의해 제한되고, 그들의 일상생활의 환경상에서 부적합성과 의존성을 수용한다. • 질문사항들은 질문자의 인식하기 힘든 가정에 의해 의존하고 편향된다. • 조사는 사용자의 자연스러운 동작의 흐름을 방해한다. • 조사는 사용자가 혁신적 콘셉트를 제시할 rl회를 봉쇄한다.	• 잘 선정된 관찰자는 기관의 능력과 기술적 전문지식의 영역에 대해 심도 있는 사전지식을 가질 수 있다. • 관찰자는 조사된 행동보다 실제의 행동에 의존한다. • 사용자들은 대답하기를 요구받지 않는다. 사용자들은 그들의 감정과 반응에 대해 행동과 연속적인 자연스런 의사표현으로써 단서를 제공한다. • 실제의 제품이나 프로토타입을 사용하면서 제품의 냄새나 감정과 같은 무형적인 측면에 대해 계속적으로 진술한다. • 훈련되고 기술적이고 다양하며 훈련된 관찰자는 관찰의 편향점들을 제거할 수 있다. • 관찰은 사용자의 자연스런 행동을 방해하는 경우가 거의 없다. • 관찰자는 현장에서 시장에서 응용되거나 개선될 수 있는 사용자의 혁신적 콘셉트를 발견할 수 있다.

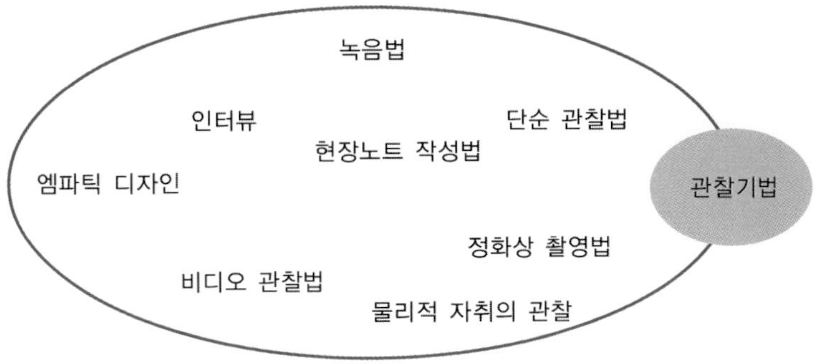

▌그림 7-1▐ 관찰법의 연구기법

알아두기

1. 설문지를 작성함에 있어 유의해야 할 사항은 무엇인가?

2. 설문조사를 실시할 때 어떤 자료수집 방법을 사용할 수 있는가?

3. 참여관찰과 준참여관찰, 비참여관찰을 비교해서 설명할 수 있는가?

4. 설문지법과 면접법의 각각의 장단점을 비교해서 설명할 수 있는가?

기출문제

01. 관찰법에 관한 설명으로 옳지 않은 것은? 16회 기출

① 행위가 일어나는 현장에서 즉시 자료수집이 가능하다.
② 관찰자의 주관성이 개입될 수 있다.
③ 비언어적 상황에 대한 자료수집이 가능하다.
④ 서베이에 비해 자료의 계량화가 쉽다.
⑤ 질적 연구나 탐색적 연구에 사용하기 용이하다.

정답 ④

해설 관찰법은 서베이(설문조사)에 비해 전반적으로 계량화가 어렵다.

02. 다음 중 옳지 않은 것은? 17회 기출

① 우편설문: 원래 표본으로 추출된 응답자가 응답하지 않을 수 있다.
② 실험설계: 개입을 제공하기 전에는 종속변수의 측정이 사실상 불가능하다.
③ 관찰: 비언어적 자료수입이 가능하다.
④ 비반응성 자료수집: 연구대상의 반응성 오류를 피할 수 있다.
⑤ 대인면접설문: 방문 조사원에 의해 보충적인 자료가 수집될 수 있다.

정답 ②

해설 일반적으로 실험설계에서는 개입 전에 종속변수에 대한 사전검사를 실시하고, 개입 후 사후검사를 실시하여 두 값의 비교를 통해 종속변수의 변화 정도를 확인하다.

- 우편설문: 비용 · 시간 절감, 익명서 보장, 응답률 낮은
- 면접법: 시간 많이 소요, 익명성 미보장, 응답률 높음, 보충적 자료수집 가능
- 관찰: 비언어적 자료수집 가능
- 비반응성(비관여적 조사): 조사반응성 개입되지 않음, 종단적 연구 가능

03. 설문지 작성에 관한 내용으로 옳지 않은 것은? 18회 기출

① 개연성 질문은 사고의 흐름에 따라 배치한다.
② 고정반응을 예방하기 위해 유사질문들은 분리하여 배치한다.
③ 민감한 주제나 주관식 질문은 설문지의 뒷부분에 배치한다.
④ 명목측정을 위한 질문은 단일차원성의 원칙을 지켜 내용을 구성한다.
⑤ 신뢰도 측정을 위한 질문들은 가능한 서로 가깝게 배치한다.

정답 ⑤

해설 신뢰도를 측정하기 위하여서는 한 질문지 내에 표현은 각기 다르지만 동일한 질문 목적을 가진 문항 짝들을 배치하는 경우에는 가능한 서로 멀리 떨어져 있게 하는 것이 좋다.

04. A대학교는 전체 재학생 중 5백 명을 선정하여 취업욕구조사를 하고자 한다. 비용 부담이 가장 작고 절차가 간편한 자료수집방법은? 18회 기출

① 우편조사
② 방문조사
③ 전화조사
④ 온라인조사
⑤ 면접조사

정답 ④

해설 온라인조사는 네트워크, 인터넷 등에 컴퓨터가 연결된 상태에서 이뤄지는 조사이다. 온라인조사는 일반 면접보다 시간적, 공간적으로 비용절감의 효과가 있다.

Chapter 08

욕구조사와 평가조사

CHAPTER

08 욕구조사와 평가조사

욕구조사와 평가조사는 사회복지실천현장에서 양과 질의 조사방법을 통합화한 내용으로 실천현장의 프로그램 활용에 개발과 평가에서 주요한 내용을 관련하여 이해해야 하는 조사내용이다.

1. 욕구조사

1) 욕구

(1) 욕구의 개념

복지국가에서 사회복지의 실천을 위해서는 다양하게 접근 가능하고 그 욕구는 여러 가지로 나누어 볼 수 있다. 이처럼 모든 인간은 자기 자신이 만족함으로써 자신의 삶을 자유롭게 추구하고 인간으로서의 존엄성을 유지하면서 행복하게 살아가며, 그러한 서비스를 받기를 원한다. 하지만 인간이 추구하는 사회복지서비스의 추구는 현재의 느끼는 서비스와는 차이가 나타나게 되며 대다수의 인간은 완벽한 사회복지서비스를 받았다고 느끼지 못하게 될 때, 다양한 문제를 안게 되는 것이다.

사회복지의 궁극적인 목표인 Well-being의 개념처럼 인간의 기본적인 욕구 충족과 더불어 사회의 욕구를 충족시키는 것이 이상적인 사회복지서비스의 구현인 것이다. 따라서 사회복지서비스기관들은 인간의 충족되지 못한 욕구를 파악하고 이를 충족시킬 수 있는 정책이나 프로그램을 개발하고 실행해야한다. 하지만 대부분의 욕구는 잠재적으로 잘 드러나지 않은 상황에서 욕구의 조사(needs assessment)는 인간의 잠재된 욕구를 찾아내며, 그 욕구를 충족시키는 데 그 목적을 두고 있는 것이다.

따라서 욕구란 결핍되어 불편한 상태며, 충족과 발전을 필요로 하는 상태로서 현재의 결핍된 상태와 원하는 상태 사이에 존재하는 격차를 의미한다. 이러한 욕구를 개인이 가지고 있을 때는 개인적 욕구가 되고, 사회구성원 다수가 이러한 욕구를 가지게 되면 사회적 욕구가 된다.

(2) 욕구유형

① 매슬로우(Maslow)의 욕구 5단계

욕구단계	내용
자아실현의 욕구	• 가장 상위 차원의 욕구로서 4가지 욕구가 충족된 후 일어남 • 인간의 잠재적인 능력에 대한 실현의 욕구
자아존중의 욕구	• 다른 사람으로부터 인정받고, 존중받고 싶어 하는 욕구 • 충족되면 자신감이 생기지만 결핍되면 열등감이 생기는 욕구
소속과 애정에 대한 욕구	• 정서적인 만족을 얻고 싶어 하는 욕구 • 집단에 소속되어 관계를 맺고, 사랑받고 싶어하는 욕구
안전에 대한 욕구	• 신체적으로 안정을 유지하려는 욕구 • 외부의 위험으로부터 안전을 보호받으려는 욕구
생리적/신체적 욕구	• 인간의 가장 기본적이고 필수적인 욕구 • 의식주와 관련된 생존의 욕구

② 브래드쇼(Bradshaw)의 욕구유형

가. 규범적 욕구(normative need)전문가의 판단에 의한 규정된 욕구

관습이나 권위, 일반적 여론의 일치로 확립된 표준을 의미하는 이 욕구는 기존의 자료나 유사한 지역사회 조사나 전문가들의 판단에 의해 제안된 욕구다. 장점은 이 욕구의 목표가 기존의 서비스 수준과 비교 가능한 비율로 표시되는 데에 있으며, 실제 비율이 특정 기준에 미치지 못하면 욕구가 존재한다고 본다. 따라서 계량화가 쉽고 구체적인 변화의 표적을 만들어낼 수 있다는 것이며, 단점은 여러 욕구 단계까지 지식, 기술, 가치 변화에 따라 변화하기 쉽다는 것이다.

나. 인지적 욕구(felt need): 체감적 욕구, 느끼는 욕구, 개개인이 느끼는 욕구

사람들이 욕구로 생각하는 것, 선호(want)하는 것으로서 주로 사회조사를 통해 응답자에게 그들이 선호하는 것을 물어보는 방식으로 욕구를 파악한다. 단, 응답자가 인지하고 있는 욕구와 실제 욕구가 같은가에 대한 균형이 유지돼야 한다. 단점은 사람의 기대에 따라 각각 기준이 불안정하고 수시로 변경될 수 있다는 점이다.

다. 표출적 욕구(expressed need): 서비스 수요에 기초한 욕구

사회복지 서비스에 가장 많이 이용되는 욕구의 개념으로서 수요(demand)에 의해 느껴진 욕구가 행동으로 표출된 것으로서, 개인이 서비스를 얻기 위해 실제로 노력을 했는가에 대한 여부가 핵심적인 변수이기 때문에 경제학자들에게 인기가 있다. 장점은 인지한 욕구를 실제로 행동에 옮기게 되는 상황을 강조하는 것이며, 단점은 욕구를 가진 모든 사람이 서비스를 원하는 것은 아니라는 점이다.

라. 상대적 욕구(relative need): 다른 사람이나 타지역과 비교해서 정해지는 욕구

이 욕구는 특정한 기준에 의해 발생하는 것이 아니라 한 지역의 욕구와 유사한 다른 지역에 존재하는 서비스와의 차이에서 측정되는 비교욕구로서, 비슷한 다른 지역에서 서비스가 제공되지만 해당 지역에서는 제공받지 못했을 때 욕구를 파악하는 데 도움이 된다. 지역 특성을 고려한 상태에서 두 집단의 욕구를 비교하는 것이 바람직하다.

2) 욕구조사

(1) 욕구조사의 개념과 필요성

욕구조사(needs assessment)는 일정한 지역 내에서 생활하는 지역주민과 사업장내의 욕구수준을 계량적으로 측정하기 위한 방법이다. 주민들이 필요로 하는 각종 서비스 또는 프로그램을 식별해 우선순위를 정하고, 프로그램 운영에 필요한 예산 할당 기준을 마련한다.

현재 수행 중인 프로그램 평가에 필요한 보조자료를 마련하고, 프로그램을 수행하는 지역사회 내에 기관들 간의 상호의존 및 협동상황을 파악한다. 욕구조사를 통해 기관의 정체성을 확인하고, 기관의 활동과 프로그램을 대상집단이나 지역사회에 홍보하는 내용으로 사회복지실천현장에서 쓰이는 조사방법이다. 교육학영역에서는 Need의 의미는 요구라는 의미로 쓰이기도 하나 사회복지학영역에서는 욕구라는 인간의 기본적인 의견을 나타내기 위한 의미로 보인다.

욕구조사의 필요성으로는 사회복지실천현장에서 프로그램을 진행하기 위한 첫 단추에 필요한 역할이며, 욕구를 통해서 어떠한 프로그램을 진행할지를 우선순위를 통해서 결정하게 되며, 그 필요성은 다음과 같다.

첫째, 정보의 획득으로 클라이언트의 욕구나 문제를 판단할 수 있는 정보의 획득과 클라이언트 자신의 변화를 위한 욕구와 가능성에 대한 정보의 획득이 중요하다. 사회복지조사의 기초적인 단계도 정보에 접근하는 부분이 중요하다. 다양한 조사도 중요하지만 접근하고자 하는 대상의 정보파악은 욕구조사의 기본이 되어야 한다.

둘째, 객관성의 확보로 정보의 획득과정은 체계적이고 과학적인 조사방법을 적용하여 욕구조사의 객관성을 인정받아야 한다. 이때 설득력 있는 정보는 생태학적, 개별화적 오류에 의해 왜곡되지 않도록 사회복지조사의 기초체계를 통해 획득돼야 한다.

셋째, 실증적 방법으로 욕구조사는 실제 상태를 측정하여 욕구를 증명하는 것이므로 계량화, 자료화될 수 있는 실증적 방법으로 측정되어야 할 것이다. 현재 다양한 접근방법이 활용될 수 있으나, 계량화된 자료가 우선 기초적으로 필요한 부분이다.

넷째, 이용자 중심의 비전 및 프로그램 개발로서 욕구조사의 궁극적인 목적은 이용자의 욕구를 파악하여 사회복지실천현장에서 이용자가 참여하는 프로그램 개발과 평가에 있으며 이를 통해서 가장 기초단계의 이용자 욕구부터 시작해서 최종단계인 사회복지조직의 중·장기적인 비전을 마련할 수 있다.

다섯째, 체계적이고 전문적인 기관운영 수행으로 프로그램을 집행하기 전에 욕구를 파악하고 얼마나 충족시켰는지 평가함으로써 기관운영의 체계를 확립하고 전문성을 제고할 수 있다.

여섯째, 자원의 효율적인 운영으로 욕구의 우선순위를 파악하고 상대적 우선순위를 정하여 인력과 예산을 배정함으로써 기관의 자원을 효율적으로 운영할 수 있다. 지역의 특성을 고려한 상태에서 두 집단의 욕구를 비교하는 것이 바람직하다.

일곱째, 환경변화에 적극적인 대응으로 욕구조사를 통해서 대상집단의 욕구변화를 파악하고 정책운영에 반영함으로써 다변화하는 사회적 환경과 클라이언트 욕구에 부응한다.

여덟째, 책임성에 대한 평가와 발전의 기초로 욕구조사와 평가의 상관관계를 통해 프로그램의 효과성을 검증할 수 있으며, 욕구조사의 결과는 서비스 필요성에 대한 객관적인 자료가 되므로 사회복지 서비스의 책임성 평가와 관련된다.

아홉째, 정보 공유와 네트워크로서의 기능으로 클라이언트의 복합적인 문제를 해결하기 위해 문제에 다각적인 접근이 가능할 수 있도록 지역사회 네트워크가 형성돼야 하며, 이를 위해서는 클라이언트 정보의 공유가 필요하다.

열 번째, 홍보와 참여의 기회 제공으로 욕구조사는 서비스 제공 기관과 지역주민의 직접적인 접촉이 가능한 점을 이용하여 사업과 프로그램에 대상 홍보는 물론이고 참여를 유도할 수 있는 좋은 기회가 된다.

(2) 욕구조사에 포함돼야 할 내용

첫째, 기초자료는 지역적 특성, 소득수준, 가족 수, 성별분포, 연령 혼인, 거주형태, 종교분포, 주택보급률, 국민기초생활보장 대상자 수 등이다.

둘째, 욕구파악을 위한 자료로 현재 삶의 상태를 파악하는 자료(사회, 경제, 교육, 고용, 건강 등 개인적인 현재 상태를 파악하는 자료로서 욕구수준과 효과성을 평가하는 기준이 된다), 기존의 프로그램이나 정책대안 평가를 위한 자료(기존 프로그램의 인지도, 이용도, 장단점, 서비스 태도, 자격조건, 경제적 부담 등을 파악하고 프로그램 개선에 사용할 정보를 제공), 신규 프로그램이나 정책대안 개발을 위한 자료(대상집단의 구성원들이 가지고 있는 욕구를 확인하고 상대적 중요성을 파악하여 새로운 프로그램이나 정책대안에 얻는 토대가 된다)로 그 내용을 살펴볼 수 있다.

셋째, 사회자원을 활용하기 위한 자료로 의사소통망에 관한 정보, 지역사회자원에 관한 정보, 정치적 자원에 관한 정보가 있다.

(3) 욕구조사의 종류

첫째, 수혜자 중심적 욕구조사로는 아동, 청소년, 노인, 장애인, 여성 등 특정

인구집단을 대상으로 서비스를 제공하거나 프로그램을 운영하는 기관에 의해 실시되는 조사다.

둘째, 서비스 중심적 욕구조사로는 의료서비스 , 재활서비스, 고용서비스 등과 같은 특정 서비스를 제공하고 있는 기관에 의해 실시되는 조사다.

셋째, 지역사회 중심적 욕구조사로 수혜자 중심의 욕구조사와 서비스 중심적 욕구조사의 통합모델로서 지역사회주민의 전반적인 욕구와 서비스에 대한 욕구를 파악하는 방법으로서, 사회복지 욕구에 대해 포괄적이고 많은 정보를 얻을 수 있지만 조사대상이 광범위할 경우 어려움이 있다. 이런 경우 모집단을 대표하는 표본을 통해 전체 모집단(지역사회)의 욕구를 측정할 수 있다.

(4) 욕구조사의 자료수집방법

① 직접적인 자료수집방법

조사를 위해 조사자가 설문조사나 면담, 관찰 등을 통해 직접 수집하는 자료를 1차 자료라고 하고, 기존에 존재하는 자료를 수집하여 조사목적을 위해 분석하는 경우 분석대상이 되는 '기존에 존재하는 자료'를 2차 자료라고 한다. 욕구조사의 자료수집방법에는 욕구파악 및 추정을 위해 1차 자료를 조사자가 직접 수집하는 직접적인 자료수집방법과 2차 자료의 분석을 통해 욕구를 파악하고 추정하는 간접적인 자료수집방법이 있다.

가. 일반인구 조사방법(general population survey)

지역주민들 가운데 추출된 표본을 대상으로 면접이나 설문조사를 통해 욕구를 측정하는 방법으로서, 지역 내 일반적인 특성을 묻는 기초 자료와 기존 서비스의 평가 및 새로운 서비스의 개발을 위한 자료가 될 질문, 지역사회의 가용자원에 관한 항목을 포함해야 한다.

얻을 수 있는 정보로는 주민 개인이 인지하고 있는 문제, 다수의 개인이 느끼는 욕구, 즉 사회문제, 문제를 가진 개인들의 특성, 개인이 이용할 수 있는 서비스, 서비스를 이용할 의사나 장애가 되는 요인, 지역사회에서 원조받고 있는 기관(개인)의 정보이다. 갖춰야 할 조건으로는 욕구의 명확한 규정, 표본(대표집단)의 신중한 선택, 조사하고자 하는 욕구와 관련된 설문지의 작성, 필요한 서비스와 관련된 설문지 작성이다.

나. 표적인구 조사방법(target population survey)

프로그램 제공을 통해 문제해결의 대상으로 삼는 표적집단에 설문조사를 실시하여 욕구와 서비스 이용상태를 파악하는 기법이다. 얻을 수 있는 정보로는 표적집단이 갖는 문제나 욕구, 표적집단이 이용할 수 있는 서비스의 파악, 갖춰야 할 조건, 표본이 전체를 대표할 수 있는 타당성을 가지려면 표본이 확률적 표집방법으로 선정돼야 하고 표본의 크기가 적당해야 한다.

다. 델파이 기법(delphi technique)

전문가들에게 우편으로 의견이나 정보를 수집하여 분석한 결과를 다시 응답자들에게 보내 의견을 묻는 식으로 만족스러운 결과를 얻을 때까지 계속하는 방법이다. 어떤 불확실한 사항에 대한 전문가들의 합의를 얻으려고 할 때 적용될 수 있다.

이 기업의 장점으로는 전문가를 한 자리에 모으는 수고를 덜고 응답자의 시간을 효율적으로 사용할 수 있으며, 전문가가 자유로운 시간에 의견을 말할 수 있고, 익명이므로 참가자의 영향력을 줄일 수 있다. 단점으로는 반복하는 데 시간이 많이 걸리기 때문에 반복하는 동안 응답자의 수가 줄어드는 문제가 있으며, 극단적인 판단은 의견일치를 위해 제외되는 경향이 있어 창의적인 의견들이 손상될 수 있다.

라. 심층면접법(포커스그룹 면접법, 초점집단 면접법)

조사대상 집단 중에서 중요한 정보를 얻을 수 있는 사람을 추출하여 심층적으로 면접하는 방법으로 집단의 크기는 8~12명 정도가 적당하다.

마. 관찰법

대상자의 행동이나 사회현상을 직접 관찰하는 방법과, 사람들에게 자신과 타인의 행동에 대하여 질문하여 직접 들어서 알아내는 방법이 있다.

바. 직접 경험법

조사자가 실제로 대상자의 생활 속으로 들어가서 조사하는 방법이다.

사. 포럼(지역사회 공개토론회, community forum)

지역사회 주민들이 자신의 욕구나 문제를 잘 알고 있다는 것을 전제로 하여, 조사자가 주민들을 한 자리에 참여시켜 공개적인 모임을 통해 욕구나 문제를 관찰하고 파악하는 방법이다.

아. 프로그램 운영자 조사

서비스를 직접 제공하는 사람을 만나 조사하는 방법이다.

자. 주요 정보제공자 조사(key informant survey)

지역에 오래 거주해서 지역에 대해 잘 아는 사람, 지역 공무원 등과 같이 직접 거주는 하지 않더라도 지역사정을 잘 알고 그들을 대변할 수 있는 사람들을 일컫는다.

이는 주요 정보제공자는 주민 대다수의 문제나 이슈가 될 수 있는 문제를 알고 있으며, 지역사회를 대변할 수 있는 지도자가 계획된 프로그램에 조언을 통해 정보를 알 수 있다. 장점으로는 비용과 인력이 적게 들어 경제적이며, 기존의 조사방법을 이용할 수 있어 융통성이 있으며 신축적이다. 단점으로는 지역의 지도자나 정치가가 보는 문제는 정치적일 수 있으며, 일반주민들이 욕구와는 다른 특수집단의 욕구가 될 수 있고, 대표자나 지도자를 선정하는 기준이 모호하며, 표집자 편의현상이 나타날 수 있으며, 지역대표자나 지도자가 주민의 의견을 대변할 수 있느냐의 의문이 있다.

② 간접적인 자료수집방법

가. 사회지표분석(social indicator analysis)

정부기관이나 연구기관의 관련 전문가가 정기적, 또는 비정기적으로 발표한 자료를 활용하여 지역사회의 욕구를 파악하는 방법이다. 자료로부터 얻은 정보는 해당 지역의 조사대상 집단들의 특정한 실태를 파악하고 변화 후의 차이를 확인하는 데 유용하나, 해당 지역에 알맞은 지표를 찾아내는 일이 쉽지 않다. 예를 들면, 소득수준, 빈곤인구비율, 실업률, 주택보급률, 공공부조 수혜자 수 등이다.

나. 행정자료 조사 및 패널자료(2차적 자료분석)

지역사회의 사회복지기관이나 협회, 연구소 등 사회단체에서 행정 및 관리를 위해 수집한 자료를 분석하여 욕구를 파악하는 방법이다. 사회복지기관에서 제공된 서비스 이용 현황 등 서비스통계를 이용하여 욕구를 파악하는 방법도 행정재료 조사에 속한다.

2. 평가조사

1) 평가조사의 개념 및 내용

프로그램 평가조사(program evaluation research)는 프로그램의 효과성, 효율성, 적절성, 만족도 등을 체계적으로 분석하여 결정권자로 하여금 합리적인 결정을 내릴 수 있도록 정보를 산출하는 사회적 과정이다. 평가조사의 대상은 프로그램의 효과성, 프로그램의 운영과정, 프로그램의 효율성, 프로그램의 내용, 프로그램 운영자의 전문성 등이다.

평가조사의 목적으로는 첫째, 프로그램 과정상 환류(feedback)적 목적으로 평가결과의 환류를 통해 프로그램의 성공 여부와 프로그램을 중단할 것인지, 축소 또는 확대할 것인지에 대한 합리적인 판단의 근거가 된다.

둘째, 기관운영의 책임성을 이행으로 예산을 포함, 인적·물적 자원의 사용과 기관의 목적을 얼마나 달성하였는지 등에 대한 효율성과 효과성을 평가하여 책임성 이해의 근거를 마련한다.

셋째, 이론 형성으로 프로그램 실시 전후의 차이를 측정하여 프로그램의 실시가 어떤 영향을 미쳤는지 평가함으로써 인과관계를 검증하여 이론화할 수 있다.

넷째, 프로그램 진행과정의 개선으로 형성평가는 프로그램 진행과정을 평가하여 프로그램의 저해요인을 개선시키고 환류하여 보다 나은 프로그램이 될 수 있는 근거를 제공한다.

다섯째, 조사 설계적 목적으로 새로운 프로그램 개발의 검토를 위해 평가를 실시한다.

여섯째, 합리적인 자원배분으로 프로그램 평가 결과에 따라 효과적인 프로그램과 단기적인 효과만이 존재하는 프로그램을 선별하여 차등적인 자원할당이 이뤄져야 한다.

일곱째, 서비스 전달체계의 개선으로 서비스가 전달되는 과정을 평가하여 서비스가 지체되거나 클라이언트의 접근성이 어렵거나 본래 목적과 다르게 진행될 경우 시정하여 서비스 전달이 원활하게 이뤄지도록 한다.

또한 사회복지실천현장에서 정책이나 프로그램에 대한 평가조사의 중요성은 끊임없이 요구되며, 그 내용을 살펴보면 다음과 같다.

첫째, 사회복지 분야의 책임성 요구이다. 사회복지 분야에 투입된 공적자원과 민간자원의 투명성과 서비스의 효과성, 효율성 등에 대한 책임성이 지속적으로 요구되고 있다.

둘째, 사회복지 기관의 정체성이다. 사회복지 기관들이 자신이수행하는 프로그램이 기관의 목적에 얼마나 적합한지를 객관적으로 평가하고, 정체성을 확립하는 데 기여할 수 있다.

셋째, 내부적으로 효과적이고 효율적인 기관 운영으로 프로그램을 수행하는 데 사용되는 인적 자원과 물적 자원을 보다 효과적이고 효율적으로 사용하는 데 중요한 역할을 한다.

넷째, 전문성 형성으로 프로그램들이 복잡 다양한 사회적 욕구와 문제를 체계적이고 통합적으로 충족시키고 있는지를 평가함으로써 전문성 형성에 기여할 수 있다.

다섯째, 수혜자 중심적 프로그램 운영으로 프로그램이 내용이나 운영이 수혜자 욕구에 적극 부응하여 수혜자에게 편의를 제공하고 있는지를 평가하여 수혜자 중심적인 운영을 꾀할 수 있다.

여섯째는 운영방향의 일관성과 객관적 이론의 정립으로 프로그램의 평가지표가 미리 제시되는 겨우, 기관 운영자는 평가지표에 따라 일정한 방향으로 프로그램을 운영할 수 있거나 사회복지 프로그램과 관련된 객관적인 이론을 정립하는 데 있어서 평가의 자료가 논리적인 이론 형성에 기여하게 된다.

2) 평가조사의 종류

평가조사의 종류를 살펴보면 그 내용에 따라 여러 형태로 구분해 볼 수 있다. 먼저, 목적에 따른 분류로 보면 첫째, 형성평가(formative evaluation)와 총괄평가(summative evaluation)이다. 형성평가는 프로그램 운영 도중에 이뤄지는 평가로 프로그램의 형성에 초점을 둔 평가이며, 서비스 전달체계 향상 및 서비스의 효율성 증진을 도모한다. 반면 총괄평가는 프로그램의 종료 후 실시하는 것으로 프로그램의 지속, 중단, 확대 등에 관한 총괄적인 의사결정을 할 경우 여러 개의 대안적인 프로그램들 중 어느 것을 선택해야 하는지 결정하는 것이다.

그리고 통합평가는 형성평가와 총괄평가를 지칭하는 것으로 총괄평가적 접근으로 평가를 한 후 과정 평가적 접근을 통해 평가하는 것을 총칭한다.

평가대상에 따른 분류로는 단일평가와 포괄평가로 단일평가는 아래 사항을 각각 분리하여 어느 하나에 대해 행하는 평가로 표적문제의 개념화 및 개입의 설계와 관련된 프로그램 집행의 효용성 평가이며, 포괄평가는 표적문제의 개념화 및 개입의 설계와 관련된 전체적인 평가이다.

평가시점에 따라서도 사전평가와 사후평가, 평가 주체에 따라 자체평가(self evaluation)와 내부평가(in-house evaluation), 외부평가/고문평가(consultant evaluation)로 나누어 볼 수 있다.

최근 메타평가(meta-evaluation)라는 내용은 메타분석에서도 많이 사용되고 있으며, 평가를 잘 했는지에 대한 평가, 즉 평가에 대한 평가로 평가계획서나 평가결과를 다른 평가자에 의해 점검받는 것이다.

3) 평가조사의 유형와 내용

사회복지서비스 기관이 성과측정, 모니터, 프로그램 평가 요건을 충족시키기 위해 수집해야 할 프로그램 자료의 유형에는 대상범위(coverage), 형평성(equity),

과정(process), 노력(effort), 비용 효율성(cost-efficiency), 결과(results), 비용 효과성(cost-effectiveness), 영향(impact)이 포함된다. 이러한 8가지 유형은 프로그램 자료의 전체를 구성하지는 않지만 일반적으로 성과측정, 모니터, 프로그램 평가와 가장 밀접한 관련을 맺는 유형들이다.

4) 사회복지시설 프로그램 평가 내용

프로그램은 평가성 검증, 성과평가, 효율성평가, 과정평가, 투입요소평가, 노력평가, 소비자 만족도 조사 등 다양한 유형과 내용으로 평가될 수 있다. 아래의 표는 사회복지관의 평가지료의 예로 사회복지시설평가에 대한 내용으로 하위평가영역별로 자기기입식의 평가형태로 이루어지고 있다.

알아두기

1. 욕구조사와 평가조사는 왜 필요한가?

2. 욕구의 유형에는 어떤 것이 있고, 욕구이론에 대해서 설명할 수 있는가?

3. 평가조사를 수행할 시, 고려해야 할 것은 무엇인가?

기출문제

01. 외부평가자와 비교하여 내부평가자를 활용할 때의 장점이 아닌 것은? 10회 기출

① 프로그램 관련 정보에 대한 접근성이 용이하다.
② 프로그램에 관한 많은 지식을 갖고 있다.
③ 현실적인 제약 요건들을 융통성 있게 감안하여 평가할 수 있다.
④ 프로그램 운영자로부터 평가에 대한 협조를 구하기가 수월하다.
⑤ 해당 기관으로부터 객관성과 독립성을 유지할 수 있다.

정답 ⑤

해설 내부평가자는 평가 대상 프로그램이나 기관에 소속된 신분이기 때문에 해당 기관으로부터 객관성과 독립성을 유지하기 어렵다는 단점이 있다.

02. 욕구조사를 위한 자료수집 방법에 관한 설명으로 옳지 않은 것은? 15회 기출

① 지역의 통반장을 통해 자료를 수집한다.
② 지역사회 공청회를 통해 자료를 수집한다.
③ 지역주민에게 서베이를 실시한다.
④ 정부기관에서 발표하는 사회지표를 활용한다.
⑤ 일반인을 대상으로 델파이기법을 활용한다.

정답 ⑤

해설 델파이기법은 일반인이 아닌 해당 전문가들을 대상으로 활용한다. 전문가들에게 우편이나 정보를 수집하여 분석한 결과를 다시 응답자들에게 보내 의견을 묻는 식으로 만족스러운 결과를 얻을 때까지 계속하는 방법이다.

Chapter 09

질적 연구방법론

Social Welfare Research Theory

CHAPTER

09 질적 연구방법론

질적 연구방법론(Qualitative research techniques)은 최근 사회복지조사방법에서 관심이 증대되고 있는 연구방법이다. 물론 타학문분야인 사회학, 심리학, 교육학, 행정학 등에서도 발전하였지만 사회복지학문 분야에서는 실천분야와 더불어 성장되었다. 미국의 경우에는 이미 질적 연구방법의 연구 분야가 활성화되었다면 우리나라의 경우에는 2006년 3월에 한국사회복지질적 연구학회를 창립하여 연구방법론 관련 워크숍을 통해 관련 연구를 활성화하고 있다.

질적 연구방법이란 조사하고자 하는 문제에 대한 자료를 수집하기 위해 감정이입적인 관찰자나 면접조사자를 이용하는 사회학자들의 연구방법이다. 조사자들은 비구조화된 방법으로 정보제공자와 함께 논의할 주제의 목록을 가지고 할 수도 있고, 주제에 대한 피조사자 자신의 이야기나 경험을 알고자 한다.

구조적인 측면에서는 관찰기법은 대표적인 질적 연구방법이라고 볼 수 있으며, 완전한 참여관찰이 가장 질적인 방법이 된다. 이 방법은 구조화된 질문지, 구조화된 관찰, 실험 등을 사용하여 측정하는 양적 연구기법과 대조를 이루고 있다.

기능적인 측면에서 보면 근거이론, 문화기술지연구, 생애사연구, 현상학, 사례관리는 질적인 방법을 강조하고 있다. 이렇게 얻은 자료는 상세하고 응답자의 세계를 충분히 알아내지만, 양적 조사의 자료는 그렇지 못하다. 질적 자료의 분류는 명목적 수준(nominal level)에서 이루어진다. 하지만 양적 조사를 하는 연구에서도 조사설계의 초기 단계에는 사전조사의 개념으로 구조화된 조사도구를 얻기 위하여 사용한다.

따라서 질적 연구(質的硏究, 정성적 연구, qualitative research)는 대상의 질적 측면에 주목한 연구이다. 질적 연구에서 처리되는 자료는 무형 자료라고 한다.

대상의 양적 측면에 주목하는 양적 연구와는 대비되는 개념이며, 인터뷰, 관찰 결과, 문서, 그림, 역사 기록 등 질적 자료를 얻기 위해, 사회학과 사회심리학, 문화 인류학 등에서 자주 사용되는 방법이다. 좁은 의미의 조사뿐만 아니라, 실험, 관찰, 면접시험, 민속지학(ethnomethodology), 문서와 그림의 내용 분석(content analysis), 대화 분석, 참여 관찰(participant observation), 각종 현장 작업 등 다양한 방법을 이용하는 다양한 조사 방법을 가리키는 개념으로 인간의 생활하는 사회에서 자료를 수집하기 위한 하나의 방법으로 생각할 수도 있으며, 그런 의미에서 다양한 관찰 행위도 포함된다. 또한 관찰은 의사소통이 잘 되지 않는 대상(예. 아동, 장애인)을 연구할 수 있는 방법이다.

사회과학의 출발은 대부분의 경우 대상자에게 어떤 질문을 하게 된다. 배경이론같이 적절한 분석 방법을 만들고자 하는 연구도 있다. 질적 연구방법은 표준적인 분석법이 갖추어져 있지 않고, 직관과 개인적인 느낌에 의해 이루어지기 때문에, 신뢰성과 객관성이 부족하다고 비판을 받는 경우도 많다. 또한 대규모 사회의 전체 상을 파악하기 위한 목적으로는 활용되기 어렵다. 전문가 또는 특정한 사람, 전형적인 사례에 대해 인터뷰와 관찰을 하는 등, 선행 연구가 적은 분야의 연구를 위해 탐색적인 예비 조사를 하는 목적으로 사용된다.

질적 연구는 조사 대상의 인물과 역사에 대해 자세히 기술하고 기록을 남길 목적의 연구로도 자주 사용되나 표준적인 분석 방법이 설정되어 있지 않다. 거

대한 사회의 극히 일부 밖에 보지 않기 때문에 질적 연구방법은 연구자의 많은 노력과 경험 그리고 지식과 바라보는 철학적 관점이 요구된다.

1. 질적 연구방법의 특징

첫째, 자연스러운 상황이다. 질적 연구자들은 참여자들이 이슈나 문제들을 경험하고 있는 사회복지실천현장에서 자료를 수집하는 경향이 있다. 그들은 사람들을 인위적인 상황인 실험실로 데려오지 않으며, 대부분의 경우 완성해야 할 측정도구를 사람들에게 보내지도 않는다. 대체적으로 직접 이용자들과 대화를 하고 그들이 처한 맥락에서 행동하는 것을 보면서 수집하는 정보들이야말로 질적 연구의 중요한 특성이다. 사회복지실천현장의 상황에서 연구자들은 자연스런 흐름에 따라 얼굴을 대하며 상호작용을 하게 된다.

둘째, 주요 연구도구로서 연구자이다. 연구자는 문서 검토, 행동 관찰, 참여자와 면접을 함으로써 스스로 자료 수집을 한다. 실제 정보를 모으는 사람이며, 기존에 연구자들이 개발한 질문지, 도구에 의존하지 않는다.

셋째, 다양한 자료 원천이다. 단일한 자료 원천에 의존하기보다 면접, 관찰, 문서 등 다양한 형태의 자료를 수집한다. 연구자들은 모든 자료를 검토, 이해하며 모든 자료 원천을 관통하는 범주, 주제로 조직화한다.

넷째, 귀납적 자료 분석이다. 질적 연구자들은 자료를 점차 추상적인 정보 단위로 조직화함으로써 '아래에서 위로(bottom up)' 올라가는 방식으로 패턴, 범주, 주제를 형성. 귀납적인 과정에는 연구자들이 포괄적인 주제 체계를 구축할 때까지 주제와 기초 자료 사이를 오가며 수행하는 작업들이 포함된다. 또한 거기에는 참여자들과 상호작용을 통해 협력하는 것도 포함되는데 그럼으로써 그

과정에서 드러나는 주제나 추상 개념을 형성하는 기회를 가지게 된다.

다섯째, 참여자의 의미이다. 질적 연구 과정 전체에서 연구자들은 자신이 연구에 가져오거나 선행 문헌의 저자들이 사용한 의미가 아니라 참여자들이 문제나 이슈에 대해 부여하는 의미를 이해하는 데 초점을 둔다.

여섯째, 유연한 설계이다. 연구과정은 유연하다. 연구자의 초기 계획이 엄격하게 규정될 수 없으며, 연구자가 현장에 들어가 자료를 수집하기 시작하면서 그 과정의 모든 국면들이 변하거나 움직일 수 있음을 의미한다. 연구 질문이 변할 수도 있고, 자료 수집 형태가 바뀔 수도 있으며 연구 대상자나 방문할 현장이 변경될 수도 있다. 질적 연구의 바탕이 되는 주요한 생각은 '참여자들로부터 문제나 이슈에 대해 배워야 한다는 것', 정보를 확보하기 위한 연구 수행이다.

일곱째, 이론적 렌즈이다. 문화 기술지에서 중심적인 문화의 개념, 성, 인종, 계급 차이. 연구를 바라보기 위한 렌즈 사용. 연구 문제의 사회적, 정치적, 역사적 맥락 확인하는 선에서 조직화한다.

여덟째, 해석적 연구이다. 질적 연구는 연구자가 보고 듣고 이해하는 것을 해석하는 탐구 형태다. 연구자의 해석은 그들 자신의 배경과 역사, 맥락, 선험적 이해와 분리될 수 없다. 연구 보고서가 발간되면 독자들은 연구에 대한 다른 해석을 제공하면서 참여자와 마찬가지로 해석을 하게 된다. 해석을 하는 독자와 참여자, 연구자 모두와 함께 우리는 문제에 대한 다양한 시각이 어떻게 나타날 수 있는지 확인할 수 있다.

아홉째, 총체적 이해이다. 질적 연구자들은 연구 중인 문제나 이슈에 대한 복합적인 그림을 발전시키려 애쓴다. 여기에는 다양한 관점들을 보고하는 것, 상황에 관계된 많은 요인들을 확인하는 것, 더 큰 그림을 포괄적으로 그려주는 것을 포함된다. 연구자들은 요인들 간의 엄격한 인과관계가 아니라 어떤 상황에 있는 복합적인 요인들의 상호작용을 규명하게 된다.

2. 질적 연구와 양적 연구의 비교

질적 연구방법(qualitative research method)은 언어, 몸짓, 행동 등 상황과 환경적 요인들을 조사하는 방법으로서, 연구자가 대상자와 긴밀한 상호작용을 하면서 연구를 진행한다. 현상학적 인식론에 바탕을 두기 때문에 주관성과 상황적 변화를 강조하지만, 가설의 수립과 검증을 통해 보편적 진리를 밝히는 데는 한계가 있다. 하지만 양적 연구방법(quantitative research method)은 대상의 속성을 계량적으로 표현하고 그들의 관계를 통계분석을 통해 밝혀내는 조사로서 실증주의적 인식론에 바탕을 두기 때문에 객관성과 보편성을 강조하며 가설의 수립과 검증을 통해 진리를 밝힐 수 있다.

표 9-1 질적 연구방법과 양적 연구방법의 비교정리

구분	질적 연구	양적 연구
연구 체계	• 개방적인 체계 • 복잡한 사회 현상이나 문제르 단순화시키지 않고 가능한 '있는 그대로'개방적인 체계에서 파악한다.	• 제한된 체계 • 사소하거나 예외적인 상황은 배제하여 가설에서 설정한 관계를 확률적으로 규명하려고 한다.
객관성과 주관성	• 주관성 • 관찰자에 따라 사물이 서로 다르게 인식된다.	• 객관성 • 관찰자와 상관없이 사물이 보편적으로 실제 존재한다.
이론적 배경	• 근거이론, 생애사, 문화기술, 현상학, 사례관리를 중심	• 구조적 기능주의, 논리적 경험주의, 실제주의, 실증주의, 체제이론, 행동주의
목표	• 다양한 현실세계 기술(description), 근거 있는 이론을 개발, 이해를 높임	• 이론 검증, 사실 구성, 통계적 기술(description), 변수간의 관계 제시, 예측
설계	• 융통성, 지금 나타나고 있는 것, 일반적	• 구조화, 미리 예정, 세부적, 형식적
연구 계획서	• 간략, 사실적, 자료의 수집 후 기록, 문헌조사 부분이 별로 없음, 일반적 접근	• 방대, 절차가 세부적, 방대한 문헌조사, 자료수집 전에 작성, 가설 설정
자료표본	• 기술적(descriptive), 개인적 기록, 현장노트, 사진, 사람들의 말, 작은 표본, 비대표적, 이론적인 표집	• 양적(quantitative), 조직화된 변인들, 계량화를 위한 부호화(coding), 통계적, 큰 표본, 통제집단이 있음, 표본이 정확, 외생변인에 대한 통제

기법	• 참여관찰, 개방적 면접	• 실험, 구조화된 면접과 관찰
대상자와 관계	• 공감적, 신뢰 강조, 평등, 긴밀한 접촉	• 제한, 격리, 거리를 유지
도구	• 녹음기, 스마트폰 녹음기능 활용 • Nvivo 등 기타 소프로웨어 활용	• 목록, PC, 설문지, 척도, 통계프로그램 • SPSS(PASW)/SAS 등 기타 활용
자료분석	• 지속적, 귀납적, 연속적 비교법	• 연역적, 통계적, 자료수집이 끝날 때 이뤄짐
문제점	• 시간이 많이 소요, 자료 축소의 어려움 • 신뢰성 확보의 문제, 표준화된 절차의 결여, 다수의 표본으로 조사하기 어려움	• 다른 변인의 통제가 어려움, 구체화의 문제, 강요적이며 타당성 확보의 문제

3. 질적 연구방법의 종류

1) 근거이론(grounded-theory)

근거이론은 귀납적인 과정을 거쳐 현실적인 자료에 근거하여 개발된 이론으로서 현실기반이론 또는 기초이론이라 한다. 조사과정을 통해 체계적으로 수정되고 분석된 자료를 상호 비교 검토함으로써 이론을 추출해내는 방법이다.

근거이론 연구에서 조사자는 미리 어떤 이론을 설정하지 않고 조사를 시작하며 자료수집과 분석 과정에서 이론을 생성하도록 한다. 이 방법은 질적 연구의 한 방법으로 비확률표집을 선호하며, 일반적으로 양적 접근에서는 조사자의 관점을 엄격한 구조 틀로서 배제하려고 하지만 질적 접근에서는 오히려 조사자의 관점을 조사연구의 중요한 요소로 포함시킨다.

근거이론은 질적 연구방법이라 보기 어렵다는 학자도 있지만 자료에 기반을 두고 사람, 사건, 현상에 대한 이론을 발전시키는 데 목적을 둔 연구방법이다. 즉 이론에서 가설을 도출하고 자료를 수집하여 그것을 검증하는 단계를 거치는 양적 접근과는 달리 근거이론 접근에서는 자료에서 이론을 도출하는 데에 주된 관심을 둔다. 이 방법은 실제 삶의 현장에서 심도 있는 자료를 수집하기 위해 면접조사나 관찰과 같은 기법을 중요시한다. 또한 산만하게 흩어져 있는 자료를 체계화시키는 작업 자체가 일종의 설명이 되고, 그에 의해 잠정적인 개념이나 범주 체계 혹은 이론이 드러나게 된다.

근거이론의 접근방법은 조사연구 상황에서 조사자와 조사대상자 간 상호작용이 필연적으로 서로에게 영향을 줄 수밖에 없음을 인식한다. 따라서 조사자는 관찰의 상호작용 과정에서 일어나는 변화 자체가 중요한 자료라는 것을 인식하고, 자신의 생각과 성찰을 사용해서 이를 수집하고 분석의 대상으로 삼는다.

이 방법은 경험적인 세계의 관찰에 근거하여 만들어진 현실기반이론은 기본적으로 다른 질적 연구조사자가 사용하는 것과 같은 현장관찰 방법인 참여관찰이나 개방형 면접과 같은 방법을 사용한다.

사회복지사의 직업 경험을 사회복지사의 관점에서 이해하기 위하여 근거이론의 질적 연구방법을 활용하면, 사회복지전담공무원의 실제 현실에 기반을 두고 그들의 경험을 생생하게 포착할 수 있기 위해서 근거이론 방법을 선택하였고, 이는 귀납적인 접근과 관련이 있다.

실제 삶의 현장에서 참여자의 관점으로 어떤 사람이나 사건, 현상들에 대해 깊게 탐색하기 위하여 관찰로 시작해 개념과 이론을 도출한다. 또한, 근거이론은 연구 집단에 관련된 과거에 알려진 개념이 아직 다 밝혀지지 않았거나 만일 밝혀져 있다하더라도 개념 간의 관계가 제대로 이해되지 못했기 때문에 개념 간의 맥락적 상호관계를 드러나게 하는 것이 장점이다.

따라서 사회복지사에 대하여 기존에 알려진 개별적 요인들의 탈 맥락적인 한계를 극복하고 사회복지사의 관점과 지각을 바탕으로 그들의 직업 전반에 관한 맥락적 상호관계를 통해서 사회복지사의 직업 경험을 통합적으로 이해하고자 하는 것이며, 사회복지사의 직업 현장으로부터 얻은 실체적인 자료로부터 개념과 범주들을 개발하고 근거이론의 패러다임 모형에 근거한 중심 현상, 인과적 조건, 맥락적·중재적 조건, 전략, 결과 간의 관계를 규명하는 분석적 구조를 통해 사회복지사의 직업 경험을 구체적으로 이해하는 접근 방법이다.

근거이론에서는 중요한 부분이 코딩과정으로 코딩과정은 정보나 자료를 분류하고 해석하는 과정이다.

첫째, 개방(Open)코딩이다. 개념도출, 범주 분류. 텍스트 형태의 자료를 해체하여 문장 형태의 의미 단위로 개념화한다. 자료 → 개념 → 하위범주 → 범주(패러다임)식으로 묶이게 된다. 전사본을 반복적으로 읽으며 의미 있다고 여겨지는 내용에 개념을 부여한다. 면담내용 녹음을 한 문장씩 검토하여야 하므로 지겨운 노가다가 수반된다. 이 때 연구 참여자의 응답 표현을 그대로 인용하거나 응답을 적절히 드러낼 수 있는 말을 사용한다. 발견된 개념의 의미 단위는 속성과 차원에 따라 범주화하여 묶는다.

둘째, 축(Axial)코딩이다. 패러다임 모형, 범주 분석. 패러다임을 구축한다. 하나의 범주에 그 하위 범주들을 연관 지어 새로운 방식으로 자료를 재조합한다. 축이라 불리는 이유는 코딩이 한 범주의 축을 중심으로 일어나며 속성/차원 수준에서 범주들을 연결시키기 때문이다. 패러다임이란 각각의 범주를 이론적으로 연결하는 일련의 과정이다. 근거이론에서 하위범주들은 범주를 발생시키는 인과적(=원인적) 조건(=상황), 맥락적 조건(전후관계), 중심 현상, 중재적 조건(상황), 작용/상호작용 전략, 결과들을 나타내는 범주에 연결된다. 축 코딩의 결과물에 따라 과정 분석(process analysis)을 하는데, 이는 한 가지 현상과 관련되어 시간의 흐름에 따라 발전하는 구조와 상호작용에 대한 분석이다. 현상에 대한 반응 → 대처 → 조정에 관계하는 작용/상호작용의 연속적인 연결을 의미한다.

- **인과적 조건:** 중심현상이 발생하게 된 상황. 피험자의 반응이 발생하는 초기 조건
- **맥락적 조건:** 중심현상의 발생에도 기여하며 중심현상에 대한 개인의 대응이

어떻게 달라지는지 간접적 영향을 주는 범주들의 모임

- **중재적 조건:** 중심현상의 강도를 완화시키거나 변화를 주는 조건
- **작용/상호작용:** 이미 밝혀진 중심현상에 대응하기 위해 취해지는 대상자들의 전략적, 의도적 반응, 일상적 행위(특정 사회현상을 자신에게 유리하게 만들려는 행위 역시 대응방식에 해당함.)

셋째, 선택(Selective)코딩이다. 핵심 범주를 밝히고, 이 핵심범주를 중심으로 다른 모든 범주를 통합시키고 정교화하는 방식으로 현상을 정리하여 이론을 생성한다.

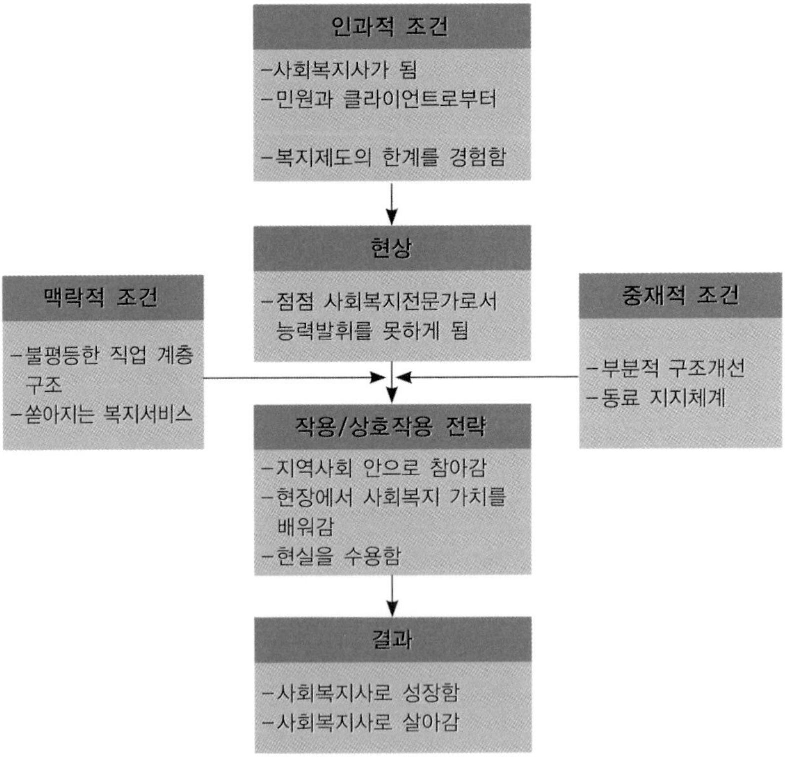

▌그림 9–1▌ 근거이론접근에서 사회복지사의 직업 경험에 대한 패러다임 모형

2) 문화기술지(민속지학; Ethnography)

문화기술지(文化記述誌, ethnography) 또는 민속지학(民俗誌學), 민족지학(民族誌學)은 인간 사회와 문화의 다양한 현상을 정성적, 정량적 조사기법을 사용한 현장 조사를 통해 기술하여 연구하는 학문의 분야이다.

문화기술지는 어떤 시스템이 가지고 있는 각 부분을 정확히 이해하는 것을 통해 전체 시스템의 총체적 연구 성과를 거둘 수 있다는 생각에 기반을 두고 있다. 공식적, 역사적으로 과거 여행을 통한 여행기이나 제국주의 시대의 식민지의 공식 보고서에 그 시작을 두고 있다. 문화기술지는 특히 구조주의와 상대주의 입장에서 연구하는 학문적 전통을 지니고 있으며 다양한 관심을 가진 다른 분야의 유용한 1차적 연구 방법(Primary research)으로서 활용되고 있다.

'Ethnography(문화기술지)'의 어원은 그리스어 'ἔθνος(ethnos, 사람들)'와 'γράφειν(graphein, 기록)'이다. 일본 및 중국에서는 '民族誌(민족지)'라고 쓰며, 한국에서는 민족기술지, 민속기술지, 문화기술지, 종족지학, 기술민족학 등으로 학문 분야에 따라 다양하게 불리고 있다.

이 방법론은 특히 한국, 중국, 일본에서 한자로 번역할 때 그 용어가 분야별로 쓰임새가 달라 논란이 되고 있다. 이것은 최근 연구가 이루어지는 대상으로 미루어 볼 때 과거에는 민족, 종족 중심이었던 것이 문화, 하위문화, 사회, 단체, 집단, 가족 등 상대적으로 작은 규모로 관심의 영역이 확장되고 있기 때문이다.

특히 경영학, 마케팅, 디자인 리서치 등 관련 분야에서는 각기 연구의 대상의 규모나 성격이 다양하며 민족이나 종족에만 국한되지 않는다. 사실 기술(記述)과 지(誌)는 같은 뜻이므로 용어를 반복하기에 부적절하고 민속지, 민속기술지는 다른 말로 민속지학이라고도 불러 민속학(Folklore)과의 혼동을 초래하는 문제도 있다.

이 연구방법론은 어떤 문화 속에서 생활하는 사람들의 관점에서 문화를 연구하는 것을 조사하는 것으로 아동복지시설의 문화를 그 기관의 생활지도교사나 시설아동의 관점에서 연구한다든지, 또는 장애인 근로자들의 노동문화를 장애인이면서 근로자의 관점에서 연구하는 것이다. 일부 민속지학적 연구조사자는 사람들의 규범, 명명(命名, labeling), 언어적 표현, 이해, 가정하는 데 초점을 두는 연구자들도 있다.

따라서 문화기술지는 문화에 대한 기록이다. 하나의 문화를 소개하는 작업에는 매우 방대한 분량의 기록물이 필요할 것이다. 또한 이러한 결과를 통해 연구의 질 검증과 윤리적 이슈인데 연구의 질을 확보하기 위하여 연구 참여자 검토로서, 분석된 연구결과를 연구 참여자에게 보이고 검토해 줄 것을 요청하거나 다원화기능으로서, 다양한정보제공자들의 관점을 통합하는 한편, 심층면접 자료와 참여관찰 기록, 공식기록물 등을 비교하여 진실성을 확보하고자 하는 노력이 필요하다.

한 가지 주의해야 할 점은 질적 연구에서와 마찬가지로 연구자는 연구참여에 대해 동의하는 경우에만 참여하야야 하며, 연구참여로 인한 피해를 받지 않고, 자료 수집과 분석 과정에서 연구참여자의 정보가 외부에 노출되지 않도록 유의하고, 연구결과에서 정보 공개를 최소화하여야 할 것이다.

(1) 제도적 문화기술지

제도적 문화기술지는 다양한 전통이 질적 연구의 과학적, 정치적 기반을 확대시켜준다고 보거나 질적 연구의 다양한 전통이 질적 연구의 입지를 좁히고, 연구자들의 접근을 방해하기 때문에 어느 정도 표준화가 필요하다고 본다는 두 관점을 가질 수 있는데, 추가적으로 제도적 문화기술지(institutional ethnography)는 사회복지 지식형성에 갖는 유용성과 함의가 다른 질적 연구의 그것과 비교할 때 나름의 고유성이 있고, 기존의 질적 연구방법이 놓쳤던 사회복지 탐구영역을 가시화해주는 연구방법론으로 지적되고 있다.

제도적 문화기술지는 캐나다의 사회학자인 도로시 스미스(Dorothy Smith)에 의해 발전된 연구방법이며, 출발은 페미니즘 사상이었지만, 마르크스(Marx)와 가핑켈(Garfinkel), 푸코(Foucault), 미드(Mead), 바흐친(Bakhtin) 등에 영향을 받아 "사람을 위한 사회학(a sociology for people)"을 구축하던 과정에서 발전시켜 나갔으며, 용어로만 보면, 문화기술지 전통의 다양한 지류들 중의 하나인 것처럼 보이지만, 내용은 전통적 문화기술지 방법과 상당한 거리가 있다.

제도적 문화기술지는 일상생활을 하는 행위자의 입장에서 그들의 삶이 어떻게 그들을 둘러싼 제도 또는 지배관계에 얽혀드는지를 연구자의 해석의 개입 없이 객관적으로 묘사하여 보여주는 방법론이다. 사람들의 일상세계가 제도적 과정에 의해 어떻게 만들어지는가이다. 주체는 제도나 지배관계에 포섭되는 수동적 존재로 여겨지지 않는다. 행위자와 제도는 모두 상호 조정되는 능동적 존재로 간주된다. 제도적 문화기술지는 경험과 맥락, 행위와 구조, 미시와 거시를 연결하는 '틀' 안에 있지만, 몇 가지 점에서 기존 질적 연구방법들과 큰 차이가 있다. 첫째, 미시현상을 거시 개념으로 설명함으로써 미시를 수동적 주체로, 거시를 능동적 주체로 보는 기존 질적 연구방법들의 이원론적 관점을 벗어나 미시와 거시 모두를 능동적 주체로 간주한다. 이로써 행위자들의 경험적 실제가 '조정'되는 과정 자체를 '사회(the social)'로 보고 연구가 진행된다.

둘째는, 미시와 거시를 연결하는 개념적 도구들 예를 들면, 일 지식(work knowledge), 텍스트, 제도적 담론, 문제틀(problematic), 입장(standpoint), 조정(coordination), 사회적 조직화(social organization), 실제(actualities), 지배관계(ruling relation) 등을 설정함으로써 미시와 거시가 함께 '조직화'되는 모양새를 보다 정교하게 묘사해 줄 장치들을 갖고 있다는 점이다. 제도적 문화기술지는, 이 다양한 장치들을 이해하는 데는 다소 많은 시간을 요하지만, 개인적 문제나 고통을 불평등의 문제로 이동시키거나, 개인이 모든 종류의 억압에 어떻게 반응하는지를 이해하는 정교한 도구이다.

셋째, 기존의 대부분의 질적 연구방법들이 미시와 거시의 연결을 이해하는 방법적 도구는 '해석'이다. 미시현상을 거시 개념이나 이론으로 해석함으로써 미시와 거시의 연결을 시도한다. 제도적 문화기술지는 '해석된 실제'가 아닌 '실제' 그 자체를 그려주려 한다. 따라서 개념이나 이론을 가지고 실제를 해석하거나, 연구과정에서 이론이나 개념이 개입하는 것을 거부한다. 사람들의 일상에서의 실제 경험이 지배관계로서의 제도와 어떻게 맞물리면서 '조직화'되는지를 보여주기 위해 '해석'의 방법을 동원하는 것이 아니라 '묘사(description)'의 방법을 선택한다. 이점이 바로 바로 제도적 문화기술지가 '문화기술지'가 되는 지점이다

(2) 자문화기술지

자문화기술지는 여러 질적 연구방법들 중 비교적 최근에 발전된 자서전적인 요소와 문화기술지적 요소가 혼합된 연구방법으로, 자기 내러티브를 소재로 하여 연구자의 자기(self)에 초점을 두고 단순히 개인적 이야기의 서술이 아닌 연구자 자신의 독특한 렌즈를 통해 사회에 대한 이해와 통찰을 얻고자 사회문화적 맥락과 자기를 연결 지으며 분석하는 연구방법이다. 자문화기술지는 질적 연구방법 중에서도 연구자의 목소리와 반영이 한층 강조되는 매우 주관적이면서도 개별적인 글쓰기 방식이다.

자문화기술지는 연구자뿐 아니라 독자들에게도 가치 높은 연구 자료이다. 특히 연구자의 성찰은 자기 이해를 넘어 타인에 대한 문화적 이해를 통해 자기 변화로 이끌어진다. 이와 더불어 독자들의 정서를 환기하는 저자의 개인적 이야기는 독자로 하여금 자신을 성찰함으로써 자기 이해 경험을 가능하게 한다. 이렇듯, 자문화기술지는 독자의 흥미를 유발한다는 점에서 매우 가치 있다. 연구자는 자신에게 의미 있는 주제를 연구함으로써, 독자는 저자의 자서전적 내러티브를 읽음으로써 자연스럽게 흥미가 생성된다. 자문화기술지 연구자는 스스로의

위치성에 대한 자기 성찰적 비평이 독자의 삶의 경험, 자기의 구축, 사회 역사적 맥락에서 타인과의 상호작용을 비판적으로 성찰하도록 통찰을 제공한다. 자문화기술지는 연구자의 자전적 이야기를 활용해 개인의 주관적 체험과 성찰을 자기에 대한 이해로 풀어내는 사회과학 연구에 적용하는 질적 연구 방법으로, 자기와 타자 간의 문화적 맥락을 자기 경험을 중심으로 드러내는 방식이다. 이와 같이, 자문화기술지는 사회적 맥락에서 자기 이해를 함으로써 개인적인 것을 문화와 연결하는 자기 내러티브로 여겨진다. 연구자 개인적 이야기를 사회학적 이해로 확장하는 목적을 가지고 자기애적이고 자기 탐닉적이므로, 엄정한 사회과학 연구가 아니라는 비판을 받았었다. 그러나 자문화기술지는 연구자 안에만 머무르는 것이 아니라 경험을 사회문화적 관점에서 이해하는 것에 중점을 둠으로써, 개인적인 것이 문화적인 것으로 연결됨으로 질적 연구의 방법이라고 할 수 있다.

자문화기술지의 글쓰기 작업은 여타 질적 연구방법론의 글쓰기 작업과 미세한 차이가 있다. 다양한 글쓰기 방식을 혼합하여 재구성해 자신만의 글쓰기를 대안적으로 시도하는 해석적이고 구성적인 연구 방법이다. 특정한 형식의 글쓰기의 틀에서 벗어나, 연구주제에 대한자신의 이해를 드러낼 수 있는 참신한 글쓰기 방식을 끊임없이 준비하고 창조할 수 있다. 전문가는 각각의 문장 또는 문단이 담지 한 의미로부터 느껴지는 '힘'을 '공명하는 목소리(resonant voice)'로 말하는데, 의식, 언어, 의도 뒤에 숨어있는 무의식까지도 포괄한다. 이 목소리가 단순히 연구자의 자아를 닮아있거나 모사하는 것이 아니라, 자아의 복잡성과 다변성으로부터 울려 나오는 것이다. 정신적 외상을 경험한 사람은 자신들이 경험한 사실을 이야기하는 것 자체가 치유적 힘을 지니며, 경험을 글로 쓰는 것은 타인과 경험을 공유하는 의미로써 이 또한 치유적적 기능으로 이어간다.

글쓰기가 연구자의 외상 경험을 치유할 수 있다면, 타인의 외상 치유에도 도움이 될 것이며, 연구자 스스로를 도구 삼아 개인의 경험이 사회적이고 정치적 변화와 실행으로 전환될 수 있을 것이다. 성찰적이고 표현적인 글쓰기는 창의적이고 적극적인 형태의 치료이다. 이는 곧 삶에서 겪은 다양한 상처와 흔적들을 치유하며 그 상처의 흔적에서 삶의 의미를 발견하는 배움으로 생성해 나갈 수 있는 방법론적 특성이라고 볼 수 있다.

3) 현상학

현상학이라는 용어는 철학사상의 많은 학자들이 각기 다른 개념으로 사용하여 왔다. 1764년『신기관(Neues Organon)』에서 현상학이란 명칭을 처음으로 사용한 독일의 철학자 람베르트는 본체의 본질을 연구하는 본체학과 구별하여 본체의 현상을 연구하는 학문을 현상학이라고 하였다.

그 후 칸트는 물자체(본체)에 관한 학문과 구별되는 경험적 현상의 학문이라 하였고, 헤겔은 감각적 확실성에서 출발하여 절대지에 이르기까지의 의식의 발전과정을 서술하는 것이라 하여 이것을 특히 '정신현상학'이라 불렀다.

그러나 일반적으로는 후설(Husserl)을 중심으로 하여 잡지『철학 및 현상학적 연구 연보』에 참가한 가이거, 펜더, 라이나흐, 셸러, 하이데거, 베커 등 이른바 현상학파라고 불리는 학자들의 철학운동을 뜻한다. 이 운동은 당초 '사상 그 자체로'라는 표어와 같이 의식에 나타난 것(현상)을 사변적 구성을 떠나서 충실히 포착하고, 그 본질을 직관에 의하여 파악, 기술한다는 공통적인 지향성을 가지고 있었다.

이러한 점에서 기술적 현상학은 19세기 후반의 신칸트학파와는 달리 그 주관적인 구성주의를 배제하여 '객관으로의 전향'을 의도하는 동시에, 한편으로는 사실에 한정시키는 것을 근본적 입장으로 하는 실증주의에도 반대된다. 현상학자들은 본질 파악의 방법에 의하여 논리학·윤리학·심리학·미학·사회학·법학 등의 분야에서 많은 업적을 남겼다.

그러나 그 후 주창자인 후설이 선험적 현상학의 입장을 취하여 학문의 기초를 자아의식의 명증성에 구하는 데카르트의 사고방식과 칸트적인 구성주의에 접근하게 됨으로써 학파로서의 공통적인 일치는 무너졌다.

후설의 선험적 현상학이 순수의식의 현상학이라고 일컬어지는 것과 같이 사물의 존재를 소박하게 받아들이는 것을 중지하고, 일상적인 자연적 태도를 괄호 속에 넣은 다음, 남아 있는 순수의식의 본질을 기술하려는 것이다. 이와 같은 입장에 대해 현상학자 사이에서도 비판이 일어났으나 의식의 본질을 지향성에서 구한 후설의 생각은 현대철학, 특히 실존철학 형성에 크게 영향을 끼쳤다.

여기서 의식의 지향성이란, 의식은 언제나 '무엇인가에 대한 의식'임을 뜻하는 것인데, 여기서 중요한 것은, 의식이 대상과 관계되는 것으로 나타나고, 대상이 의식과 관계되는 것으로 나타난다는 상관관계를 파악하는 일이다.

이 상관관계의 분석은, 후설의 선험적 현상학에서는 오로지 인식론적 시야에서 의식과 대상과의 관계에, 더구나 자아의 의식이라는 좁은 범위에 한정되어 버렸으나, 그 후 인간학적·존재론적 시야에서 인간과 세계와의 본질적인 존재 구조를 밝히는 유력한 방법이 되었다. 또한 그것은 인간존재를 '세계 내 존재'로 파악하는 하이데거나 사르트르의 실존철학에 계승되었다.

현상학에는 몇 가지 세부적인 형태가 있다. 첫째, 자기발견적 탐구다. 자기발견적 탐구에서 연구조사자는 공평한 관찰자가 되도록 노력하고, 실제로 연구하고 있는 현상을 직접 경험하며, 그 현상을 경험하면서 갖고 있는 자신의 생각과 감정을 조사하기 위해 자기성찰을 행한다.

둘째, 해석학이다. 해석학은 해석의 과정을 강조한다. 해석의 과정에서 연구조사자는 매우 많은 복잡하고 구체적인 내용으로부터 일정한 유형을 찾고자 노력한다.

셋째, 이해이다. 질적 탐구는 연구자가 관찰하는 사람들을 그 사람들의 관점에서 이해하려는 시도다. 즉 연구자가 관찰하는 s대상이 그들에게 주는 특별한 의미를 이해하고자 하는 시도며, 이는 사회복지 실천 개념인 감정이입과 상당히 유사하다.

(1) 지오르지(Giorgi)의 방법

지오르지(Giorgi)에 의해 제시된 현상학적 분석은 연구대상자의 기술에 대한 심층 연구를 통해 살아있는 경험의 의미를 밝히는데 초점을 두고 있다. 또한 상황적 구조적 진술에서 연구 참여자의 개인의 독특성을 자세히 설명해 주고 있으며, 전체 연구 참여자의 경험은 일반적 구조적 진술에서 통합하였다

① 사고를 시작하고 끝내는 단위 즉, 대상자의 언어 그대로 자신의 경험을 표현한 본래의 의미 단위를 분석한다.
② 대상자의 언어로 표현된, 대상자의 경험을 나타내는 주제를 분석한다.
③ 연구자의 언어로 주제를 구체화하여 대상자의 경험이 대상자에게 의미하는 중심의미(focal meaning)을 분석한다.
④ 중심의미를 통합하여 연구대상자의 관점에서 파악된 경험의 의미인 상황적 구조적 기술을 만든다.
⑤ 상황적 구조적 진술을 통해 전체 대상자의 관점에서 파악된 경험의 의미인 일반적 구조적 기술을 만든다.

(2) 콜레지(Colaizzi)의 방법

콜레지(Colaizzi) 방법의 특성은 개인적 속성보다는 전체 연구 참여자의 공통적인 속성 을 도출해 내는 데 초점을 맞춘 방법이다. 참여자의 의미 있는 진술에서 구성된 의미가 도출되고, 구성된 의미에서 주제 및 주제모음을 확인하여 범주화한 결과 예를 들면 간병과 관련하여 부정적 대처의 범주에는 부담감, 역할갈등, 치료에 대한 양가감정이 나타났고, 긍정적 대처의 범주에는 간병의지, 가

족이나 타인에 대한 고마움으로 나다났다. 콜레지(Colaizzi) 방법은 가족구성원 전체의 경험을 도출해 내기 때문에 암환자 간호중재를 위한 이론개발을 하기에 용이한 방법으로 사료되나, 가족구성원 개개인의 경험을 파악하기는 어렵다는 단점을 고려해야 한다.

콜레지는 자료수집 방법을 기술하는데 거의 전체적인 강조점을 두었다. 특히 그는 적절한 자료출처를 적절 한 자료 수집방법과 일치시키는 것에 강조를 두고 있다. 콜레지 방법의 자료 분석과정은 다음과 같다.

① 자료에서 느낌을 얻기 위해 대상자의 기술(protocols)을 읽는다.
② 탐구하는 현상을 포함하는 문장으로부터 의미 있는 진술을 도출한다.
③ 의미 있는 진술에서 좀 더 일반적인 형태로 재진술을 한다.
④ 의미 있는 진술과 재진술로부터 구성된 의미를 끌어낸다.
⑤ 도출된 의미를 주제, 주제모음, 범주로 조직한다.
⑥ 주제를 관심 있는 현상과 관련시켜 명확한 진술로 완전하게 최종적인 기술을 한다.

(3) 밴캄(Van Kaam)의 방법

밴캄(Van Kaam) 방법의 특성은 의미 있는 진술문의 빈도와 순서를 찾아낼 수 있는 양적 특성도 가지고 있다. 또한 전체 연구참여자의 공통적인 속성을 도출한다는 점과 분석한 내용을 주제와 범주로 조직한다는 점에서 콜레지의 방법과 유사하나 분석 기술상의 차이는 콜레지의 방법에서의 주제는 연구참여자가 표현한 언어를 빌어서 기술하는 특성을 갖고 있는 반면에 밴캄(Van Kaam) 방법에서는 참여자의 의미 있는 진술에서 부 주제를 선정하고 이를 다시 통합하여 주제 및 범주로 조직하는데, 주제를 기술함에 있어서 밴캄과 콜레지의 방법은 참여자의 표현 그대로가 아니라 연구자의 정련된 언어로 기술한다는 점이 다르다.

밴캄(Van Kaam, 1969)은 슈피겔베르크(Spiegelberg, 1976)에 의해 규정된 필수 활동과 일치되는 현상학적 분석을 위해 다음과 같은 수정한 방법을 제시하였다.

① 대상자와 녹음한 면담 내용을 여러 번 반복하여 들으면서 대상자의 말 그대로를 글로 옮겨 기록하였다.
② 기술된 내용에서 본 연구와 관련하여 의미 있는 진술을 추출하였다.
③ 추출된 의미 있는 진술 즉, 원자료를 반복 하여 읽으면서 각 진술에서 공통의 속성으로 묶어지도록 범주화 작업을 실시하였다. 원자료에서 공통적인 요소들끼리 모아서 부주제(subtheme)를 정했고, 비슷한 속성을 지닌 부 주제들을 다시 모아 주제(theme)로 모았으며, 주제들의 속성을 전체적으로 모아 범주화(category)하였다. 범주화된 자료에서 주제들은 자료의 우선 빈도별의 순위에 따라 나열하였다.
④ 분류된 범주화를 통해서 분석과 통합을 통해 현상에 대한 기술을 하였다.

4) 생애사/내러티브/구술사 연구

생애사연구(life history research)는 최근에 질적 연구방법 중의 한 장르로서 인문학, 사회과학에서 널리 각광받고 있다. 구술성과 문학에서 문자문화로 대표되는 기존 문화와 다른 구술문화의 인식론적 가치를 선구적으로 규명하였다. 이는 인식도구로서 내러티브에서 구술문화의 일종인 이야기가 갖는 인식론적 가치와 의의를 구체적으로 제시하였다. 포스트모던 인류학에서 철학적 조류로서 포스트모더니즘이 문화인류학에 끼친 영향을 조명하면서 문화인류학연구에서 ‘내러티브 전환’의 중요성을 강조하였다. 전기에 대한 인류학적 접근에서 ‘내러티브 전환’이 갖는 의의를 밝히면서 구술사, 생애사, 전기 등 전기적 방법을 활용해야 한다고 주장하였다.

이런 인문, 사회과학자들의 연구에 이어, 생애사연구방법론에 대한 집중적인 조명이 이루어졌다. 전기(Biography: Writing Lives)에서 글쓰기로서 자서전의 기원과 기법을 연구하였다. 『이야기의 선물: 자서전, 생애사, 그리고 개인의 신화만들기의 실제와 응용』에서 '내러티브 전환'이 자서전과 생애사연구에 끼친 영향을 설명하였다. 『생애사연구: 인식론, 방법론, 그리고 재현』에서 생애사연구방법을 인식론, 방법론, 글쓰기의 세 측면으로 구분하여 상세히 제시하였고, 『사회과학연구에서 전기적 방법의 활용』에서 사회과학연구에서 실증주의와 대비되는 생애사연구, 내러티브연구, 구술사, 자서전적 연구 등 전기적 방법을 활용한 연구방법의 의의를 규명하려 하였다.

위와 같은 생애사연구의 각광은 철학적으로 포스트모더니즘을 배경으로 인문학과 사회과학에서 발생한 '내러티브 전환(narrative turn)'에 기초하고 있다. 세계 인식의 임의성, 불확실성, 가변성을 주장하는 포스트모더니즘의 확산은 통계와 실험 중심의 양적 연구를 근간으로 세계의 보편적 법칙을 규명하려는 인문학과 사회과학연구의 경향을 비판적으로 바라보게 하였다. 이것은 과학의 이름하에 법칙의 보편성과 불변성을 탐색하려는 경향의 밑에 잠복해 있었던 세계를 만들어가는 개인이 살아온 삶의 경험과 이야기의 주목으로 자연스럽게 이어졌다. 이전에 개인이 살아온 삶의 경험과 이야기가 개인의 특이성이나 사적 측면으로 일방적으로 치부된 반면, 인문학과 사회과학에서 '내러티브 전환'은 삶의 경험이 표현된 이야기에서 감추어지고 망각되었던 진실의 파편을 수집하려 하였다.

생애사연구는 중요한 교육현상 연구방법으로 활용될 수 있다. 왜냐하면, 교육현상은 대상이 아닌 주체들, 그리고 참여자들의 의미공간으로, 그들이 어떻게 살아왔고 그들의 삶을 어떻게 이야기하는가를 듣고 이해하는 것은 교육현상을 이해할 수 있는 가장 좋은 방법이기 때문이다. 이를 위하여 다음과 같은 세 개의 연구내용을 중심으로 생애사방법의 특징과 절차를 규명하고자 한다.

첫째, 생애사연구의 인식론적 기초에 대하여 논의하고자 한다. 생애사연구의 인식론적 기초를 질적 연구의 '재현의 위기'에 대한 응전, 교육연구의 참여적 전환, 연구참여자의 목소리에 귀 기울이는 점에 주목하여 살펴보려 한다. 이것은 생애사연구가 교육현상을 질적으로 연구하는 방법이되, 문화기술지로 통칭되는 질적 연구방법과 다른 교육현상 인식의 방법론이라는 점을 의미한다.

둘째, 생애사연구가 갖는 세 가지 연구원리에 대하여 연구하고자 한다. 생애사연구의 세 가지 원리, 생애사연구는 개인이 살아온 삶의 이야기를 사회학적으로 해석한다는 점, 생애사연구의 초점이 삶의 이야기의 전경인 시간성이라는 점, 생애사연구는 연구자와 연구참여자의 관계에 전적으로 의존한다는 점을 상세히 규명하도록 하겠다.

셋째, 생애사연구의 핵심적 연구방법인 구술사 면담에 대한 전체적 특징과 지식에 대하여 논의하고자 한다. 구술면담의 초점은 연구자와 연구참여자의 상호작용과 신뢰에 기초하여 연구참여자가 살아온 삶의 이야기를 진솔하게 경청하는 데 있다. 이때, 연구참여자가 살아온 삶의 이야기를 수집하고, 교육현상을 이해하기 위해 수집한 구술자료를 해석하며, 타당도를 살펴보는 기법이 중요하다. 이런 맥락에서 이 글은 생애사연구의 성격, 특징, 그리고 구체적 연구기법을 밝히려 한다.

(1) 생애사연구의 개념

생애사연구는 참여자의 목소리를 통해 교육현상을 탐구한다. 생애사연구는 기본적으로 개인적인 창문을 통해 공적인 맥락을 발견하여 이야기로 기술하는 연구방법이다. '가장 개인적인 것이 역설적으로 공공적인 것을 함축하고 있다'는 언술이 보여주는 것처럼 개인적인 것과 공공적인 것은 서로 분리될 수 없다. 다만, 문제는 '어떻게 개인적인 사실에서 공공적인 사실을 발견할 수 있는가?'이다. 생애사연구는 개인의 삶의 이야기가 담고 있는 공공적인 맥락을 시간의 전경 속에서 발견하려 한다는 점에 의의가 있다. 생애사연구에 대한 수많은 정의가 있음에도 불구하고, 이런 정의의 공통점은 개인을 대상으로 면담을 통해 수집한 구술자료를 해석한 결과를 삶의 이야기로 기술하는 데 초점을 두고 있다. 생애사연구를 명확히 정의하는 것은 생애사연구의 범위와 폭을 정하는 문제와 깊숙이 결부되어 있다. 이를 위해 생애사와 비슷한 용어인 자서전, 전기, 사례사, 구술사, 내러티브와 차이를 명징하게 드러내야 한다.

▌표 9-2▌ 생애사와 유사 장르들의 개념 비교

	연구 대상	저자 시점	주요 특징
자서전	자기 삶의 일대기	1인칭 주인공	• 자기 반영성을 강조하는 성찰을 중요하게 여김 • 자기 삶의 일대기를 조망하는 인칭 시점 • 주관성이 돋보임
전기	타자의 삶의 일대기	3인칭 작가	• 작가의 전지적 시점 • 타자의 삶에 대한 객관적 서술 강조 • 문학적 장치를 활용하여 서술
사례사	사례연구의 일부로서 역사	3인칭 관찰자	• 사례연구의 일부로서 부차적 지위를 가짐 • 질적 연구의 참여관찰과 큰 차이가 없음
구술사	개인의 역사적인 삶에 대한 일대기	1인칭 주화자	• 1인칭 화자의 시점에서 구술내용을 서술하려 함 • 주로 구술면담의 기법을 활용함
생애사	개인 삶의 이야기의 시간성	1인칭 주인공 3인칭 주인공	• 개인이 살아온 삶의 이야기의 시간성을 통해 사회구조를 포착하려 함 • 개인의 삶의 이야기를 신변잡기처럼 서술하려는 수필체를 배격

(2) 생애사연구의 세 가지 특징

생애사연구는 '생애사는 사회학적으로 해석한 삶의 이야기', '생애사연구의 초점은 삶의 이야기의 전경인 시간성', '생애사연구는 연구자와 참여자의 관계에 의존한다'는 세 가지 특정을 갖고 있다. 첫째, 생애사연구는 참여자가 살아온 삶의 이야기를 단순히 기술하는 것에 그치지 않고 사회학적 안목으로 해석한다.

이런 측면에서 생애사연구는 교육현상의 기술, 분석, 해석의 세 층위를 갖고 있다. 둘째, 생애사연구는 시간, 공간, 사회 중에서 시간의 축을 중심으로 참여자가 살아온 삶의 이야기를 살펴본다. 왜냐하면, 시간성은 삶의 이야기가 형성되어 현재에 이른 과정을 드러내는 매개이기 때문이다. 셋째, 생애사연구는 참여자가 살아온 삶의 이야기를 자연스런 상황에서 구술면담하는 연구방법이다. 그러므로 생애사연구는 연구자와 참여자의 유기적 관계에 전적으로 의존한다. 이런 생애사연구의 세 가지 특징을 살펴보면 첫째, 생애사는 사회학적으로 해석한 삶의 이야기이다. 둘째, 생애사연구의 초점은 삶의 이야기의 전경인 시간성이다. 셋째, 생애사연구는 연구자와 참여자의 관계에 의존이다.

(3) 생애사연구에서 자료의 표현과 글쓰기 기법

생애사연구의 최종 산물은 수집한 자료를 해석한 결과를 표현한 글이다. 생애사연구에서 글쓰기는 구술자료의 전사록, 전사록을 해석한 노트, 그리고 독자에게 생애사연구의 결과를 제시하는 글, 세 가지로 구분할 수 있다. 세 가지 글쓰기는 생애사연구 과정의 단계에 조응한다. 먼저, 구술면담에서 오디오레코딩한 자료를 있는 그대로 옮겨 적어 전사록을 작성해야 한다. 전사록은 가능한 오디오레코딩한 자료를 자연스럽게 글로 옮겨 적은 결과로, 오디오레코딩한 날짜 순서로 작성하고, 참여자의 감정의 변화 등도 놓치지 않도록 한다. 둘째, 전사록에 기술된 구술자료를 추상적 범주에 따라 읽으면서 일정한 패턴을 발견하려고 노력해야 한다. 이에 따라 전사록에 기술한 내용을 분류하고 연구의도 및 주제와 연관된 문단을 범주에 맞추어 배열하여 연구노트를 작성해야 한다. 또한, 연구노트에 배열된 문단에 대한 해석 결과를 각 문단의 옆에 비어 있는 공란에 적는다. 마지막으로 연구노트를 바탕으로 독자에게 생애사연구의 결과를 표현한 글을 써야 한다.

생애사연구의 결과를 표현한 글은 종류는 화자의 시점과 글을 표현하는 방식에 따라 다양하다. 통상적인 질적 연구는 연구자를 참여자와 거리를 일정하게 두는 관찰자로 가정하기 때문에, 글을 쓸 때 화자의 시점을 보통 3인칭으로 설정한다. 반면, 생애사연구는 전기적, 혹은 자서전적 성격을 반영하기 위해서 화자의 시점을 3인칭보다 1인칭, '나'의 시점으로 쓰는 것을 선호한다. 그렇다고 생애사연구의 글쓰기가 무조건 1인칭을 추종하거나 3인칭 시점을 배제하는 것은 아니다. 생애사연구는 필요에 따라 3인칭 시점으로 글을 쓰기도 한다. 또한, 생애사연구의 글쓰기는 연대기적으로 글쓰기, 중요한 사건이나 일화 중심으로 글쓰기, 참여자와 협동적 글쓰기 등으로 구분할 수 있다. 연대기적으로 글쓰기는 마치 연대기를 쓰 듯 시간의 순서에 따라 참여자의 생애사를 기술하는 것이다. 이것은 독자가 시간의 순서에 따라 참여자의 생애를 이해할 수 있다는 장점을 갖고 있다.

중요한 사건이나 일화 중심으로 글쓰기는 연대기적 글쓰기와 같이 시간의 순서에 따라 참여자의 생애를 기술하는 것이 아니라, 연구주제와 관련하여 중요한 사건이나 일화를 선정하여 기술하는 글쓰기 방식이다. 이것은 연구주제와 관련한 사건과 일화를 부각하여 독자가 쉽게 연구주제를 접근할 수 있다는 점에서 장점을 갖고 있다. 마지막으로 참여자와 협동적 글쓰기는 생애사연구의 참여적 성격을 극대화한 글쓰기 방식이다. 이것은 참여자와 연구자가 함께 글을 쓰는 방식으로, 필요한 부분에 참여자의 글을 제시하는 방식, 글을 2단 편집하여 한 쪽에 기술한 연구자의 글 반대쪽에 참여자의 글을 함께 제시하는 방식, 참여자의 글을 중심으로 기술하는 방식 등이 있을 수 있다.

이처럼 생애사연구의 글쓰기는 화자의 시점과 글 쓰는 방식에 따라 다양하게 달라질 수 있으나, 이야기체로 기술하면서 독자에게 생애사연구의 결과를 설득력 있게 전달하려는 도구라는 점에서 공통점을 갖고 있다. '생애사연구의 결과를 독자에게 얼마나 설득력 있게 전달할 것인가?'의 질문에 답할 수 있는 글쓰기 방식을 선택하는 것이 생애사연구 글쓰기의 관건이다.

4. 질적 연구의 엄격성

질적 연구의 엄격성은 기본적으로 양적 조사의 신뢰도와 타당도의 개념에서 대비해 볼 수 있다. 물론 사회복지조사에서 질적 연구가 증가함에도 불구하고, 질적 연구에 대한 엄격성의 논의는 부족하다. 질적 연구자들은 어떠한 경험을 하며, 연구의 질을 높이기 위해 어떠한 노력을 하는가에 대해서는 '엄격성(rigor)'에 대한 중요성을 생각해 볼 수 있다.

질적 연구의 핵심 논의가 양적 조사형태로부터 질적 연구 고유의 정체성을 확보하고 유지하는 것과 관련된 것인데, 어떻게 질적 연구의 엄격성을 확립하고 보다 높은 수준의 혹은 보다 질적인 연구결과를 나타낼지는 항상 고민하게 된다.

엄격성은 질적 연구에서 여러 용어로 혼용되고 있다. 거시적으로는 약한 구성주의적 입장에서 엄밀성, 진실성 등 질적 연구 고유의 용어로 연구의 질 확보와 관련된 용어로 사용되는가 하면, 미시적으로는 연구의 타당도와 관련하여 신뢰도, 타당도라는 용어와 혼용하여 사용하면서 여전히 양적 패러다임의 실증주의적 평가기준을 활용하기도 한다. 물론 구성주의 입장에서는 이러한 용어 혹은 전통적 타당도의 모든 개념을 해체하고, 새로운 연구실천을 위해 타당도 개념을 재구성하는 내용으로 접근하기도 한다.

실증주의(positivist) 입장에서 엄격성 기준은 질적 연구이든 양적 연구이든 상관없이 단 하나의 기준(과학적 방법론)이면 충분하다고 본다. 그러나 이러한 관점을 가진 질적 연구자는 거의 없으며, 이러한 관점은 관념적 차원인 양적 연구자들의 입장에서 바라본다고 지적하고 있다. 후기실증주의(postpositivist) 입장에서 질적 연구는 양적 연구의 엄격성 기준과는 별도로 유사한 기준이 필요하다고 보고 있으나, 그러한 기준이 과연 어떤 것인지에 대해서는 일치된 의견은 없다. 다만 질적 연구 또한 실증적인 근거, 일반화 가능성, 그리고 편견의 최소화를 추구하는 과학적 방법을 받아들여야 한다는 것에 대해서만 일반적인 동의가 있을 뿐이다.

이러한 실증주의와 후기 실증주의는 모두 관찰 및 설명이 가능한 외적 실재(externl reality)를 전제로 하는 하나의 패러다임으로부터 출발하는 인식론적 입장이다. 이러한 인식론적 입장에서 질적 연구의 신뢰도와 타당도 개념은 다음과 같이 규정된다. 질적 연구에서의 신뢰도는 일반적으로 연구의 재생산가능성(reproducibility)을 의미하는 것으로, 서로 다른 연구자들이 동일한 현상을 발견하거나 유사한 결과를 도출하고 참여자들이 결과의 의미에 동의하는 정도를 말한다.

질적 연구의 신뢰도를 외적 신뢰도와 내적 신뢰도로 구분하는데, 질적 연구에서 신뢰도는 연구 장면에서 실제로 구성주의는 연구의 엄격성에 대해 실증주의와는 다른 방식을 제시한다. 링컨과 구바(Lincoln & Guba, 1985)는 진실성, 회귀적 책임(reflective accounting) 등의 질적 연구 고유의 용어를 사용하면서 양적 연구와 다른 패러다임을 보여주고자 한다.

평가기준 용어들은 실증주의자들에게는 모호하고 부정확한 용어로 밖에는 들리지 않는 반면, 구성주의자들은 이에 맞서 양적 연구방법의 도움 없이도 인문학의 전통으로부터 얼마든지 훌륭한 학문이 발전되어 나올 수 있다고 반박하는 논거로 사용하는 것이다.

이러한 입장에서 가장 널리 알려진 링컨과 구바(Lincoln & Guba, 1985)는 질적 연구를 자연주의적 탐구라고 명명하며, 이 자연주의적 탐구의 질을 관리하기 위한 방안으로 '진실성'이라는 용어를 사용하고 있다. 이는 독자들이 연구결과의 가치와 확실성(authenticity)을 인정하고 믿어주는 정도를 의미하며, 사실적 가치(truth value), 적용성(applicability), 일관성(consistency), 중립성(neutrality)으로 구성된다. 추가적으로 다른 학자는 신뢰도, 전이가능성(transferability), 의존성, 확증성을 제시하기도 하였으며, 공정성(fairness), 존재론적(ontological), 교육적, 촉매적(catalytic) 확실성도 논의되고 있다.

이렇게 엄격성과 관련하여 다양한 논의와 용어는 매우 짧은 기간 동안에 동일한 연구자에 의해서 타당도 기준이 계속 바뀌고 있으며, 질적 연구 분야가 자기 정당성을 둘러싸고 매우 역동적인 논의를 계속하고 있음을 보여주고 있다는 내용이다.

5. 질적 연구에 관한 논의

첫째, 질적 연구와 양적 연구의 병행에 관한 내용이다. 양자를 동시에 사용하는 것이 바람직하다는 의견이 있지만 실질적으로 두 접근은 각기 서로 다른 가정에 근거를 두고 있기 때문에 동시에 사용하는 것은 어렵다. 양자를 상호보완적으로 사용하여 질적 연구의 단점인 객관성을 보완할 수 있다는 의견이 있다.

둘째, 질적 연구의 과학성에 관한 내용이다. 과학적이라고 반드시 연역적이고 가설검증적인 연구만 의미하는 것은 아니다. 질적 연구에 있어서 과학적인 연구란 엄격하고 체계적인 경험적 탐구를 의미함으로써 현실기반이론을 추구한다.

셋째, 질적 연구의 일반화 가능성에 관한 내용이다. 질적 연구는 연구결과를 일반적으로 적용하기보다는, 그 연구결과가 다른 상황과 대상에 어느 정도 일반화될 수 있는지에 초점을 둔다.

넷째, 질적 연구에서 연구자의 주관성 배제에 관한 내용이다. 질적 연구의 목적은 주관적인 것을 객관적으로 연구하는 것이다. 따라서 연구자의 편견적 태도가 종종 연구에 반영될 수 있다. 질적 연구자는 주관성에 대한 반성을 포함하는 세부적인 현장기록을 통해 편견 개입의 가능성을 줄여야 한다.

다섯째, 관찰자 효과의 제거에 관한 내용이다. 연구자의 존재가 연구 대상자의 행동에 변화를 일으키는 일종의 반응성이다. 질적 연구자들은 자연스럽고 비강요적이며 비심판적인 태도로 대상자와 상호작용을 하고자 노력하지만 영향력을 모두 제거할 수는 없기 때문에 순수하게 '자연 상태로의 연구'란 사실상 어렵다.

여섯째, 질적 연구의 신뢰성 확보에 관한 내용이다. 양적 연구자들이 주장하는 동일한 조건 아래서 서로 다른 연구자의 연구에 의해 동일한 결과가 도출될 수 있는가에 대한 신뢰성 쟁점이다. 질적 연구자들이 주장하는 신뢰성은 양적 연구자들이 주장하는 관찰결과의 일관성이 아니라 연구자가 기록하는 내용과 실제로 일어나는 상황 간에 일치되는 정도, 즉 자료의 정확성과 포괄성을 신뢰성으로 간주한다.

알아두기

1. 질적 연구방법은 왜 필요한가?

2. 질적 연구방법의 다섯 가지 방법은 어떠한 내용이 있는가? 그리고 그중 가장 중요하게 생각하는 연구방법론은 무엇인가?

3. 질적 연구방법에서 엄격성은 무엇을 뜻하는가?

기출문제

01. 질적 연구방법에 관한 설명으로 옳지 않은 것은? 15회 기출

① 근거이론의 목적은 사람, 사건 및 현상에 대한 이론의 생성이다.
② 문화기술지(ethnography)는 특정 문화를 이해하기 위한 방법, 과정 및 결과이다.
③ 현상학은 개인의 주관적인 경험의 본질과 의미에 초점을 둔다.
④ 자료 수집원을 다양화하여 연구의 엄격성을 높일 수 있다.
⑤ 부정적 사례의 목적은 연구자가 편견에 빠지지 않게 동료집단이 감시기제로서의 역할을 하는 것이다.

정답 ⑤

해설 부정적 사례는 연구결과에 반대가 되는 증거를 말한다. 질적 연구에서 부정적 사례를 충분히 찾아보는 목적은 연구의 엄격성(혹은 신뢰도나 타당도)을 높이기 위해서이다.

02. 질적 연구에 관한 설명으로 옳지 않은 것은? 18회 기출

① 풍부하고 자세한 사실의 발견이 가능하다.
② 문제에 대한 통찰력을 제공한다.
③ 연구참여자의 상황적 맥락 안에서 이루어진다.
④ 다른 연구자들이 재연하기 용이하다.
⑤ 현상에 대해 심층적으로 기술한다.

정답 ④

해설 질적 연구는 잘 알려지지 않은 주제에 대한 탐색적 접근을 하고자 하는 경우에 활용되며, 양적 연구에 비해 비교적 적은 표본의 수를 대상으로 연구자 자신이 자료수집의 중요한 도구가 되어 연구문제에 대한 심층적인 이해와 파악을 추구한다. 따라서 다른 연구자들이 이와 유사하거나 똑같은 연구를 재연하기가 쉽지 않다.

Chapter 10

단일사례설계

CHAPTER

10 단일사례설계

단일사례설계는 단일사례연구디자인(single case study design), 단일사례실험(single case experiment), 단일체계디자인(single system design) 등 다양한 이름으로 통용되고 있다. 단일사례디자인(single subject design)의 중요한 특징은 조사연구의 과정이 실천 과정과 분리되지 않고 통합될 수 있다는 것이다(Rubin and Babbie, 1993). 기존의 연구설계들은 대부분 사회복지실천 과정 중에 사용되기는 힘들고, 실천개입이 끝난 후에야 그 결과를 두고 평가하게 되며, 실천개입이 계획되고 실행되는 과정 내 포함되어 지속적으로 실천개입의 효과성에 대한 피드백 정보들을 제공해 줄 수 있다. 따라서 사회복지실천현장에서 서비스를 제공함에 있어 그 효과성을 점검하는 매우 유용한 조사방법이며, 사례관리영역과도 연결된다.

1. 단일사례설계의 개요

1) 단일사례설계의 개념

단일사례연구디자인(single case study design)은 개인 및 가족, 소집단 등을 대상으로 문제를 해결하기 위한 개입의 효과를 과학적으로 입증하기 위한 것이며, 단일사례설계의 개입(intervention)이란 문제화 된 조사대상자의 표적행동을 변화시키기 위한 프로그램 자극, 환경변화, 행사 등을 의미한다. 여기서 개입은 독립변수, 실험변수, 실험자극에 해당되고 조사대상의 표적행동은 종속변수 또는 결과변수에 해당된다.

사회복지실천 분야에서 단일사례연구는 주로 임상사회사업에서 개인-가족-소집단들의 심리사회적 기능을 유지하거나 향상시키고 실천이론을 발전시키는 데 사용하며, 단일사례 실험, 단일대상 설계 등으로 불린다. 이 설계는 사례수가 적기 때문에 외적 타당도가 낮고 일반화시킬 수 있는 가능성이 낮다는 단점이 있으나 사례관리라는 실천분야의 형성으로 접근하게 되는 분야이다.

2) 단일사례설계의 특징

단일사례연구의 목적은 가설 검증이 아니라, 어떤 표적행동에 대한 개입의 효과성을 보여주고 분석하는 데 있다. 단일사례(single case), 즉 하나의 대상 또는 사례를 가지고 반복적으로 관찰하여 개입의 효과를 평가한다.

조사대상이 되는 것은 개인 또는 집단이고 이 경우 집단 전체를 하나의 사례로 취급하며, 집단구성원들의 정보는 개별적으로 취급되는 것이 아니라 집단 전체의 평균이나 전체 빈도 등으로 요약되어 하나의 사례로 취급된다.

단일사례연구는 경향과 변화를 알 수 있도록 반복적인 관찰을 하게 되고 통제집단은 없으며, 하나의 사례를 반복적으로 측정함으로써 개입의 효과를 파악한다. 또한 반복적이고 연속적으로 자료를 수집하기 때문에 개입으로 인한 조사대상의 변화를 주기적으로 파악할 수 있고, 사례를 진행하는 도중에 도출되는 정보는 환류-수정의 반복적인 과정을 통해 새로운 개입방법을 수립하거나 개입방법을 수정함으로써 그 효과성을 높인다.

▮표 10-1▮ 단일사례설계와 실험조사설계의 비교

구분	단일사례설계	실험조사설계
연구대상	개인, 집단, 가족	모집단으로부터 무작위 표본추출
연구목적	표적행동에 대한 개입의 효과 규명	가설의 검증
실험처치	하나의 사례를 반복 측정함으로써 실험집단과 같은 집단비교의 효과	실험집단과 통제집단으로 나눠 사전사후 검사값을 비교하여 실험처치의 효과를 평가

3) 단일사례설계의 수행과정

단일사례설계는 조사 과정과 유사하지만 개입의 효과와 반복측정에 초점을 두고 있다.

첫째, 문제의 확인-규정으로 조사대상이 가지고 있는 문제로서 조사대상자 자신, 가족, 이웃 등 관련 인물들에 의해 확인될 수 있다. 개입하고자 하는 문제가 명확히 규정해야 한다.

둘째, 변수의 선정으로 표적문제가 규정되면 문제를 경험적으로 인식할 수 있는 실험에 사용될 변수를 선정해야 한다. 또한, 실험에 사용될 변수는 문제를 합리적으로 대표할 수 있는 타당한 지표여야 한다.

셋째, 측정대상으로 선정된 변수의 속성 중 어느 측면을 측정할 것인지 결정한다. 측정대상은 반복 관찰이 가능해야 하므로 정기적으로 측정하기에 충분히 자주 나타나야 한다.

넷째, 개입목표의 설정으로 문제의 원인을 제거할 것인가? 문제 자체를 완전히 해결할 것인가? 등 개입목표를 설정하되 이것이 구체적이고 명확할수록 문제해결이 용이하다.

다섯째, 조사설계에 포함될 내용은 구체적인 설계형태(AB, BAB, ABAB, ABCD형 등), 관찰시기 및 횟수, 자료의 출처, 자료수집방법(관찰, 면접), 자료기록방법(시간간격, 빈도, 지속시간, 정도 등)에 관한 전략 등이 필요하다.

여섯째, 조사실시단계로 설계형태에 따라 개입하기 전과 개입 도중에 자료를 수집한다. 수집된 자료는 그래프로 표시하고 그래프에 나타난 추세를 정리한다. 그리고 조사과정에서 측정대상에 대해 측정할 때 가능한 다각적 측정을 해나는 것이 바람직하다.

일곱째, 개입평가(자료분석)단계로 자료수집이 완료되고 그래프가 완성되면 변화의 파동, 경향, 수준 등을 검토하여 개입의 효과성을 평가한다.

이상의 단일사례설계 수행과정을 통해 알코올 남용 인센티브 효과성 연구에 대한 사례내용의 예를 살펴보면 다음과 같다. 단일체계설계의 수행과정에서 일차적 목적은 집단대상의 설계에서처럼 가설의 검증에 있는 것이 아니라 어떤 표적행동에 대한 개입효과를 관찰하여 분석하는 것이다. 다시 말해서 변수 간 관계의 규명을 위한 것이라기보다는 개입방법의 효과를 평가하려는 것이다. 그러므로 서비스 대상자인 클라이언트의 기능을 저해하는 것으로 보이는 문제행동을 개입의 표적행동으로 명확히 규정하는 것이 필요하다.

단일사례설계를 활용한 장수미와 심정원(2006)의[2] 연구에서는 알코올 남용 인센티브치료의 효과성 연구로 음주와 관련하여 종속변수인 표적행동을 음주여부로 설정하였다. 즉 클라이언트의 음주여부를 음주측정기로 측정하여 그 결과 술을 마시지 않은 것으로 판명되는 혈중알코올농도 zero점수를 음주하지 않은 상태로 하고, zero가 아닌 점수를 음주한 상태로 정의 하였다. 기초선 단계(A1)

2) 장수미, 심정원(2006). 단일체계설계를 활용한 알코올남용 인센티브치료 효과성 연구. 한국사회복지학, 58(4), 291-312.

와 개입철회단계(A2)에서 각각 6회, 12회 음주측정을 하였다. 또한 6주간의 개입기간(B) 동안 18회의 측정을 하였으며 두 명의 클라이언트를 대상으로 반복실험을 실시하는 기준을 충족 하였다.

이 프로그램은 복권방식의 인센티브 치료를 실시하여, 복권은 총 4종류의 가치로 구성된 35장을 준비하여 추첨함을 만들었다. 35장중 10장(28.6%)은 액면가치가 없는 "미안합니다. 다음기회에."라고 적혀있다. 나머지는 이천오백 원 15장(42.8%), 이만 원 9장(25.7%), 십만 원 1장(2.9%)으로 구성하였다. 조사대상자는 음주측정결과 zero가 나오면 1회 추첨기회를 획득하며, 연속 2회 zero가 나오면 보너스로 1회 추첨기회를 추가 획득하도록 하였는데, 클라이언트는 당첨된 금액별로 상품을 선택하도록 하였으며, 인센티브 치료의 개념과 방법(음주측정기 사용, 기록방법, 복권추첨, 상품선택 등 포함)에 대해 클라이언트의 사례관리 담당 사회복지사와 음주측정을 담당하는 쉼터 사회복지사들을 대상으로 사전교육을 실시하였다.

또한 이들과 인센티브 치료기간 중 1회, 치료종결 후에 각각 1회씩 간담회를 가져 인센티브 치료 진행과정에 대한 피드백을 들었다. 또한 연구자중 1명은 클라이언트와 주1회씩 개별면담을 진행하여 인센티브 치료과정을 체크해 나갔다.

자료를 분석하는 방법으로 단일사례설계에 의해 도출되는 자료의 결과를 해석하는 데는 "시각적 분석", "통계학적 분석", "실용적(임상적) 분석" 등 세 가지 방법들이 주로 사용된다. 이러한 분석방법은 서로 보완적 관계에 있기 때문에 어떤 분석이 더 중요하다고는 말할 수 없으며, 각각의 분석들은 실천 및 연구자에 따라서 나름대로의 중요성을 가지고 있는 방법으로 진행해야 할 것이다.

4) 단일사례설계의 기본구조

(1) 기초선단계(baseline phase)

이 단계는 연구자가 개입하기 이전 단계다. 기초선은 연구자가 개입하기 전에 클라이언트 표적행동의 정도를 파악하고 어떤 경향을 보이는지 상태를 관찰하는 기간을 의미한다. 일반적으로 'A'로 표시된다. 충분한 관찰이 이루어질 때 단일사례연구의 내적 타당도가 향상된다. 약 5~10번 정도의 기초선 측정을 계획하는 것이 합리적이다. 더 많은 측정점들을 가질 때 안정된 경향, 즉 표적문제가 예상가능하고 질서 있는 형태로 발생한 것을 발견할 수 있다.

그래프에 시간순서대로 측정점을 표시하고 측정점들을 줄로 연결한 후 전체적인 유형이 증가하는 추세인지, 감소하는 추세인지 혹은 같은 형태가 반복되고 있는지 그래프 경향을 관찰한다. 기초선의 증감추세는 표적문제의 조작적 정의에 달려 있는데, 표적문제의 조작적 정의가 바람직하다면 증가는 문제 개선을, 감소는 문제 악화를 나타낸다.

(2) 개입단계(intervention phase)

개입단계란 표적행동에 대한 개입이 이뤄지는 기간이다. 이 기간 동안에는 표적행동의 상태에 대한 관찰이 병행돼야 한다. 단일사례설계의 구조를 설명하는데 있어서 개입국면을 일반적으로 'B'로 표시한다.

5) 단일사례설계의 자료기록방법

(1) 자료기록의 준비

① **행동관찰규정 준비:** 피험자의 행동은 표준화된 양식, 즉 행동관찰규정에 의해 관찰되고 기록되어야 한다. 행동관찰규정이란, 표적행동에 관한 구체적

인 판단기준과 자료기록에 관한 규정으로 표적행동에 대한 조작적 정의, 기록원칙, 기록의 예 등이 포함되는데, 조사가 시작되기 전에 준비해야 한다.

② 관찰기록자의 선정: 실천현장에서 활동하는 사람들이나 연구자가 관찰하고 기록하는 것이 바람직하다. 표적행동의 직접적인 관찰에 의해서 기록돼야 한다.

(2) 자료관찰 및 기록방법

① 시간간격 기록(등간 기록): 일정한 관찰기간을 같은 간격의 짧은 시간으로 나눠 표적행동을 직접 관찰-기록하는 방법인데 시간이 짧을수록 더 정확히 관찰된다. 예를 들어 10분을 단위로 하여 각 10분마다 특정한 행동이 일어났는지를 관찰한다.

② 빈도 기록: 정해진 관찰기간 동안에 일어난 표적행동의 빈도를 기록하는 것이다. 예를 들어 가정에서 아동이 일어나는 오전 1시간, 잠들기 전 1시간 전후에 어떠한 일과 행동이 일어났는지를 기록한다.

③ 지속시간 기록: 정해진 관찰기간 동안에 일어난 모든 단위행동의 지속시간을 직접 관찰하여 기록하는 방법이다. 즉, 이러한 행동이 일어나는 지속시간을 기록하는 것이다.

④ 정도기록: 정해진 관찰기간 내에 발생한 표적행동의 양, 수준, 정도를 관찰하여 정도 측정 척도에 의해 판단하여 정도를 나타내는 수치를 기록하는 것이다. 가정에서 양육자가 아동에 대해 부정적 반응을 보이는 것을 미리 강도에 따라 1~4등급으로 내용을 미리 정해놓고 어느 정도의 행동을 보이는지를 기록한다.

⑤ 간헐점검 기록(순간체크 기록): 간헐적으로 특정의 관찰시간을 정하여 관찰하는 순간에 표적행동을 하고 있는지 아닌지 기록하는 것이다

⑥ 영구적 생산물 기록: 반드시 직접관찰을 요하지 않으며 표적행동에 의해 만

들어진 것을 관찰하여 표적행동이 일어났음을 확인함으로써 이뤄진다.

2. 단일사례설계의 유형

1) AB설계(기초선→개입단계)

단일사례설계의 구조는 기초선단계(A)와 개입단계(B)로 구성되며, AB설계는 가장 단순한 형태의 단일사례설계이다. A단계에서는 단순히 표적행동의 빈도 등에 관한 관찰만 이루어지며, B단계에서는 표적행동에 대한 개입활동이 이뤄지고 변화에 대한 관찰이 이루어진다. 도표에서는 관찰결과와 관찰점을 연결하여 그래프로 표시하며, 세 차례 이상의 관찰점, 측정점이 필요하고 반복적으로 관찰하지만 통제변수인 외생변수는 없기에 개입이 표적행동의 변화에 미치는 효과의 신뢰도가 낮다.

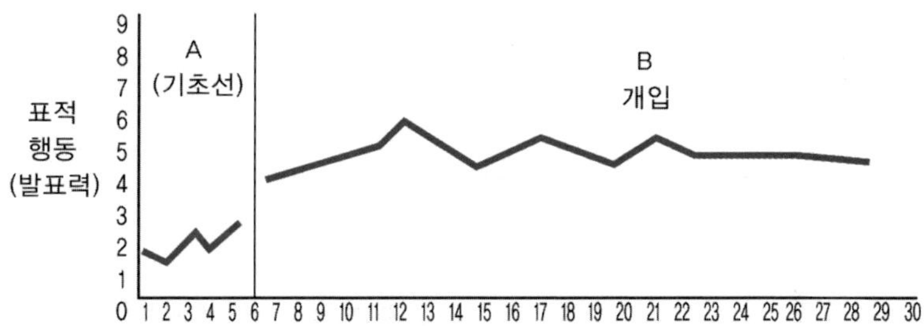

▌그림 10-1▌ A-B설계의 구조

2) ABA설계(기초선→개입단계→제2기초선)

ABA설계는 AB설계에 개입을 중단하는 A단계를 추가하여 AB설계의 단점을 보완하는 설계방식이다. 표적행동을 첫 번째 기초선단계(A)에서, 개입단계(B)에서, 그리고 개입을 종료한 후 일정 기간 동안 A를 관찰하는 형태로 첫 번째 A에서 표적행동의 빈도가 높았는데 B에서 빈도가 낮았다가 개입을 종료한 후, 다시 A를 관찰했을 때 빈도가 높아지면 개입이 효과적이었다고 추정할 수 있다. 두 번째 기초선 기간을 반전기간 또는 제2기초선이라고 한다. 장점으로는 제2기초선을 추가하여 AB설계의 낮은 신뢰도 문제를 극복하고 단점으로는 윤리적인 문제로서 개입효과를 평가하기 위한 목적으로 개입을 중단하는 것은 윤리적 문제와 제2기초선 동안에 문제가 악화되지 않으며 개입 이외의 다른 외생적인 요인들이 영향을 미친 결과인지 개입효과가 지속되고 있는지 알 수 원인을 알 수 없다.

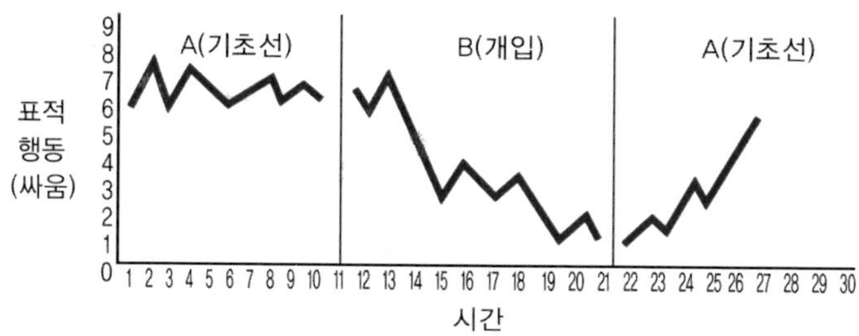

▍그림 10-2▍ A-B-A 설계의 구조

3) ABAB설계(기초선→개입단계→제2기초선→개입단계)

ABAB설계는 외부사건을 더 잘 통제하기 위해 ABA설계에서 다시 재개입하는 B단계를 추가한 방식이다. 즉, 외생변수를 보다 효과적으로 통제하기 위해 제2기초선(A)과 제2개입 단계(B)를 추가하는 것이다. 이는 철회, 반전설계라고 부르며, 기초선(A) 측정 후 일정 기간 동안 개입(B)을 하고 일정 기간 동안 중단(A)한 후 다시 개입(B)을 하는 것이다. 제2기초선 단계에서 표적행동이 개입 이전의 제1기초선단계의 표적행동 상태와 유사하다면 개입이 표적행동에 효과가 있다고 추정할 수 있다.

두 번째 개입 이후, 표적행동 상태가 제2기초선단계와 비교해 현저한 변화를 보인다면 개입효과를 더욱 신뢰할 수 있다. 따라서 ABA설계의 외생변수의 요인을 통제할 수 있으며, 개입효과를 가장 높이 확실할 수 있기 때문에 실천현장에서 유용한 설계다. 물론 윤리적인 문제로서 제1단계에서 효과가 있음에도 불구하고 연구목적을 위해 개입을 중단하고 일정 기간 관찰한 후 다시 개입을 재개하는 것은 윤리적인 문제행동을 일으키고 제2기초선단계와 제2개입단계의 표적행동의 상태가 매우 유사한 경우에는 원인을 찾는 데 어려움이 있다.

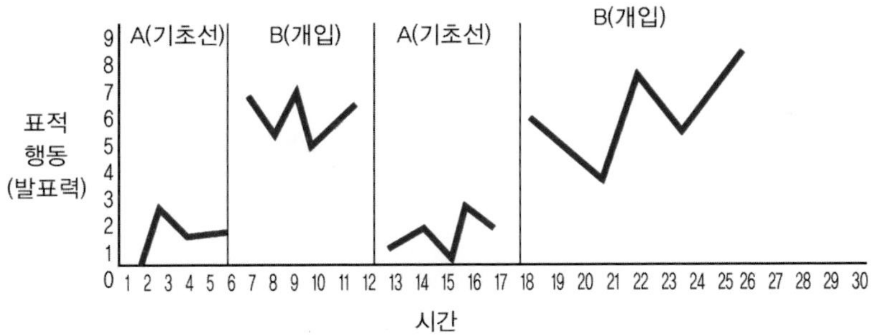

❙그림 10-3❙ A-B-A -B설계의 구조

4) BAB설계(개입단계→기초선단계→개입단계)

BAB설계는 기초선 단계 없이 먼저 개입단계를 거친 후 개입을 중단하는 기초선 단계(A)를 가진 후 다시 개입을 재개하는 단계(B)를 도입한다. 이는 반복된 개입을 통해 개입의 효과를 가져올 수 있고, 바로 개입단계에 들어감으로써 조속한 개입이 유용하다. 외생요인을 통제하기 어려운 것과 개입의 효과가 지속적인 경우 기초선단계와 제2개입단계에서 표적행동의 상태가 유사하므로 개입효과를 평가하기 어렵다.

5) ABCD설계(기초선단계→서로 다른 개입방법 사용 단계)

하나의 기초선 자료에 대해서 여러 개의 각기 다른 방법(BCD)을 개입하는 방법이다. 클라이언트에게 도움이 되지 않는 개입을 수정하거나 실제로 표적문제에 변화를 가져오는지 설명하고자 할 때 유용하다. ABCD설계는 융통성이 있어서 연속적인 단계에서 옳다고 입증된 대로 개입계획을 변경할 수 있으며, 이월효과, 순서효과, 우연한 사건과 관련된 제한점들이 있다.

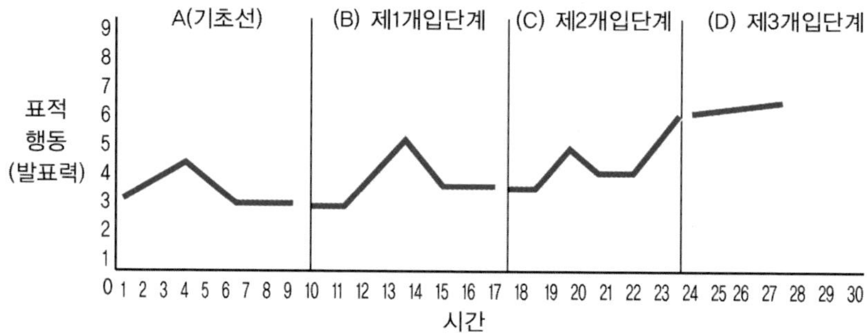

그림 10-4 A-B-C-D설계

6) 복수 기초선 설계

하나의 동일한 개입방법(AB설계)을 여러 문제, 여러 상황, 여러 사람들에게 적용하여 같은 효과를 얻음으로써 표적행동에 대한 개입효과를 추정하는 데 신빙성을 높이려는 것이다. 둘 이상의 기초선을 사용하는 데 복수기초선설계에서는 개입을 중단하는 대신에 동시에 개입을 시작하게 되며, 둘 이상의 개입단계를 사용하지만 개입은 각 기초선의 서로 다른 관찰점에서도 도입된다. 물론 적용대상에 따라 문제 간 복수기초선설계, 상황 간 복수기초선 설계, 대상자 간 복수기초선 설계로 구분할 수 있으며 다음과 같다.

첫째, 문제 간 복수기초선설계는 하나의 특수한 개입방법이 같은 상황에서 같은 대상자의 다른 문제해결에 효과가 있는지를 평가하기 위한 것이다.

둘째, 상황 간 복수기초선설계는 하나의 특수한 개입방법이 같은 대상자의 같은 문제를 두 가지 이상의 다른 상황에서 치료하는데도 효과가 있는지를 평가하기 위한 것이다.

셋째, 대상자 간 복수기초선설계는 특정개입방법이 같은 상황에서 같은 문제를 가진 두 명 이상의 다른 대상자에게 적용될 때 개입방법의 효과를 평가하는 방법이다.

3. 개입의 평가

1) 개입평가 기준

개입평가의 기준으로 첫째, 변화의 파동으로 관찰된 표적행동의 특성이 시간의 경과에 따라 파동을 일으키며 변화되는 정도를 말한다. 파동이 심한 경우 관찰의 횟수가 많아야 변화의 일정 유형을 판단할 수 있다.

둘째, 변화의 경향으로 기초선 변화의 경향을 개입기간 변화의 경향과 연결시켜 검토하는 준거 틀이다. 기초선기간과 개입기간 동안 경향의 방향이 일치되면 개입영향을 판단하기 어렵고, 상반되면 개입영향의 판단이 쉽다.

셋째, 변화의 수준으로 관찰된 행동 특성의 점수의 위치를 말하는 것으로 기초선 점수 수준과 개입기간 점수 수준 사이에 차이가 클수록 개입효과에 대한 확신이 높아진다.

2) 개입의 유의성 분석

개입의 유의성 분석은 세 가지로 나누어 볼 수 있는데 첫째, 시각적 유의성으로 개입이 도입되거나 중단된 후에만 표적행동의 수준과 경향의 변화가 그래프에서 시각적으로 나타나 있는가를 분석한다. 기초선의 수준과 개입선의 변화들을 시각적으로 분석한다.

둘째, 통계적 유의성으로 개입단계 동안 관찰된 자료가 예상되는 변화의 파동과 어떻게 다른지를 통계적으로 분석한다. 평균비교(기초선단계와 개입단계의 평균비교)나 경향선(기초단계에서 자연스럽게 진행될 것으로 예상되는 선) 접근, 비율-빈도 계산 등을 사용한다.

셋째, 실질적 유의성 혹은 임상적 유의성으로 개입으로 인한 표적행동의 변화양이 실질적이거나 임상적 관점에서 판단하여 실천적 의미를 분석한다.

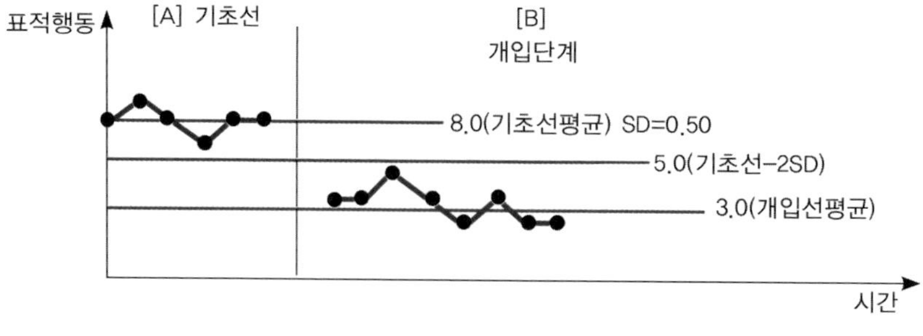

❙그림 10-5❙ 평균비교법

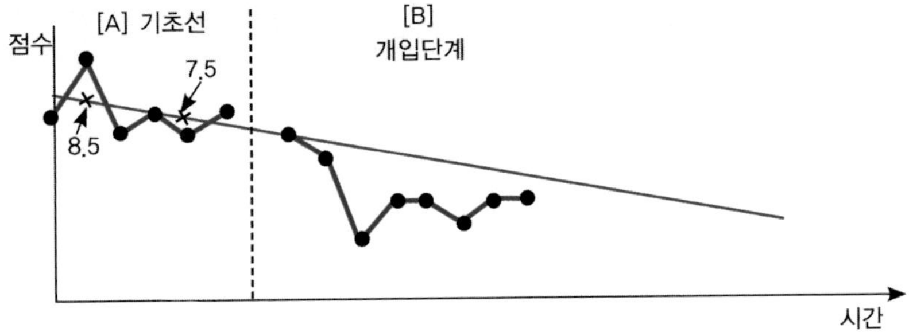

▌그림 10-6▐ 경향선 접근법

알아두기

1. 단일사례설계는 어떤 구조를 가지고 있는지, 그리고 어떤 수행 과정을 거치는가?

2. 단일사례설계의 유형에는 어떤 것이 있는가?

3. 단일사례설계의 장단점은 무엇인가?

기출문제

01. 단일사례설계 중 다중기초선 설계에 관한 설명으로 옳지 않은 것? 17회 기출

① 내적 타당도 저해요인을 통제하기 위한 주요 수단으로 개입의 철회를 사용한다.
② 일부 연구대상자에게 개입이 지연되는 문제를 갖는다.
③ 연구대상자의 수가 증가할수록 내적 타당도는 증가한다.
④ 동일한 개입을 특정 연구대상자의 여러 표적행동에 적용하여 개입의 효과를 평가할 수 있다.
⑤ 수집된 자료의 분석을 위해 통계적 방법이 사용되기도 한다.

정답 ①

해설 내적타당도 저해요인을 통제하기 위한 주요 수단으로 개입의 철회를 사용하는 단일사례설계 유형은 ABA설계 혹은 ABAB설계이다.

02. 단일사례설계의 개입효과에 관한 설명으로 옳지 않은 것은? 18회 기출

① 개입 후 변화의 파동이 심하면 효과 판단이 어렵다.
② 기초선이 불안정할 경우 기초선의 경향선을 이용하여 통계적으로 개입효과를 판단한다.
③ 기초선에서 개입기간까지의 경향선을 통해 시각적으로 개입효과를 판단한다.
④ 기초선과 개입기간 두 평균값의 통계적 검증을 통해 개입효과를 판단한다.
⑤ 개입 후 상당한 기간이 지나 최초 변화가 발생할 경우 개입효과가 있다고 판단한다.

정답 ⑤

해설 개입 후 상당한 기간이 지나 최초의 변화가 발생한 것은 이것이 개입효과로 인한 변화인지, 다른 요인으로 인한 변화인지 확신할 수 없다.

Chapter 11

연구계획서 작성

CHAPTER

11 연구계획서 작성

연구계획서를 작성하는 것은 많은 시간과 경비와 특히 노고가 필요한 부분이다. 최근에 대학에서는 졸업 시에 논문을 쓰지 않으며, 다른 대체적인 방법으로 객관식의 문제로 시험을 치지만 대학의 글쓰기와 사회과학에 필수인 조사의 전체적 과정에 대한 이해가 필요하다. 그와 관련하여 다음의 내용을 기술하고자 한다.

1. 연구과정에 영향을 미치는 요인

첫째, 탐구를 위한 양적 연구방법과 질적 연구방법은 최근에 다양하게 연구가 되고 있다. 연구자가 연구설계를 하는 과정에서 사회복지조사문제와 대상자선정은 중요한 부분이나 그 문제를 증명하는 과학적이고 체계적인 방법을 제시하는 양적 연구와 질적 연구의 방법론의 선택은 연구의 새로운 길을 개척하는 영역으로 최근 한국사회복지학회지의 연구내용을 보더라도 질적방법론이 양적방법론 못지않게 게재가 되고 있다.

둘째, 사회복지실천모델의 이론적 근거이다. 최근 미국의 경우에는 증거기반 중심의 모델이 제시되고 있고 이러한 영향은 사회복지실천현장의 책임성과 근거를 제시하는 중요한 영향을 미치고 있다.

셋째, 연구목적으로는 탐색, 기술, 설명, 평가, 측정도구개발, 다수의 연구목적, 설명과 예측하는 방향을 가지고 있다.

넷째, 연구과정에는 시간적 차원을 고려하여야 한다. 현재에도 자기가 연구계획하는 논문은 누군가가 발표하거나 이미 게재가 되었을 가능성이 높다. 또 시의 적절성을 고려한 내용이 되어야 할 것이다.

다섯째, 논문투고 및 심사내용으로 연구자는 논문을 투고하는 학회와 심사내용의 의견에 매우 민감하게 대응해야 할 것이다.

2. 문헌고찰과 서지정보프로그램

사회복지자료를 분석하기 위해서는 2차적 자료 확보를 위해서 도서관을 이용하는 일은 필수적인 요건이다. 사회복지자료는 국회도서관이나 국립중앙도서관이 인기가 있었다. 하지만 최근에는 전자저널의 발달로 전자정보의 접근이 용이해지고, 전자저널이 다양하게 국내뿐만 아니라 국외의 자료도 접근하게 되었다.

이미 국내의 전자저널로는 RISS(Research and Information Sharing Service)로 교육과학기술부 출연기관인 한국교육학술정보원에서 제공하는 국내 최대 학술연구정보 서비스인데 개인회원 가입 후 이용할 수 있는 저널로 국내의 모든 저널을 연계하고 있어, 기존의 전자저널을 이용할 필요가 없을 정도이다. 국외저널로는 대학도서관에서 가장 고가의 e-저널로 ScienceDirect인데 Elsevier 출판사에서 제공하는 2,029종 저널 원문 제공하고 있으며, EBSCO HOST Academic Search Premier는 전 주제 분야의 다양하고 포괄적인 서지/초록정보(8,500여 종) 및 원문정보(4,700여 종) 제공하고 있다. 이러한 다양한 전자저널은 개인컴퓨터를 이용해서 국내외 모든 사이트를 대학도서관(유료사이트포함) 및 교육기관에서는 제공해 주고 있기에 정보의 바다라 할 수 있다.

그리고 이러한 전자저널을 이용할 때 데이터베이스를 구축할 수 있는 서지정보프로그램도 동시에 발전되고 있으며, 대표적으로 Endnote와 Refworks의 서지정보프로그램이 있는데 구글스칼라에서는 자료검색 시에 이러한 프로그램에 연동시켜 내가 찾은 자료를 관리할 수 있도록 해주고 있다.

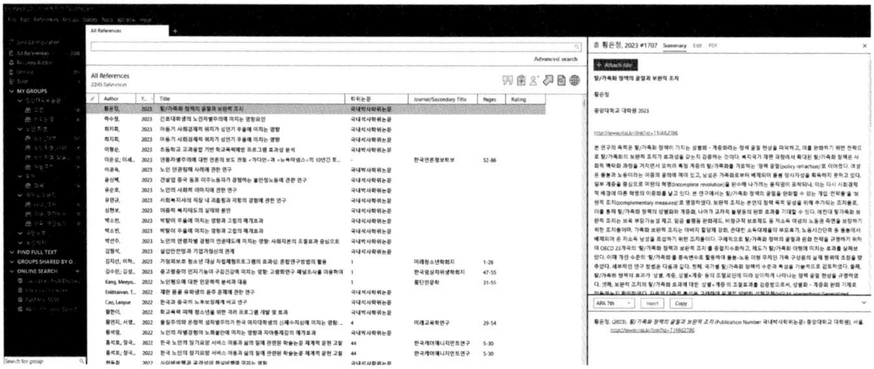

| 그림 11-1 | Endnote 서지정보프로그램

3. 사회복지조사 연구와 윤리

사회복지조사에서는 연구와 관련하여 윤리적인 측면이 부각되고 있는데, 윤리심의에 대한 내용을 위원회를 통해 투고할 때에는 심의 과정을 거치게 한다. 그리고 한국연구재단에서도 생명윤리위원회의 규정을 대학에서 만들도록 하고 있다. 따라서 대학에서는 생명윤리위원회라는 명칭을 통해서 인간을 대상으로 하는 연구의 윤리적·과학적 타당성을 심의하고 생명윤리 및 안전의 확보를 위하여 설치·운영하고 있다.

조사와 관련된 생명윤리위원회의 주요내용으로는 연구를 심사하는데, 연구계획서의 윤리적, 과학적 타당성을 살펴보고, 연구대상자 등으로부터 적법한 절차에 따라 동의를 받았는지에 대한 여부, 연구대상자 등의 안전에 관한 사항을 살펴보고, 연구대상자 등의 개인정보보호대책은 이루어졌는지와 그 밖의 생명윤리 및 안전에 관해 필요한 사항들을 살펴보고 있다.

또한 생명윤리위원회는 인간 또는 인체유래물을 대상으로 연구를 수행하는 생명윤리 및 안전의 확보가 필요한 기관에서 연구계획서 심의 및 수행 중 연구과정 및 결과에 대한 조사, 감독 등을 통한 연구자 및 연구대상자 등을 적절히 보호할 수 있도록 설치된 자율적·독립적 윤리 기구를 말하며, 국제기준과 국내기준 및 관련 법규를 준수하고 있다.

이러한 IRB 심의는 국제적으로 인간 혹은 인체유래물을 대상으로 하는 연구에 대하여 적용되는 중요한 연구윤리 원칙 중 하나이며, 연구자들은 IRB 심의를 받음으로써 연구가 헬싱키 선언과 같은 국제적 수준의 연구윤리에 맞게 수행된다는 것을 인정받게 될 수 있으며, 따라서 IRB 심의를 필수로 하는 대부분의 국제학술지들의 요구 충족과 함께 정부예산 연구추진 시 요건을 동시에 충족한다.

법률적 근거	▸ 생명윤리 및 안전에 관한 법률 및 동법 시행령과 시행규칙 ▸ 보건의료기본법 ▸ 의료법 및 동법 시행령과 시행규칙 ▸ 약사법 및 동법 시행령과 시행규칙 ▸ 의료기기법 및 동법 시행령과 시행규칙 ▸ 개인정보 보호법 및 동법 시행령과 시행규칙 등
설치 목적	인간과 인체유래물 등을 연구하거나, 배아나 유전자 등을 취급할 때 인간의 존엄과 가치를 침해하거나 인체에 위해(危害)를 끼치는 것을 방지함으로써 생명윤리 및 안전을 확보하고 국민의 건강과 삶의 질 향상에 이바지함

윤리·역사적 근거	▸ 헬싱키선언(Declaration of Helsinki) ▸ 벨몬트 보고서(Belmont Report) ▸ 생명윤리와 인권 보편선언 ▸ 사람 대상 생명의학 연구에 대한 국제윤리 가이드라인 ▸ 임상시험실시기준(Guideline for Good Clinical Practice) 등
설치 대상	인간대상연구, 인체유래물연구 등을 수행하는 자가 소속된 교육·연구 기관 또는 병원 등

- 인간대상연구: 사람을 대상으로 물리적으로 개입하거나 의사소통, 대인 접촉 등의 상호작용을 통하여 수행하는 연구 또는 개인을 식별할 수 있는 정보를 이용하는 연구로서 보건복지부령으로 정하는 연구
- 인체유래물연구: 인체유래물을 직접 조사·분석하는 연구
  ↳ 인체유래물: 인체로부터 수집하거나 채취한 조직·세포·혈액·체액 등 인체 구성물 또는 이들로부터 분리된 혈청, 혈장, 염색체, DNA(Deoxyribonucleic acid), RNA(Ribonucleic acid), 단백질 등

4. 조사보고서의 작성

1) 조사보고서의 의의

사회조사는 사회적인 욕구와 문제가 무엇인지를 확인하고 문제해결을 위래 필요한 정보를 수집하고 분석하며 지배적인 원리를 정립하여 이론을 형성하는 일련의 활동이다. 따라서 사회조사는 그 결과를 공식적으로 보고하거나 발표해야만 목적을 달성했다고 볼 수 있다.

조사보고서는 조사목적을 달성하기 위해 조사결과 발견한 사항들과 이로부터 추론한 내용을 조사문제, 조사대상, 조사방법, 조사절차 등과 함께 체계적으로 정리하여 행정책임자나 학계 등에 제시하는 문서다.

2) 조사보고서의 유형

조사보고서의 유형을 잘 이해해야한 조사문제와 조사대상 그리고 조사설계를 진행할 수 있을 것이다. 이 보고서의 목적이 무엇인지를 이해해야 한다. 따라서

조사보고서는 자료의 내용을 명확하게 전달하는 방법일 것이다.

첫째, 탐색적 조사보고서이다. 조사문제를 규명하거나 가설을 설립하는 데 도움을 주는 보고서로서 향후 논리적이고 정교한 조사를 실시하도록 하기 위해 수행된 조사의 결과를 보고하는 문서다. 보고가 탐색적 목적을 가지고 있으며 결론을 단정적이 아니라 잠정적인 것임을 밝혀야 한다.

둘째, 기술적 조사보고서이다. 조사문제와 관련된 사회적 현상의 특성과 변수 간의 상호관계성을 서술하기 위해서 수행된 조사의 결과보고서다. 기술하는 내용이 모집단 전체에 관한 것인지 표본에 한정된 것인지 제시해야 한다. 변수 간의 관계를 기술함에 있어 통계적 오차의 범위에 관해서도 기술해야 한다.

셋째, 설명적 조사보고서이다. 변수 간의 인과관계를 밝히기 위한 조사의 결과보고서로서 보고의 목적이 설명적인 것임을 밝혀야 하고 인과관계의 신뢰성에 대한 근거도 제시해야 한다. 또 활용한 추리통계분석 결과를 간략히 정리하고 세부적인 결과는 부록에 참고하는 것이 바람직하다.

넷째, 보고용 조사보고서이다. 자료분석 결과에 따라 특정 정책이나 개입방안을 창안하여 제안하는 문서다. 보고의 목적이 제안임을 밝혀야 하고 제안내용의 근거를 논리적으로 제시해야 한다.

3) 조사보고서의 작성요령

조사보고서를 잘 만드는 일은 사회복지실천현장에서 기획과 관련되거나 프로그램 개발에 속하는 일이다. 그리고 연구자에게는 연구물 혹은 논문을 쓰는 일에 속한다. 요즘에는 대학에서 졸업논문을 쓰는 일이 드물다. 자격시험을 치기 때문에 졸업시험으로 대신하는 경우가 많은데, 졸업논문과 마찬가지로 사회복지문제에 접근하는 방법과 기술을 배워야 한다.

① **표제:** 표제에는 조사제목, 조사자, 기관의 이름, 작성일자 등이 표기된다.

② 목차: 보고서의 내용을 나타내는 세부 제목들을 순서에 따라 나열하고 해당 면을 표시하여 쉽게 찾을 수 있도록 하고 도표가 많은 경우 표 목차를 별도로 만드는 것이 좋다.

③ 개요 혹은 초록: 조사보고서의 전체의 중요한 부분을 요약 정리하여 짧은 시간에 조사보고서 전체의 내용을 파악할 수 있도록 한다. 조사개요에는 조사목적, 조사배경, 조사문제, 가설, 조사내용, 조사방법, 주요 조사결과 및 발견사항, 결론 등이 포함된다.

④ 서론: 조사의 취지, 필요성, 목적, 조사범위, 기존의 연구와 비교, 용어의 설명 등이 서술된다. 기존의 유사한 조사와 유사점 또는 차이점에 대해 서술해야 한다.

⑤ 본문

<table>
<tr><td>조사의 목적</td><td colspan="2">• 탐색적, 기술적, 설명적, 제안적 목적인지 서술한다.</td></tr>
<tr><td>문제와 가설</td><td colspan="2">• 조사문제와 가설을 설명하고 가설에 사용된 개념들에 조작적 정의를 행한다.</td></tr>
<tr><td>이론적 배경</td><td colspan="2">• 조사문제와 방법에 대한 이론적 배경을 서술한다.
• 기존의 문헌이나 연구결과와 검토하고 비교함으로써 수행된다.
• 조사가 독창적이라는 근거를 밝힌다.
• 사회적·학문적 기여도를 제시한다.</td></tr>
<tr><td rowspan="5">조사설계 및
조사방법</td><td>조사설계</td><td>• 조사목적, 주제, 조사문제, 조사대상, 설문지 구성, 자료수집 방법, 자료분석, 보고서 작성, 조사설계가 가지고 있는 장점, 단점에 대해 언급한다.</td></tr>
<tr><td>자료수집방법</td><td>• 질문지법, 면접법, 내용분석법 등 자료분석방법을 제시한다.</td></tr>
<tr><td>표본추출</td><td>• 조사대상이 모집단인지 표본인지 설명한다. 표본이라면 표집단위, 표집틀, 표본추출절차, 표본크기, 응답률 등에 대한 설명이 있어야 한다. 구체적인 표집방법을 언급한다.</td></tr>
<tr><td>통계적
자료분석방법</td><td>• 자신이 사용한 통계기법에 대해 정당화시킬 수 있어야 한다.</td></tr>
<tr><td>조사결과</td><td>• 논리적이고 적절한 문체를 하용하여 보고한다.</td></tr>
</table>

⑥ 결론 및 제언: 전체적으로 조사목적, 조사과정, 조사방법, 조사내용 등을 간략히 정리하고 조사결과를 토대로 결론을 내린다. 조사상의 제한점과 오류 발생 가능성을 정직하게 제시한다. 신뢰성 여부를 판단할 수 있도록 기술

해야 하고 일반화의 가능성을 알려줘야 한다.

⑦ 참고문헌: 참고문헌은 조사보고서의 밑거름이다. 국내외문헌을 중심으로 구분할 수 있는데, 1순위로는 학술지로 한국연구재단에 등재된 KCI급학술지를 우선적으로 보아야하며, 그다음 박사학위논문, 석사학위논문 수준으로 살펴보아야 한다.

⑧ 부록: 통계분포, 사회지표, 프로그램 소개, 이용자 현황, 설문지 원본 등 부수적인 자료를 첨부한다.

알아두기

1. 참고문헌, 부록, 초록, 요약문을 작성하는 방법은 무엇인가?

2. 사회복지조사연구를 진행함에 있어서 어떤 가치 및 윤리를 가져야 하는가?

3. 연구과정에 영향을 미치는 요인은 무엇인가?

기출문제

01. 연구윤리에 부합되는 사회복지조사로 옳은 것은? 18회 기출

① 연구참여자가 평소와 다른 행동을 하지 않도록 연구자의 신분을 숨기고 자료를 수집하였다.
② 연구결과의 확산을 위해 연구참여자의 신분은 다른 연구기관에 동의 없이 공개하였다.
③ 연구결과에 영향을 미치지 않도록 연구참여자에게 일어날 수 있는 이익을 미리 알리지 않았다.
④ 연구 참여 여부를 성적평가와 연계하여 연구참여자의 참여동기를 높였다.
⑤ 연구참여자에게 연구과정에서 발생할 수 있는 고통을 미리 알리고 사전 동의를 구하였다.

정답 ⑤

해설 연구참여자가 연구참여로 인해 얻을 수 있는 이익과 손해를 사전에 미리 고지한 후 참여에 대한 사전 동의를 받아야 한다.

02. 과학적 조사가 필요한 사례에 해당하지 않는 것은? 12회 기출

① 사회복지사의 윤리적 갈등을 해소할 필요가 있을 때
② 결혼이주민 조사 시 연구자의 문화적 편견을 검토하고 싶을 때
③ 주민 대표자의 응답이 전체 주민의 의견을 대표하는지 알고 싶을 때
④ 정량평가 외에 정성평가를 체계화하고 싶을 때
⑤ 선임 사회복지사의 경험적 지식이 타당한지 알고 싶을 때

정답 ①

해설 과학적 조사는 '무엇이 어떻게 되어야 하는가?'가 아니라 '무엇인가?'에 대한 답을 찾는 것이다. 즉, 가치판단이 아닌 사실을 추구한다. 또한 과학적 이론은 현상을 설명하는 데 초점을 두며 가치중립을 전제로 한다. 따라서 과학적 조사를 통해 가치나 윤리적인 갈등에는 답을 줄 수 없다. '문화적 편견이 어떠한지', '대표자의 응답이 주민의 의견을 대표하는지', '선임 사회복지사의 경험적 지식이 타당한지' 알고 싶을 때 관심은 두는 것은 '어떻게 되어야 하는가?(윤리나 가치의 문제)'가 아니라 '실제 어떠한가, 혹은 무엇인가?'라는 사실(혹은 실제)의 문제이다. 이 경우 모두 과학적 조사가 필요한 사례에 해당한다.

Chapter 12

SPSS 활용하기

CHAPTER

12 SPSS 활용하기

SPSS(Statistical Package for the Social Sciences)는 1968년 미국 시카고 대학교의 국민여론연구소에서 사회과학자료의 분석을 위하여 개발한 통계패키지인데, 그 후 다양한 형태의 자료분석에 적합하도록 확대 개편되어 오늘날에는 사회과학과 자연과학 등 거의 모든 학문분야에 있어서의 통계분석뿐만 아니라 일반회사나 증권회사, 은행 등의 금융기관에 있어서 각종자료의 정리 및 보고서 작성 등을 할 수 있는 기능을 갖게 되었다. SPSS의 기능은 크게 자료의 입력(Data Entry), 자료관리(Data Management), 통계분석(Statistical Analysis) 그리고 보고서(Report) 작성 등으로 구분할 수 있다.

그동안 SPSS 프로그램은 버전의 향상이 많이 이루어졌다. 초기에 많이 쓰인 도스용 버전은 컴퓨터를 처음 접하는 사용자에겐 벅찰 정도로 많은 영문명령어와 옵션들이 있었다. 하지만 현재 윈도우용 프로그램의 성장으로 초보자도 쉽게 변수와 명령을 선택하게끔 되어 있어 많은 사용자에겐 쉽게 사용할 수 있는 장점을 지니고 있다.

필자가 처음 구입한 윈도우 용 SPSS 6.1을 사용하기 위해서는 적어도 486기종(IBM) 이상으로 RAM이 8MB이상이 되어야 프로그램을 쓸 수 있었다. 그후

SPSS 7.0의 출현으로 그 기능을 보면 새 출력결과 표시. 기본 시스템에서 대부분의 통계분석 과정이 향상되어 질 높은 프레젠테이션 결과를 나타낸다. 또한 피벗표 출력결과를 통해 여러 가지 방법으로 결과를 살펴 볼 수 있다. 그리고 새로운 GLM 과정. 일반 선형 모형(GLM)은 정규적으로 분포된 변수와 범주형 및 연속형 예측변수의 조합과 관련된 분석 방법을 포함하는 유동적인 통계 모형이다.

현재 SPSS 28.0버전(한글/영문버전 공용)의 정착화로 통계처리의 새로운 장을 열고 있다. 이 프로그램은 엑셀 데이터 불어오기, 다중데이터 사용가능, 스크립트 작성과 자동화, 출력결과 내보내기용 HTML 형식과 ASCII 형식, 데이터베이스 읽기용 확장 기능, 사용자 정의 도구 모음, 분산 성분 분석, 새 표 기능, 최대 256자까지 사용할 수 있는 변수 설명, 인터넷 홈 페이지로의 직접 연결하는 괄목할 만한 기능이 있으며 더욱 편리해지며 호환성을 높이는데 초점을 두고 있다.

그러나 최근에는 SPSS의 시대가 저물고 있다는 통계치도 나타나고 있다. 한때 SPSS는 대학 내 조사방법론 강의의 필수 코스로 여겨졌으며, 통계분석을 위해 SPSS는 당연히 익혀야 할 프로그래밍 도구기도 했다. 물론 지금도 양적 분석을 다루는 연구자들에게 SPSS는 필수 재료이다. 그럼에도 불구하고 이런 위상을 지녔던 SPSS가 학계에서 서서히 밀려나고 있다. 그 자리는 R 언어가 대체하고 있다.

측정된 결과를 보면 8년 간 누적 인용횟수에서 SPSS는 7만5천회로 단연 1위였고 이어 SAS, Minitab, R이 뒤를 따랐다. 하지만 기간별로 쪼개보면 R의 우세가 또렷해진다. SPSS의 인용 횟수는 2007년을 기점으로 빠른 속도로 하락하고 있는 반면, R는 서서히 증가하고 있다. 2014년에는 R이 논문에 가장 많이 인용되는 통계 패키지 3위를 기록했다. 이처럼 SPSS가 절대적인 통계분석 팩키지는 아니지만 사회복지영역에서 가장 많이 알려진 통계프로그램임은 틀림없다.

1. 기초메뉴

1) 메뉴익히기

spss의 메뉴판은 일반 프로그램도 마찬가지로 파일, 편집 등의 기본적인 기능과 함께 데이터와 변환영역이 별도로 구성되어 있고, 특히 통계분석프로그램이 가지고 있는 분석영역이 가장 핵심적인 내용이다.

메뉴판에서 주로 쓰이는 툴바는 분석하는 데 편의성을 증진시켜주고 있으며, 기본적으로 불러오기, 저장하기, 최근명령어를 사용하는 툴바 기능이 가장 많이 쓰인다.

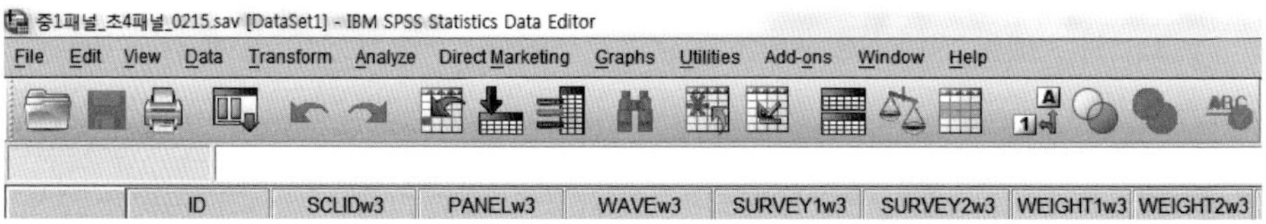

2) 데이터입력과 변수의 정의

우선 청소년패널사이트에 들어가서 1차년도의 *.sav(spss확장자파일명) 파일을 다운받는다. 그리고 분석에 대한 설명을 진행해보면 다음과 같다.

데이터입력창에는 변수의 정의칸이 포함되어 있다. 변수의 정의는 변수의 명칭을 정하는 변수명란과 변수의 성격유형, 칸수, 변수의 설명란, 변수의 값과 레이블기능이 포함되어 있다. 무응답과 척도의 종류를 나누어 정리할 수 있다.

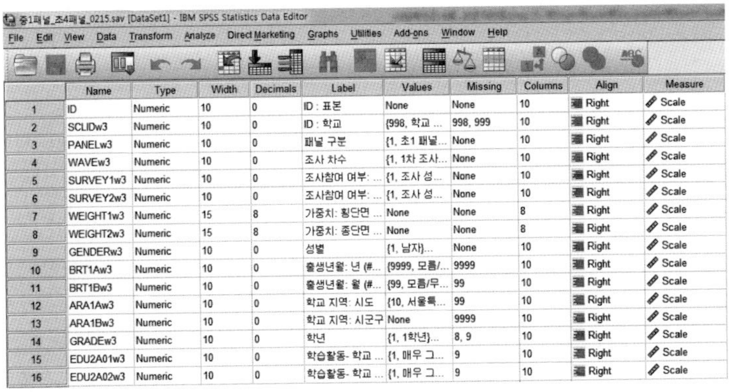

	Name	Type	Width	Decimals	Label	Values	Missing	Columns	Align	Measure
1	ID	Numeric	10	0	ID : 표본	None	None	10	Right	Scale
2	SCLIDw3	Numeric	10	0	ID : 학교	{998, 학교 ...	998, 999	10	Right	Scale
3	PANELw3	Numeric	10	0	패널 구분	{1, 초1 패널...	None	10	Right	Scale
4	WAVEw3	Numeric	10	0	조사 차수	{1, 1차 조사...	None	10	Right	Scale
5	SURVEY1w3	Numeric	10	0	조사참여 여부: ...	{1, 조사 성...	None	10	Right	Scale
6	SURVEY2w3	Numeric	10	0	조사참여 여부: ...	{1, 조사 성...	None	10	Right	Scale
7	WEIGHT1w3	Numeric	15	8	가중치: 횡단면 ...	None	None	8	Right	Scale
8	WEIGHT2w3	Numeric	15	8	가중치: 종단면 ...	None	None	8	Right	Scale
9	GENDERw3	Numeric	10	0	성별	{1, 남자}...	None	10	Right	Scale
10	BRT1Aw3	Numeric	10	0	출생년월: 년 (#...	{9999, 모름/...	9999	10	Right	Scale
11	BRT1Bw3	Numeric	10	0	출생년월: 월 (#...	{99, 모름/무...	99	10	Right	Scale
12	ARA1Aw3	Numeric	10	0	학교 지역: 시도	{10, 서울특...	99	10	Right	Scale
13	ARA1Bw3	Numeric	10	0	학교 지역: 시군구	None	9999	10	Right	Scale
14	GRADEw3	Numeric	10	0	학년	{1, 1학년}...	8, 9	10	Right	Scale
15	EDU2A01w3	Numeric	10	0	학습활동- 학교 ...	{1, 매우 그...	9	10	Right	Scale
16	EDU2A02w3	Numeric	10	0	학습활동- 학교 ...	{1, 매우 그...	9	10	Right	Scale

3) 케이스 선택

데이터를 관리하는 기능으로 케이스를 선택하는 기능은 모든 케이스를 선택하거나, 무작위로 %를 설정하여 케이스를 임의선택하는 기능이 있다. 물론 범위도 설정하여 연구자가 원하는 케이스만 선택하여 분석할 수 있는 기능이다.

탑메뉴〉 Data → Selet cases..

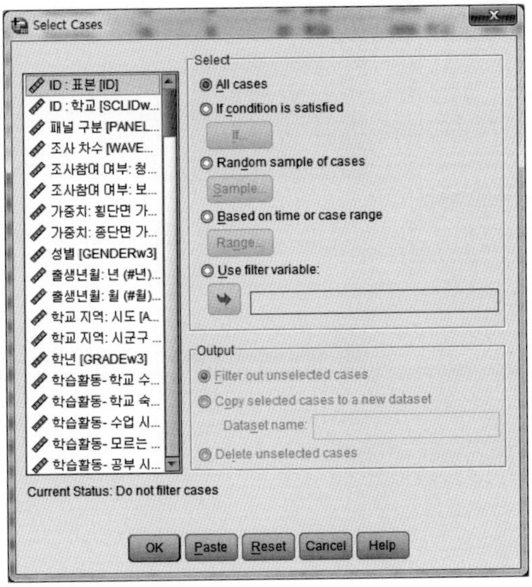

만약 케이스 선택 후 해제를 해야 하는데, 해제는 모든 케이스 선택을 하여, 분석을 하면 된다. 간혹 If의 조건식을 작성하는 경우에는 조건이 두 개이면 변수도 두 개 이상을 적어서 “학년〉3 이상 & 성별=1”로 설정하고 분석하면 된다.

4) 계산하기

탑메뉴〉 Transform → Compute variables..

계산하기의 기능은 변수의 평균과 합계를 사용하기 위하여 쓰인다. 예를 들면 청소년의 학교생활에 대한 내용의 문항이 5문항이면 이러한 문항을 합계를 내어 계산할 때 쓰인다. 5개 문항을 합계를 내기 위해서는 명령어를 SUM(A01, A02, A03, A04, A05)로 입력한다. 또한 평균을 나타낼 때는 MEAN(A01, A02, A03, A04, A05)으로 입력을 한 후 계산을 실시한다.

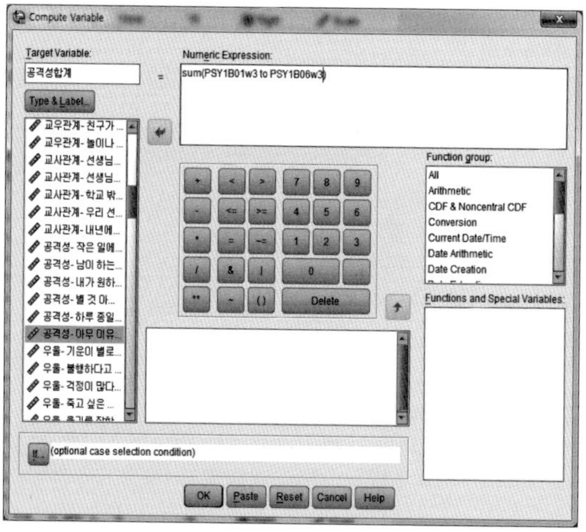

5) 코딩변경

탑메뉴〉 Transform → Recode into Same(Different) variables..

동일한 변수 내에서 값을 변환시키는 방법으로 같은 변수로 바꾸는 방법과 새로운 변수로 만들어 변환시키는 방법이 있다. 보통 새로운 변수로 코딩 변경을 하고 하는 경우에는 기존의 변수가 가지고 있는 데이터가 삭제되기 때문에 새로 저장해서 새로운 데이터파일을 이용하거나 다른 변수로 코딩을 변경해야 할 것이다.

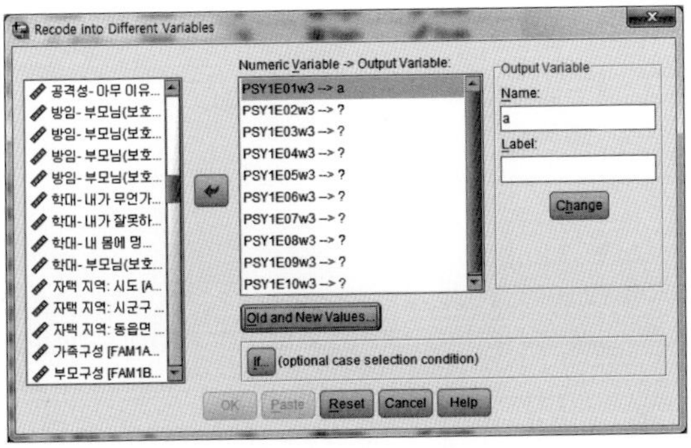

코딩변경의 영역별로 살펴보면 기존값과 새로운 값의 두 영역으로 구성되어져 있으며, 새로운 값이 새로 만들어질 경우에는 새로 생성될 변수의 값을 지정하면 된다.

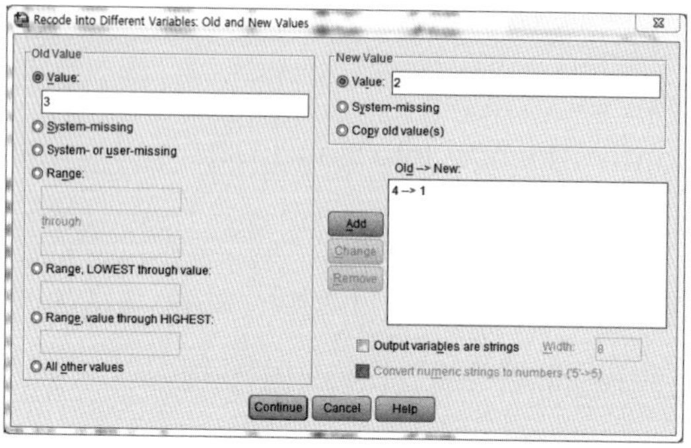

2. 기초분석하기

1) 빈도분석

탑메뉴〉 Analysis → Descriptive Statistics → Frequencies..

빈도분석의 경우에는 가장 많이 사용되고 있는 기초분석 기법으로 분석이라는 메뉴의 기술통계량을 선택해서 빈도분석을 선택하면 된다.

빈도분석을 선택하면 대화창이 나오는데, 그 대화창의 왼쪽 변수들을 오른쪽 변수의 빈 공간으로 클릭하여 이동시키면 된다. 변수를 여러 개 동시에 이동하고 싶을 경우에는 Ctrl키(원하는 변수선택)와 Shift키(구간으로 변수선택)를 활용하여 변수를 선택한다. 빈도분석 시에 평균과 표준편차를 구해보며, 집중경향과 분산도등을 살펴볼 수 있다.

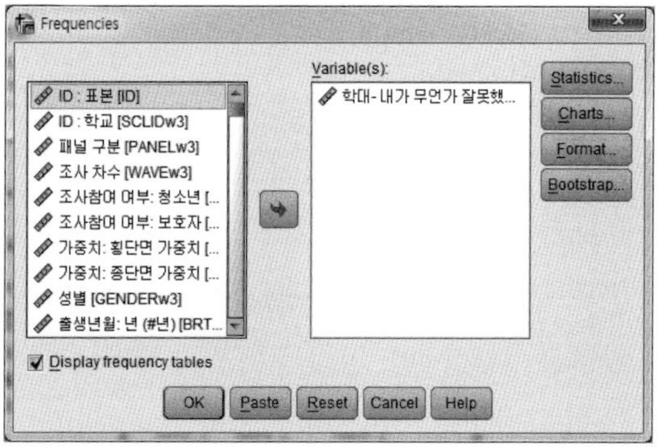

〈출력결과〉

빈도분석의 출력결과는 빈도, 퍼센트, 유효퍼센트, 누적퍼센트로 전체 케이스 수가 나타난다. 빈도분석에서는 무응답치가 나타날 경우에는 퍼센트와 같이 해석하며, 무등답치를 빼고 분석한 경우는 유효퍼센트로 해석한다. 누적퍼센트는 전체의 누적현황을 해석하기에 용이하다.

빈도분석에서도 평균(산술평균)과 표준편차를 많이 구하게 되며, 평균은 다양한 정보를 요약해서 집중된 경향치를 알려주며, 분산과 표준편차는 개별값들이 가지고 있는 고유의 수치가 평균으로부터 어느 정도의 거리에 있는지를 알려준다.

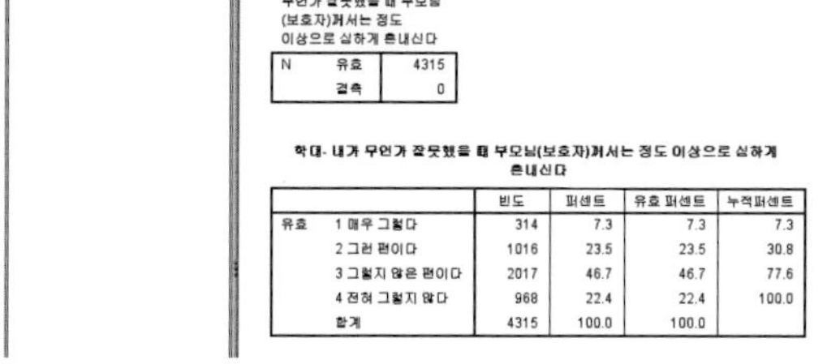

2) 기술통계

탑메뉴〉 Analysis → Descriptive Statistics → Descriptives..

기술통계도 빈도분석의 실행방법과 동일하며, 분석에서 기술통계량으로 선택하고 기술통계를 선택하면 된다. 기술통계분석에 대화창이 나타나면 대화창의 변수를 이동한 후 옵션을 선택하면 된다.

기술통계분석을 실행할 수 있는 변수의 속성은 등간, 비율척도로 평균을 구할 수 있는 변수들이어야 하며, 성별이나 학력, 종교와 같은 명목과 서열척도는 평균의 의미가 없다. 또한 리커트 척도도 서열척도이긴 하지만 정규성의 기준을 생각해볼 때 평균을 나타내어 분석한다.

기술통계에서 옵션 중 표준화된 값을 변수로 저장하는 기능을 선택하면, 통계분석시에 표준화된 값이 변수로 저장되어 데이터 입력창에 나타난다. 표준화된 점수가 +1.96보다 크거나 -1.96보다 작으면 상하위 5%의 범위에 있다는 것을 나타낸다.

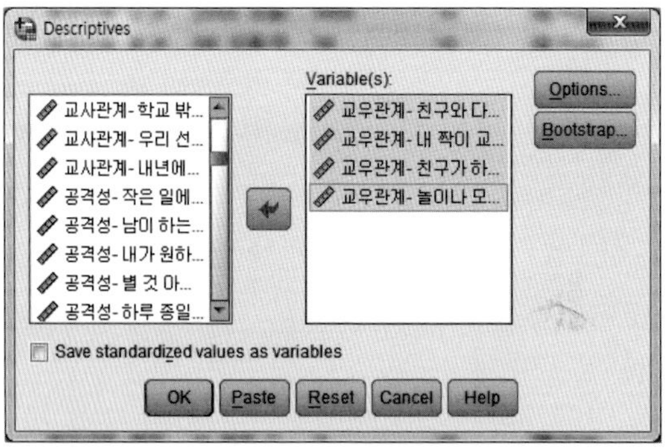

3) 교차분석

탑메뉴〉 Analysis → Descriptive Statistics → Crosstabs..

교차분석은 카이제곱을 중심으로 다양하게 가설검증을 하는 분석이며, 독립변수와 종속변수가 모두 명목, 서열척도인 경우에 사용하는 분석방법이다. 즉, 편균분석을 할 수 없는 경우에는 교차분석을 사용하게 된다.

교차분석을 할 경우에도 행에 해당하는 Row에는 종속변수를, 열에 해당하는 Column에는 독립변수를 설정한다. 그리고 행과 열에는 여러 개의 변수를 넣을 수 있으며, 전체 응답자의 수가 분석 후에는 총응답자의 수치와는 다르게 나타날 수 있다.

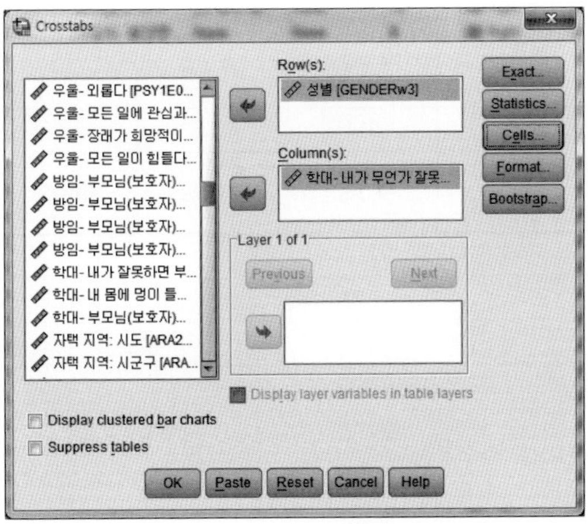

〈출력결과〉

교차분석을 실행하면 카이검증을 같이 보게 되며, 교차분석의 진행내용 중에 유의미한 빈도가 얼마인지, 결측값이 어느 정도인지를 요약표에서 나타낸다. 카이검증에 대한 해석은 별도 유의도를 확인 후, 검증결과를 해석한다.

케이스 처리 요약						
	케이스					
	유효		결측		전체	
	N	퍼센트	N	퍼센트	N	퍼센트
GENDERw3 성별 * FAM3B01w3 학대- 내가 무언가 잘못했을 때 부모님(보호자)께서는 정도 이상으로 심하게 혼내신다	4315	100.0%	0	0.0%	4315	100.0%

성별 * 학대- 내가 무언가 잘못했을 때 부모님(보호자)께서는 정도 이상으로 심하게 혼내신다 교차표							
			FAM3B01w3 학대- 내가 무언가 잘못했을 때 부모님(보호자)께서는 정도 이상으로 심하게 혼내신다				전체
			1 매우 그렇다	2 그런 편이다	3 그렇지 않은 편이다	4 전혀 그렇지 않다	
GENDERw3 성별	1 남자	빈도	196	611	985	434	2226
		GENDERw3 성별 중 %	8.8%	27.4%	44.2%	19.5%	100.0%
	2 여자	빈도	118	405	1032	534	2089
		GENDERw3 성별 중 %	5.6%	19.4%	49.4%	25.6%	100.0%
전체		빈도	314	1016	2017	968	4315
		GENDERw3 성별 중 %	7.3%	23.5%	46.7%	22.4%	100.0%

카이제곱 검정			
	값	자유도	점근 유의확률 (양측검정)
Pearson 카이제곱	68.288a	3	.000
우도비	68.733	3	.000
선형 대 선형결합	61.971	1	.000
유효 케이스 수	4315		
a. 0 셀 (0.0%)은(는) 5보다 작은 기대 빈도를 가지는 셀입니다. 최소 기대빈도는 152.02입니다.			

4) 평균비교(독립표본 t-검증)

탑메뉴〉 Analysis → Compare Means → Independent Samples T-Test..

일반적으로 독립변수 내의 두 집단의 평균을 비교하는 방법으로 모집단의 분산을 모를 때 사용되며, 두 집단 간의 평균의 차이가 통계적으로 유의미한가를 파악할 때 쓰는 방법이다. 독립변수는 두 개의 집단으로 구성되어야 하거나 구분점을 사용하고, 종속변수는 등간척도 이상으로 측정하여야 한다.

먼저 성별에 따른 학대의 차이정도를 살펴보고자 한다. 종속변수(측정변수)인 학대를 이동한다. 독립변수인 성별은 이동 후 집단1과 집단2를 나누어 설정하고 남성은 1, 여성은 2로 구분하여 입력한다. 혹 독립변수가 범주가 넓은 경우에는 분리점(cut point)을 이용하여 두 집단으로 나누면 된다.

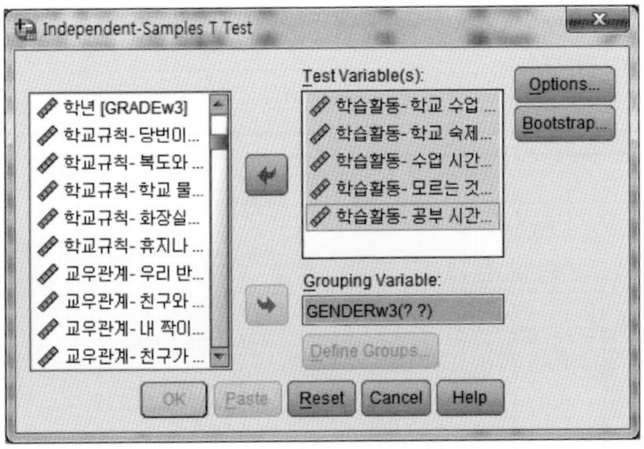

〈출력결과〉

독립표본 t-검정결과에 대한 해석은 아래의 표와 같이 평균의 차이를 검증하면 된다. 평균을 비교하기 전에 우선 몇 가지를 확인해야 할 내용이 있는데, 첫번째 Levene의 등분산 검정으로 F검정은 분산의 동일성 검정하는 것으로 두 집단의 분산이 동일할 확률을 보여주는 것이다. 레빈의 F검정에서 p〈.05인 경우에는 두 집단의 분산이 다르다는 것은 등분산이 가정되지 않음을 나타내기에 아래의 t값을 해석해야 하며, p〉=.05인 경우에는 두 집단의 분산이 같다는 것으로 위쪽의 t값을 해석하면 된다.

따라서 t값이 -7.943으로 자유도는 4312.890으로 유의확률이 p=.000으로 나타났다. 양방검정의 유의도는 두 집단의 평균차이가 없다는 영가설이 맞을 확률을 의미한다. 이러한 내용의 결과를 통해서 해석을 하게 되면 성별에 따른 학대의 정도를 평균비교해 보면 남학생과 여학생에게 차이가 나타났으며, 여학생이 2.95로 남학생 2.74에 비해 높게 나타났고 통계적으로는 유의미한 결과를 나타냈다.

T-검정

집단통계량					
	GENDERw3 성별	N	평균	표준편차	평균의 표준오차
FAM3B01w3 학대- 내가 무언가 잘못했을 때 부모님(보호자)께서는 정도 이상으로 심하게 혼내신다	1 남자	2226	2.74	.870	.018
	2 여자	2089	2.95	.820	.018

독립표본 검정										
		Levene의 등분산 검정		평균의 동일성에 대한 t-검정						
		F	유의확률	t	자유도	유의확률(양쪽)	평균차	차이의 표준오차	차이의 95% 신뢰구간	
									하한	상한
FAM3B01w3 학대- 내가 무언가 잘못했을 때 부모님(보호자)께서는 정도 이상으로 심하게 혼내신다	등분산이 가정됨	61.903	.000	-7.928	4313	.000	-.204	.026	-.255	-.154
	등분산이 가정되지 않음			-7.943	4312.890	.000	-.204	.026	-.255	-.154

5) 평균비교(대응표본 t-검정)

탑메뉴〉 Analysis → Compare Means → Paired Samples T-Test..

상표본 비교라고 불리며, 대응표본 t-검정은 동일한 표본에서 두 변수의 평균의 차이를 비교할 경우에 사용한다. 예를 들면 사회복지실천현장에서 프로그램의 효과성검정을 할 때 참여하기 전과 참여하기 후의 차이를 비교하기 위해 사용하는 검정방법이다.

실험설계에서 진행되는 평균비교방법으로 실험집단과 통제집단을 구분하여 사전과 사후의 변수를 지정하고 분석하는 것이다.

사전, 사후 각각의 변수의 차이에 대한 평균, 응답자수, 표준편차, 오차가 제시되어 상관관계와 평균의 차이를 통해 프로그램의 사전사후 차이를 검정하는 방법이다. 즉 변수의 내용은 같은 항목이며, 같은 집단의 검사를 두 번한 것을 비교한 것이다.

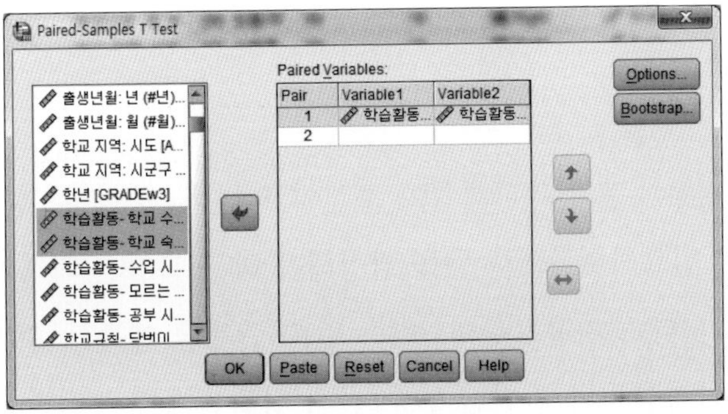

6) 상관관계

탑메뉴〉 Analysis → Correlation → Bivariate..

변수와 변수 간의 관계로 둘 또는 그 이상의 변수들이 있어야 된다. 변수가 다른 변수와 어떻게 관련이 있는지 살펴보는 변동의 연관성 정도를 파악하고, 변동의 크기의 정도와 방향을 상관관계라고 한다.

이 관계의 정도는 지수라고 명명하며, 0에서 1사이의 절대값을 나타낸다. 0에 가까울수록 상관관계가 낮아지며, 1에 가까울수록 상관관계는 높아지는 것이다. 또한 변수의 관계방향은 +, -로 표현을 하게 되며, 양과 음의 관계를 나타낸다.

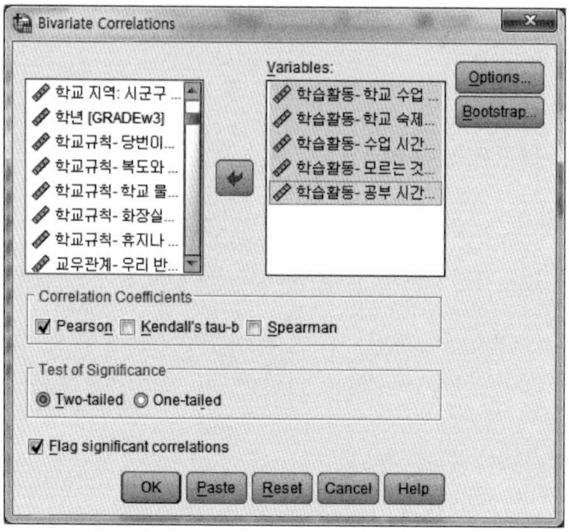

〈출력결과〉

회귀분석의 경우에는 인과관계성이 조건이 되는데, 등간성, 정규분포성, 선형성 등의 조건이 필요하며, 잔차 등을 검정해야 하는 복잡한 과정이 필요하다. 하지만 상관관계는 다소 자유로우며, 변수 간의 관계를 예측할 수 있는 정도이다.

청소년들의 학습활동과 관련된 변수 간의 상관관계를 분석한 예를 보면 다음과 같다. 마지막 학습활동변수인 "EDU2A05w3 학습활동- 공부 시간에 딴짓을 한다"는 상관성이 매우 떨어지는 것을 알 수 있다.

상관계수						
		EDU2A01w3 학습활동- 학교 수업 시간이 재미있다	EDU2A02w3 학습활동- 학교 숙제를 빠뜨리지 않고 한다	EDU2A03w3 학습활동- 수업 시간에 배운 내용을 잘 알고 있다	EDU2A04w3 학습활동- 모르는 것이 있을 때 다른 사람(부모님이나 선생님 또는 친구들)에게 물어본다	EDU2A05w3 학습활동- 공부 시간에 딴짓을 한다
EDU2A01w3 학습활동- 학교 수업 시간이	Pearson 상관계수	1	.418**	.479**	.396**	.209**
	유의확률		.000	.000	.000	.000

재미있다	(양쪽)					
	N	4315	4315	4315	4315	4315
EDU2A02w3 학습활동- 학교 숙제를 빠뜨리지 않고 한다	Pearson 상관계수	.418**	1	.543**	.426**	.269**
	유의확률 (양쪽)	.000		.000	.000	.000
	N	4315	4315	4315	4315	4315
EDU2A03w3 학습활동- 수업 시간에 배운 내용을 잘 알고 있다	Pearson 상관계수	.479**	.543**	1	.481**	.283**
	유의확률 (양쪽)	.000	.000		.000	.000
	N	4315	4315	4315	4315	4315
EDU2A04w3 학습활동- 모르는 것이 있을 때 다른 사람(부모님이나 선생님 또는 친구들)에게 물어 본다	Pearson 상관계수	.396**	.426**	.481**	1	.164**
	유의확률 (양쪽)	.000	.000	.000		.000
	N	4315	4315	4315	4315	4315
EDU2A05w3 학습활동- 공부 시간에 딴짓을 한다	Pearson 상관계수	.209**	.269**	.283**	.164**	1
	유의확률 (양쪽)	.000	.000	.000	.000	
	N	4315	4315	4315	4315	4315

**. 상관계수는 0.01 수준(양쪽)에서 유의합니다.

7) 분산분석

탑메뉴〉 Analysis → Compare Means → One-Way ANOVA

분산분석은 독립변수의 각 집단이 세 집단 이상인 경우에 사용되며, 두 집단의 검정은 t-검정으로 사용되며, 세집단인 경우에는 아노바를 사용하게 된다.

분산이란 내용은 얼마나 값들이 흩어져 있는지를 알려주는 분산도의 일종으로 표준편차의 제곱이다. 즉, 분산분석은 계산방법은 무작위 오차 분산(집단 내 분산)에 비해 처리 간 분산(집단 간 분산)이 크면 처리에 의한 효과가 존재한다고 판단하고 집단 내는 동질적이고 집단 간에 이질적일수록 F값이 높게 나타나고, 집단 간 차이가 있다고 기대할 수 있으며, 전체변량은 집단 간 변량과 집단 내 변량의 합이다.

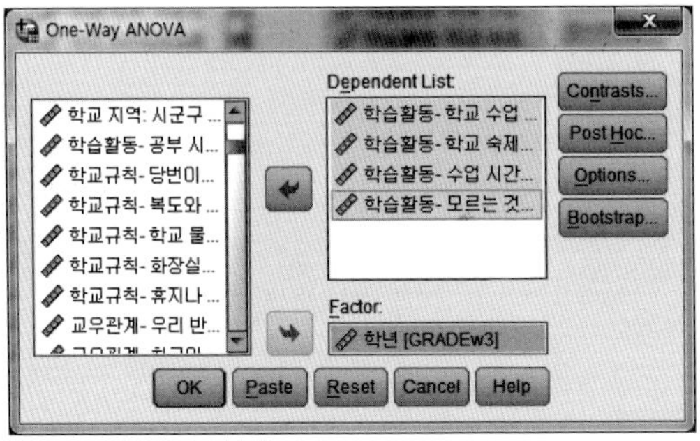

〈출력결과〉

세 집단이상의 분산분석인 경우에는 출력결과에 기술통계치인 평균과 표준편차를 중심으로 해석을 하고, F검증을 통해서 일원배치분산분석을 한다. 그 결과 유의도가 있을 경우에는 사후검정에서 집단 간의 차이를 살펴보게 된다.

기술통계								
FAM3B01w3 학대– 내가 무언가 잘못했을 때 부모님(보호자)께서는 정도 이상으로 심하게 혼내신다								
	N	평균	표준편차	표준오차	평균에 대한 95% 신뢰구간		최소값	최대값
					하한값	상한값		
1 부모(아버지+어머니)+자녀	3616	2.85	.845	.014	2.83	2.88	1	4
2 한부모(아버지또는어머니)+자녀	318	2.81	.870	.049	2.72	2.91	1	4
3 (한)조부모(할머니/할아버지)+자녀	38	2.58	1.081	.175	2.22	2.93	1	4
4 (한)조부모+부모+자녀	241	2.86	.854	.055	2.75	2.97	1	4
5 (한)조부모+한부모+자녀	88	2.65	.971	.104	2.44	2.85	1	4
6 기타	14	2.79	.579	.155	2.45	3.12	2	4
합계	4315	2.84	.852	.013	2.82	2.87	1	4

일원배치 분산분석					
FAM3B01w3 학대- 내가 무언가 잘못했을 때 부모님(보호자)께서는 정도 이상으로 심하게 혼내신다					
	제곱합	df	평균 제곱	F	유의확률
집단-간	6.704	5	1.341	1.847	.100
집단-내	3127.392	4309	.726		
합계	3134.096	4314			

다중 비교(Scheffe)						
종속 변수: FAM3B01w3 학대- 내가 무언가 잘못했을 때 부모님(보호자)께서는 정도 이상으로 심하게 혼내신다						
(I) FAM1Aw3 가족구성	(J) FAM1Aw3 가족구성	평균차 (I-J)	표준오차	유의확률	95% 신뢰구간	
					하한값	상한값
1 부모(아버지+어머니)+자녀	2 한부모(아버지 또는 어머니)+자녀	.038	.050	.989	-.13	.20
	3 (한)조부모(할머니/할아버지)+자녀	.274	.139	.567	-.19	.74
	4 (한)조부모+부모+자녀	-.006	.057	1.000	-.19	.18
	5 (한)조부모+한부모+자녀	.205	.092	.420	-.10	.51
	6 기타	.067	.228	1.000	-.69	.83

8) 회귀분석

탑메뉴〉 Analysis → Regression → Linear...

회귀분석은 예측 분석으로 주로 사용되며, 설명력을 통해서 종속변수에 영향을 미치는 독립변수의 통계적 유의미성을 판단하는 분석이다. 어떠한 원인변수가 결과변수에 가장 많은 영향력을 미치고 있으며, 전체적인 영향력을 파악하는 분석이다. 이 분석은 방정식을 사용하는 상관관계의 한 형태이며, 한 변수의 값에 기초하여 다른 변수의 값을 예측할 수 있게 해준다. 즉 독립변수와 종속변수 간 예측적인 관계성을 검증할 목적으로 사용하는 방법이다. 따라서 회귀분석을 통해 종속변수를 예측하는 회귀모형을 만들고 적합성을 검증함과 동시에 각 독립변수들이 회귀모형에 기여하는 상대적인 비율(설명변량)을 파악하게 된다. 이러한 과정에서 종속변수를 설명하는 합리적인 회귀방정식을 산출하게 되며, 다중회귀분석의 방정식은 아래와 같다.

$$Y^{'} = a + b_1X_1 + b_2X_2 + b_3X_3 ..... + b_iX_i$$

Y'= 예측하고자 하는 종속변수

a = 절편(상수: intercept)

b = 기울기, 즉 회귀계수(regression coefficient)

X = Y'을 예측하기 위해 사용된 독립변수

구분	단순선형회귀분석 (simple linear regression)	다중선형회귀분석 (multiple linear regression)
독립변수 수준	양적변수(1개)	양적변수(2개 이상)
종속변수 수준	양적변수(1개)	양적변수(1개)
전제 조건	1) 각 모집단의 정상분포 2) 각 모집단의 등분산 3) 독립변수와 종속변수 모두 양적 변수 4) 두 변수의 관계는 직선(선형함수)의 상관관계 5) 두 변수의 다중공선성 배제	

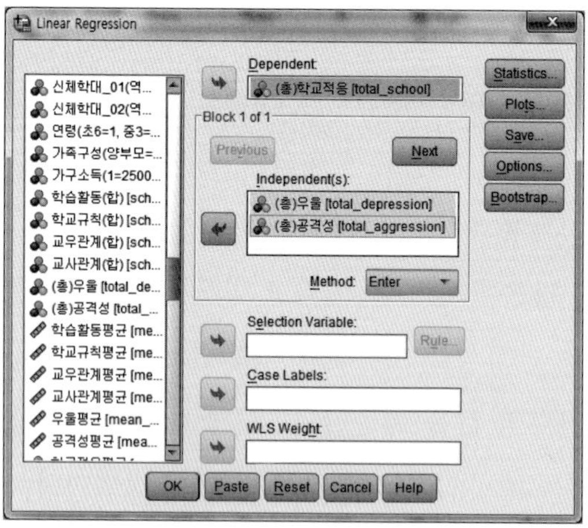

〈출력결과〉

회귀분석의 결과내용은 먼저, 모형요약에서 설명력을 해석하게 되고, 독립변수가 1개인 경우에는 R제곱값을 2개 이상인 경우에는 수정된 R제곱값을 해석하면 되고, .126인 경우에는 12.6%의 설명력을 가지는 것으로 해석하면 된다.

또한 분산분석인 F검정을 살펴본 후, 투입한 독립변수의 표준화계수(베타계수)의 통계적 유의미성을 확인한 후 영향력을 살펴보고 다중공선성을 확인한다.

모형 요약				
모형	R	R 제곱	수정된 R 제곱	추정값의 표준오차
1	.355a	.126	.126	7.846
a. 예측값: (상수), total_aggression (총)공격성, total_depression (총)우울				

분산분석a						
모형		제곱합	자유도	평균 제곱	F	유의확률
1	회귀 모형	38287.956	2	19143.978	311.007	.000b
	잔차	265424.026	4312	61.555		
	합계	303711.982	4314			
a. 종속변수: total_school (총)학교적응						
b. 예측값: (상수), total_aggression (총)공격성, total_depression (총)우울						

계수a						
모형		비표준화 계수		표준화 계수	t	유의확률
		B	표준오차	베타		
1	(상수)	69.884	.456		153.273	.000
	total_depression (총)우울	-.270	.023	-.202	-11.957	.000
	total_aggression (총)공격성	-.462	.039	-.202	-11.926	.000
a. 종속변수: total_school (총)학교적응						

9) 다중응답

탑메뉴〉 Analysis → Multiple Response → Define variable sets..

다중응답은 빈도분석과 교차분석에서만 사용될 수 있으며, 욕구조사를 할 때 다양한 응답의 분포를 파악하기 위한 분석기법이다. 즉 응답에서 여러 개를 답했을 때 그 응답에 대한 전체적인 합계를 구하는 분석방법으로 사회복지실천현장에서 유용하게 사용된다. 다중응답은 전체 응답치에 해당하는 수를 변수화시켜 그 변수의 합을 새로운 변수로 만드는 방법으로 응답치에 대한 카테고리를 만들고 분석하는 방법이다.

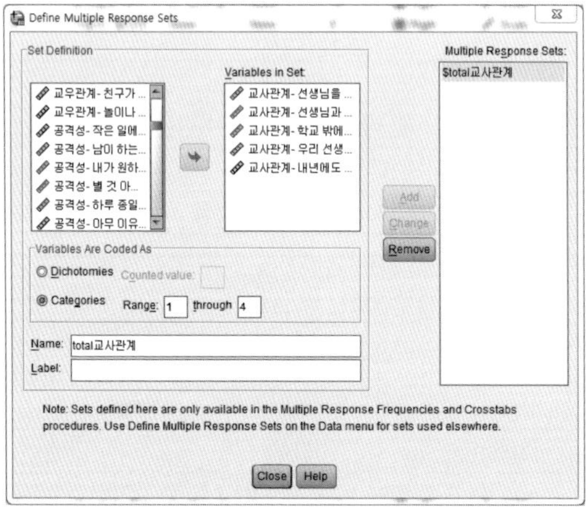

10) 코드북 사용예

설문지를 작성한 후에는 코드북(Code Book)을 통해서 기록된 코딩데이터를 입력한다. 이 코드북은 입력하기 전에 안내역할을 하는 입력지침내용으로 입력 전에 꼭 만들어서 정확한 코딩을 진행하도록 한다.

아동청소년패널조사2010 중1 패널 1~2차년도 코드북			
변인명		변인설명	변인값
1차년도	2차년도		
id	id	id	
RSWAVE1	RSWAVE2	2차년도 설문지 응답여부_학생용	1=성공 2=실패
RPWAVE1	RPWAVE2	2차년도 설문지 응답여부_보호자용	1=성공 2=실패
schoolw1	schoolw2	학교id	998=학교 다니지않음 999=모름/무응답

schoolgrdw1	schoolgrdw2	교급(초중고)	1=초등학교 2=중학교 3=고등학교 4=대학교 8=학교 다니지 않음 9=모름/무응답
schoolyearw1	schoolyearw2	학년	1=1학년 2=2학년 3=3학년 4=4학년 5=5학년 6=6학년
ncoedw1	ncoedw2	남녀공학구분	1=남자학교 2=여자학교 3=남녀공학 8=학교 안다님 9=모름/무응답
q01aw1	q01aw2	q1a) 생년월(년)	9999(m) 모름/무응답
q01bw1	q01bw2	q2b) 생년월(월)	99(m) 모름/무응답
q02w1	q02w2	q3) 성별	1 남자 2 여자
q04w1	q04w2	q4) 건강상태 평가	1 매우 건강하다 2 건강한 편이다 3 건강하지 못한 편이다 4 매우 건강하지 못하다 9(m) 모름/무응답
q05w1	q05w2	q5) 컴퓨터 사용 여부	1 사용한다 2 사용하지 않는다 9 모름/무응답

기출문제

01. 다음의 6개의 측정값에 대한 산술평균과 중위수는?

11, 14, 23, 17, 7, 15

① 14.5, 14.5 ② 14.5, 14 ③ 14.5, 15 ④ 15, 14

정답 ①

02. 다음 중 옳지 않은 정의는 무엇입니까?

① 비율(proportion)은 개별 관측 값을 해당범주에 하나씩 집어넣었을 때에 각 범주 속에 포함된 사례 수를 전체 사례 수로 나눈 것.
② 백분율(percentage)은 비율에 100을 곱해서 구한다.
③ 비(ratio)는 두 범주간의 관계를 나타내는 것으로 X/Y 와 같은 형태를 취한다.
④ 율(rate)은 비율의 한 형태로 두 범주 X,Y에 대해, Y에 대한 X의 크기이다.

정답 ④

03. 어느 대학교 학생들을 대상으로 키, 몸무게, 혈액형, 월평균 용돈 등 4개의 변수에 대한 관측값을 얻었다. 이들 변수 중 관측값들을 대표하는 측도로 최빈값(mode)을 사용하는 것이 가장 적절한 것은?

① 키 ② 몸무게 ③ 혈액형 ④ 월평균 용돈

정답 ③

부록 Appendix

연구조사 참여 동의서

1. **연구명** : 00**지역 생애주기 맞춤형 사회복지모델 연구 : ______분야**

2. **조사목적** : 00지역에서 ____복지서비스 전달 및 이용의 현황과 경험을 지자체 공무원, 일선 서비스 전달기관 종사자, 이용자(보호자)로부터 심층 조사함으로써 ___복지서비스 보장을 위한 정책적 함의와 대안을 도출하는데 있다.

3. **연구기관 및 연구자(현지조사자)**

□ 연구기관 :

□ 연 구 자 :

□ 연구자 연락처 :

4. **연구의 형태 및 윤리적 기준**

본 연구는 연구자와 참여자의 집단면접 또는 개별면접으로 진행됩니다. 따라서 연구자는 사전에 공지한 질문들에 근거해 질문하며, 참여자는 자신의 의견을 가감 없이 표현하실 수 있습니다.

연구참여를 통해 표현한 모든 의견과 내용에 대해서는 비밀이 보장되며, 본 연구의 학술적 연구목적 외에는 사용되지 않습니다. 연구자는 참여자의 의견으로부터 충분한 연구결과를 얻어내기 위해 참여자의 의견을 기록하거나 녹음할 예정이며, 연구보고서에 참여자의 의견을 직접, 간접적으로 인용할 때는 이름을 밝히지 않을 것입니다.

집단면접에 소요되는 시간은 1시간 이상 2시간 이내이며, 집단면접 중 1회 정도 휴식시간이 제공됩니다. 연구참여자에 대해서는 연구기관의 규정에 근거해 소정의 참여자 수당을 제공합니다.

본 연구자는 본 조사가 00지역의 ___복지정책의 발전과 ____복지관련 과학적 연구의 발전 등 공익에 기여하며, 연구참여자의 권익을 보호하는데 도움이 되도록 최선을 다할 것을 약속드립니다.

본 연구에 참여 중 언제든지 참여를 중단하시고 싶다면 의사를 밝히고 중단하실 수 있으며, 원하지 않는 질문에 대해서는 답변을 거부할 수 있습니다.

본인은 연구자로부터 위 내용에 대해 충분한 설명을 들었으며, 면접에 스스로의 결정에 의해 참여하고, 면접의 내용을 기록하거나 녹음하여 익명으로 연구분석에 활용하는 것에 동의합니다.

20___년　　월　　일

연구참여자 : _______________(서명)

연 구 자 : _______________(서명)

참고문헌

강종수 (2023). **사회복지조사론**. 고양: 공동체.

김영종 (2023). **사회복지조사론**. 서울: 학지사.

김용석, 김진욱, 유태균 (2012). **자료분석의 기초**. 서울: 센게이지.

김운찬 (1994). **움베르토 에코의 논문 잘 쓰는 방법**. 파주: 열린책들.

김진숙 (2022). **사회복지조사론**. 서울: 신정.

김태성, 김기덕, 이채원, 홍백의 (2014). **사회복지조사론**. 서울: 청목.

유태균(2001). **사회복지질적 연구방법론**. 서울: 나남출판.

Aguirre, R. T., & Bolton, K. W. (2014). Qualitative interpretive meta-synthesis in social work research: Uncharted territory. *Journal of Social Work, 14*(3), 279-294.

Archer, J. (2009). Intersecting Feminist Theory and Ethnography in the Context of Social Work Research. *Qualitative Social Work, 8*(2), 143-160.

Bell, K. (2014). Exploring Epistemic Injustice Through Feminist Social Work Research. *Affilia, 29*(2), 165-177.

Borell, K., Espwall, M., Pryce, J., & Brenner, S.-O. (2003). The Repertory Grid Technique in Social Work Research, Practice, and Education. *Qualitative Social Work, 2*(4), 477-491.

Bronstein, L. R., & Kovacs, P. J. (2013). Writing a Mixed Methods Report in Social Work Research. *Research on Social Work Practice, 23*(3), 354-360.

Choi, J.-S., Choi, S., & Kim, Y. (2009). Improving Scientific Inquiry for Social Work in South Korea: The Center for Social Welfare Research at Yonsei University. *Research on Social Work Practice, 19*(4), 464-471.

Corvo, K., Zlotnik, J., & Chen, W.-Y. (2008). Organizational and Institutional Factors Associated With National Institutes of Health Research Grant Awards to Social Work Programs. *Research on Social Work Practice, 18*(5), 514-521.

Craig, C. D., Cook, P. G., & Fraser, M. W. (2004). Research Awards in the Society for Social Work and Research, 1996-2000. *Research on Social Work Practice, 14*(1), 51-56.

Fouch , C., & Lunt, N. (2010). Nested Mentoring Relationships: Reflections on a Practice Project for Mentoring Research Capacity amongst Social Work Practitioners. *Journal of*

Social Work, 10(4), 391–406.

Fraser, H. (2009). Trying to Complete Socially Just, Politically Sensitive Social Work Research. *Journal of Social Work, 9*(1), 87–98. doi: 10.1177/1468017308098433

Fraser, M. W. (2004). Intervention Research in Social Work: Recent Advances and Continuing Challenges. *Research on Social Work Practice, 14*(3), 210–222.

Gilgun, J. F., & Abrams, L. S. (2002). The Nature and Usefulness of Qualitative Social Work Research: Some Thoughts and an Invitation to Dialogue. *Qualitative Social Work, 1*(1), 39–55.

Graham, J. R., Al-Krenawi, A., & Bradshaw, C. (2000). The Social Work Research Group/NASW Research Section/Council on Social Work Research, 1949–1965: An Emerging Research Identity in the American Profession. *Research on Social Work Practice, 10*(5), 622–643.

Gringeri, C. E., Wahab, S., & Anderson-Nathe, B. (2010). What Makes it Feminist?: Mapping the Landscape of Feminist Social Work Research. *Affilia, 25*(4), 390–405.

Hanson, C., & Hanson, L. (2011). Unpaid work and social policy: Engaging research with mothers on social assistance. *Action Research, 9*(2), 179–198.

Hardwick, L., & Hardwick, C. (2007). Social Work Research: `Every Moment is a New and Shocking Valuation of All We Have Been'. *Qualitative Social Work, 6*(3), 301–314.

Holden, G., Rosenberg, G., Barker, K., & Lioi, J. (2010). Research on Social Work Practice: A Bibliometric Evaluation of the First Decade. *Research on Social Work Practice, 20*(1), 11–20.

Houston, S. (2010). Prising Open the Black Box: Critical Realism, Action Research and Social Work. *Qualitative Social Work, 9*(1), 73–91.

Linhorst, D. M. (2002). A Review of the Use and Potential of Focus Groups in Social Work Research. *Qualitative Social Work, 1*(2), 208–228.

Magill, M. (2011). Moderators and mediators in social work research: Toward a more ecologically valid evidence base for practice. *Journal of Social Work, 11*(4), 387–401.

McNeill, T., & Nicholas, D. B. (2012). Strategies for Research Development in Hospital Social Work: A Case Study. *Research on Social Work Practice, 22*(6), 672–679.

McVicar, A., Munn-Giddings, C., & Abu-Helil, C. (2012). Exploring the development of action research in nursing and social care in the UK: A comparative bibliometric review of action research designs in social work (2000-2010). *Action Research, 10*(1), 79–101.

Mertens, D. M., & Ginsberg, P. E. (2008). Deep in Ethical Waters: Transformative Perspectives for Qualitative Social Work Research. *Qualitative Social Work, 7*(4), 484–503.

Padgett, D. K. (2003). Cross-National Context and Qualitative Social Work Research: Working the Boundaries. *Qualitative Social Work, 2*(3), 347–357.

Padgett, D. K. (2005). The Society for Social Work and Research at 10 Years of Age and Counting: An Idea Whose Time Had Come. *Research on Social Work Practice, 15*(1), 3–7.

Peled, E., & Leichtentritt, R. (2002). The Ethics of Qualitative Social Work Research. *Qualitative Social Work, 1*(2), 145–169.

Putnam-Hornstein, E. (2013). Hierarchical linear modeling: Applications to social work research. *Journal of Social Work, 13*(6), 599–615.

Rubin, A., & Babbie, E. R. (2010). **사회복지조사방법론**. 김기덕, 김용석, 유태균, 이기영, 이선우, 정슬기 공역. 서울: 센게이지.

Shaw, I. F. (2014). The Archaeology of Research Practices: A Social Work Case. *Qualitative Inquiry*.

Shek, D. T. L., Hua Lee, J., & Yan Tam, S. (2007). Analyses of postgraduate social work dissertations in Taiwan: Implications for social work research and education. *International Social Work, 50*(6), 821–838.

Shek, D. T. L., Tang, V. M. Y., & Han, X. Y. (2005). Evaluation of Evaluation Studies Using Qualitative Research Methods in the Social Work Literature (1990–2003): Evidence That Constitutes a Wake-Up Call. *Research on Social Work Practice, 15*(3), 180–194.

Soydan, H. (2008). Applying Randomized Controlled Trials and Systematic Reviews in Social Work Research. *Research on Social Work Practice, 18*(4), 311–318.

Spolander, G., Engelbrecht, L., Martin, L., Strydom, M., Pervova, I., Marjanen, P., . . . Adaikalam, F. (2014). The implications of neoliberalism for social work: Reflections from a six-country international research collaboration. *International Social Work, 57*(4), 301–312.

Wendt, S., & Boylan, J. (2008). Feminist social work research engaging with poststructural ideas. *International Social Work, 51*(5), 599–609.

Wilks, T. (2004). The Use of Vignettes in Qualitative Research into Social Work Values. *Qualitative Social Work, 3*(1), 78–87. doi: 10.1177/1473325004041133

Winston LeCroy, C. (2010). Knowledge Building and Social Work Research: A Critical Perspective. *Research on Social Work Practice, 20*(3), 321–324.

| 저자 소개 |

■ **박영준**

대구대학교 사회과학대학 사회복지학과 교수

대구대학교 대학원 사회복지학과 철학박사

사회복지실천분야의 연구에 관심을 가지고 있으며, 사회복지조직관련 이외에 다양한 연구방법론에 관심을 가지고 있다. 또한 학회활동으로는 한국사회복지행정학회, 한국학교사회복지학회, 한국아동복지학회 이사를 역임하고 있다.

■ **김문근**

대구대학교 사회과학대학 사회복지학과 교수

서울대학교 대학원 사회복지학과 박사

정신보건법, 정신건강서비스 재활서비스, 도박중독서비스 등을 연구하고 있다.

■ **김석주**

대구대학교 사회과학대학 사회복지학과 교수

Case Western Reserve University 철학박사(사회복지학 전공)

Case Western Reserve University의 도시 빈곤 및 지역개발 연구소(Center on Urban Poverty and Community Development)에서 사회복지 통합자료체계(Integrated Data Systems) 구축에 참여하였고, 지역사회 영향과 다양한 사회서비스의 효과를 연구하였다. 현재, 한국지역사회복지학회 이사를 역임하고 있다.

사회복지조사론(2판)

초판발행 2015년 9월 10일 **1판 1쇄 발행** | 2016년 9월 10일 **1판 2쇄 발행**
2018년 3월 10일 **1판 3쇄 발행** | 2018년 9월 10일 **1판 4쇄 발행**
2020년 9월 10일 **1판 5쇄 발행**
2판발행 2024년 9월 10일 **2판 1쇄 발행** | 2025년 9월 10일 **2판 2쇄 발행**

지은이 박영준 김문근 김석주
펴낸이 최용구 | **펴낸곳** 도서출판 **신정**
주소 (04316) 서울시 용산구 원효로 89길 19 (원효로1가)
전화 02)3211-4782, 0266(영업부), 3211-4783(편집부), 3211-4784(팩스)
이메일 sjbook2002@naver.com | **홈페이지** www.sjbook.co.kr
등록 2001년 5월 11일 제13-702호
기획마케팅 최용구 장만동 최충구 송대용 | **책임편집** 석기은 황가연

ISBN 978-89-5912-915-7 93330
정가 21,000원